集人文社科之思　刊专业学术之声

集 刊 名：日本研究论丛
主办单位：东北师范大学日本研究所
主　　编：陈秀武
副 主 编：付丽颖　冯　雅

COLLECTION OF JAPANESE STUDIES

第4辑

集刊序列号：PIJ-2018-228
中国集刊网：www.jikan.com.cn/ 日本研究论丛
集刊投约稿平台：www.iedol.cn

东北师范大学日本研究所
主　编／陈秀武
副主编／付丽颖　冯　雅

日本研究论丛

COLLECTION OF
JAPANESE STUDIES

第4辑

社会科学文献出版社
SOCIAL SCIENCES ACADEMIC PRESS (CHINA)

国家社会科学基金重大项目
【编号：18ZDA207】的阶段性成果

目录

CONTENTS

• 文学研究 •

• 经济研究 •

·遗稿·

批判《大东亚战争肯定论》的“武力出击论”与“解放性质论”*

邹有恒**

【内容提要】林房雄在其撰写的《大东亚战争肯定论》中，以混淆或掩盖的方式，肯定了日本在远东地区发动的法西斯战争。与此同时，该著作从历史角度阐释了“武力出击论”，肯定了所谓“大东亚战争”具有“解放”的性质。对此，本文在批判林房雄的战争观时强调，其战争观是配合美帝反动的侵略政策，为日本军国主义重新准备发动对亚洲国家侵略提供的理论根据。

【关键词】林房雄　“武力出击论”　“解放性质论”

一　否认扩张战争侵略本质的“武力出击论”

林房雄所谓的“东亚百年战争”是把反殖民入侵的抵抗和明治以降

* 此文为邹有恒先生生前批判林房雄错误观点的手稿的一部分。

** 邹有恒（1912年1月4日至2005年7月5日），原名邹文，于1932年东渡日本留学，先就读于东京第一高等学校，继而升入东京帝国大学，在文学部学习西洋史，1937年毕业后再入大学院，专攻日本明治维新史。1946年8月至1949年1月，在国立东北大学历史系任教。1978年，出任东北师范学院日本研究所所长。

的侵略战争联为一体，认为都是为了抵抗西方资本主义列强侵略，其关键点在于，明治初年的“征韩论”看法和对以后一系列侵略战争的看法。

（一）“武力出击论”内容

1. 林房雄认为：“‘征韩论’当然是‘武力出击论’，因此给它贴上‘军国主义’或者‘侵略主义’的标签是容易的。但这个标签不准确，未必和内容一致。‘征韩论’在根本上具有日、朝、中三国合纵连横共同抵抗西洋列强的思想，这是不应忽视的。‘征韩论’的通俗解释是从有意或无意地忽视这种思想而产生的”。

2. 林房雄说：“我认为‘征韩论’也是大东亚百年战争的一环。这是因革命而使国内完成统一的日本，对西欧列强的最初而性急的反击计划，因为过于性急和过早，从而遭到挫折……明治 6 年西乡的征韩是大东亚百年战争中遭受挫折的反击。只有这样理解，才能触及其真相。对象并不是朝鲜，也不是清国，而是‘东渐的西方势力’，是欧美列强。”①

“这是乘欧美列强之虚，首先进攻朝鲜，并构筑反击的桥头堡？还是退却到国内，巩固国内，准备下一次有效的进攻？”

3. 林房雄说：“清日战争也是百年战争的一环”，“是‘征韩论’遭到挫折后的出击”，“确是到朝鲜和满洲的出击，但遭到三国的干涉后不得不后退”。因之，“清日战争对日本来说也是‘义战’”。

4. 林房雄称，日俄战争、九一八事变、中日战争以及太平洋战争都不是日本政府预谋的战争，都不是充分估计对方的战争，根据其结果，进行慎重的策谋，然后才能突入的战争。他认为，这些战争是日本政府“置胜败于度外而不得已”的战争，是日本的“历史命运”决定的。他引用和辻哲郎的话，称日本是在近代世界文明中是处于“极其特殊地位”的国家，在 20 世纪的发展过程中，根据这种“特殊地位”，日本的“悲壮命运”迟早是要展开的……日本人除非自动放弃发展的念头，否则就必然“自觉地”承担起这

① 林房雄「大東亜戦争肯定論 4：『征韓論』挫折した出撃」、『中央公論』第 78 巻第 12 号、1963 年 12 月。

种“悲壮命运”，无论它是否发动军事行动，都不能逃脱这种“命运”。①

5. 林房雄认为，不论谋杀张作霖也好，“柳条沟事件”阴谋也好，都是那些“部分军人、民间右翼分子、政党中右派公然提出昭和维新口号”的人的维新计划的实行。因此，总理大臣也好，天皇也好，都是不明真相的。②他又说，发动九一八事变的是现役军人、“支那浪人”和参谋本部的桥本欣五郎等人的阴谋，而绝不是财阀资本家和它们的走狗政党等为了资本的利益而进行的。③

（二）对“武力出击论”的批判

1. 林房雄假借幕府的“武力出击论”，把幕府时期的某些军国主义思想假以“抵抗欧美资本主义列强侵略”的外衣，而实际是对外军国主义扩张的侵略思想。他将充当明治时期对外侵略的挡箭牌说成“抵抗外寇”而在本国之外进行的出击。这是站不住脚的，原因有三点。

①这种“出击论”是丰臣秀吉以后日本侵略朝鲜企图的继续。

②如果真是为了“出击”的话，何以在1853年美船入侵之后，日本幕末维新家的攘夷运动终于放弃了抵抗，而成为投降者呢？

③如果德川庆喜和胜海舟等政治家是为了“三国联合”共同对抗欧美列强侵略，何以在1865年朝鲜击退法国和美国的海盗式入侵时，他们不是对朝鲜加以声援，反而企图派平山谦次郎率海陆军去见朝鲜国王进行调停呢。这种调停是以取悦于法、美等侵略者，树立自己威望，而要求朝鲜屈服的，他们难道不能在本国对外夷更加强硬些吗？可见“武力出击论”是侵略的代名词，以后的历史已做出证明。

2. 明治初年的“征韩论”绝不是为了抵抗列强入侵，而是借此扩张声势。由此产生的一切对朝鲜侵略和因之引起的中日战争及日俄战争，都是日本军事封建帝国主义形成过程中对外扩张的产物。这和幕末以来抵制外国侵

---

① 林房雄「大東亜戦争肯定論6：日清戦争と三国干渉・『日本の悲壮な運命』」、『中央公論』第79巻第5号、1964年5月。

② 林房雄「大東亜戦争肯定論9」、『中央公論』第79巻第8号、1964年8月。

③ 林房雄「大東亜戦争肯定論14」、『中央公論』第80巻第4号、1965年4月。

略的思想和运动毫无共同之处。因为日本帝国主义和其他帝国主义一样，向中国发动的战争都是侵略战争，例如 1840 年英国发动的鸦片战争、1857 年的英法联军战争、1884 年的中法战争、1894 年的甲午中日战争、1900 年的八国联军战争，都企图把中国变成它们的“半殖民地”和“殖民地”。在这个过程中日本不仅吞并了朝鲜，而且侵占了中国的台湾澎湖列岛，“租借”了旅大，并强索了许多“权益”和赔款。因此，“征韩论”成为日本开始向亚洲国家进行侵略的开端，而不能同 19 世纪中叶的抵御外侮的战争相提并论。

3. 日本帝国主义的侵略战争是由其侵略本性所决定，这是日本帝国主义的经济地位所决定的，和辻哲郎和林房雄把它归之于日本在亚洲的“特殊地位”，归之于它的“历史使命”，日本只要不放弃自己的发展，就必然如此。这是强盗的理论，为帝国主义侵略做辩护的理论。

4. 他把侵略战争的责任归之于某些现役军人、右翼分子的阴谋，而否认天皇和总理大臣对之应负责任，完全是诡辩。问题在于日本在国外所执行的帝国主义政策，在国内所实行的军国主义政策，必然促使其军国主义分子进行侵略活动。更何况日本军国主义分子从明治初期以来在朝鲜、中国和亚洲其他地区所进行的扩张阴谋和活动，无一不是在其国家侵略政策的指导下进行的，无一不是受其统治上层当权者的唆使和支持的。当然，在日本，也像其他资本主义国家一样，各统治集团之间往往也有侵略政策和方式上的政治争论、日式争权夺势的政治倾轧。尤其是日本军事封建帝国主义天皇制在政治军事机构上有其特殊的变化、形式。政治派系和军事派阀的倾轧、内讧往往表现得极其激烈、尖锐，在对外侵略行动上，军政之间或政党派阀之间往往会发生互不相容、互不相下的纷争。但是，这种情况都不影响其总的侵略方针和进程。因此，尽管某些侵略方式、手法和某些步骤不是全都经过每个上层统治者同意，或每个统治者都事前参与，但丝毫不能推脱日本帝国主义的侵略罪责。没有日本军事封建帝国主义和军国主义天皇制一贯的对外侵略政策，就不可能有国内各种军国主义分子和团体的横行霸道，就不可能有军事法西斯的疯狂侵略活动。可见，林房雄企图替天皇和当政者推卸罪责完全是徒劳的。

二　否认法西斯存在的“解放性质论”

林房雄的“大东亚战争论”除了上述“武力出击论”思想外，还极力美化“大东亚战争”，认为该战争具有“解放”性质，进而否认日本法西斯的存在。

（一）“解放性质论”的内涵

1. 林房雄认为，“大东亚战争”表面上好像是侵略战争，本质上是“解放”战争。日本看上去像是被打败了，而且玉碎了，但达到了目的。西洋的世界统治霸权从其胜利的那天起就开始崩溃，何况日本本身并没有灭亡，不到10年就开始明显地复活。①

2. 林房雄认为，对于日本来说，“中日战争和太平洋战争，无论如何都是东亚战争的继续，是对东亚的殖民地的失败的反攻。必须这样解释才妥当。”因此，战争的目的是“东亚的反攻，即殖民主义的绝灭”。“我想说的只是，日本所实行的百年战争是为摆脱这种殖民主义和征服主义所进行的努力和奋斗。后世的历史一定会称赞日本民族的百年奋斗的伟大行为。”②

3. 林房雄指出，大日本帝国，从战争的结果来说，遗憾得很，没有一个可以称得上帝国主义战争之名的，这一年中（1905年）虽然占据了中国台湾、朝鲜半岛、南洋诸岛，哪里知是帝国主义呢？帝国主义不是指拥戴皇帝的国家的政策。③

4. 林房雄不仅否认日本帝国主义的存在，而且否认日本存在法西斯化。他说，把“二二六”军事政变说成法西斯统治的确立，是天皇制法西斯说的诡辩。他说，“二二六”的叛乱部队是以天皇之名崛起的，也以天皇之名归顺。他认为，不仅天皇不喜欢法西斯，元老重臣、军阀军部、官僚也都很不

---

① 林房雄「大東亜戦争肯定論4：『征韓論』挫折した出撃」、『中央公論』第78卷第12号、1963年12月。

② 林房雄「大東亜戦争肯定論11」、『中央公論』第79卷第10号、1964年10月。

③ 林房雄「大東亜戦争肯定論6：日清戦争と三国干渉・『日本の悲壮な運命』」、『中央公論』第79卷第5号、1964年5月。

喜欢法西斯。甚至“二二六”事变的领导者青年军官也不喜欢法西斯，在军部内也想用归一于天皇的名义而铲除法西斯因素。因此，林房雄称：“日本的任何阶层都没有德、意之流的法西斯存在。”

5. 他认为，发动军事政变的右翼不是法西斯，他们是为了实行“昭和维新”，如石原莞尔所说，“昭和维新”的根本方针“是以东亚全域为单位实行内外统一的革新政策，使东亚民族的力量得到最大的发挥，为世界最后的战争做好必胜的准备”。①

6. 他还公然否认日本侵略者屠杀中国人民和亚洲其他国家人民的血腥罪行。林房雄称：“日本军占领北京是无血入城，不过打了十枪二十枪，并没有遗留下凄惨的废墟，也没有破坏行为。”因此他认为有些有良心的进步学者承认日本战争罪行的“忏悔录”不能算是历史。

他说，如果说战争罪行的话，所有的战争都是罪行。战争犯罪的十字架不应单由日本人背负，全体人类如果不负起这种责任的话，战争绝灭的日子永远不会到来。

他说，可以把战争分为“圣战”和“侵略”之别，只有夸耀战争胜利的战胜者。胜者方面把自己的战争称为“正义战争”，而称败者为“侵略者”，但战争是没有正义的。②

他认为，“远东军事法庭的东京裁判是个可耻的审判”，它是没有资格审判日本的。③

（二）对“解放性质论”的批判

1. 林房雄的“解放”战争谬论虽然如此明显，以至于随便举出一两件史实就可以驳倒，但在当前的日本仍然有市场，甚至军国主义分子仍然用这种腔调来麻痹日本人民。日本的统治者往往使用这种方法。例如，池田勇人说：“自从合并朝鲜以来，我还没有听说日本对朝鲜有甚暴戾行为。”岸信介

---

① 林房雄「大東亜戦争肯定論 12」、『中央公論』第 79 巻第 11 号、1964 年 11 月。

② 林房雄「大東亜戦争肯定論 9」、『中央公論』第 79 巻第 8 号、1964 年 8 月。

③ 林房雄「大東亜戦争肯定論 5：武装せる天皇制」、『中央公論』第 79 巻第 4 号、1964 年 4 月。

说：“日本的自卫圈必须扩大到韩国和台湾。”日韩会谈时，日本代表高杉晋一（经团联经济助理委员长）在1965年1月7日接受新闻记者采访时说：“36年间（侵占朝鲜期间——引者注）并不是压榨，是以善意实行的。”“虽说日本统治了朝鲜，但我国都想尽力而为地做好事。有人说山上连一棵树都没有，这是因为朝鲜远离日本的缘故，如果再跟着日本20年，就不会像这样吧！我们的努力因战败而归于泡影，如果再据有20年，也可能不会这样。”“日本给朝鲜留下了工厂、房屋和山林。创姓改名也是好事，同化朝鲜人是为使其与日本人拥有同样待遇而采取的措施，并不是剥削和压迫。”

类似这样的污辱性言论，日本的历届反动统治者都有过，可见日本上层反动统治者对帝国主义时期的侵略仍然念念不忘，因之在公开发言中也情不自禁地把过去的反动说成“恩惠”和“赐予”。

林房雄的“大东亚战争”“解放性质论”也是如此。他把日本帝国主义为了挤进帝国主义行列，压榨亚洲国家人民的侵略行动说成代替亚洲人对西方殖民统治的抵抗，把太平洋战争期间亚洲国家人民为争取民族独立而进行的斗争和取得的成就说成因日本帝国主义发动战争而终止了西方殖民统治。问题在于日本帝国主义所发动的战争并不是为了亚洲国家的独立解放，而是为了独霸太平洋周边诸国而把西方殖民者赶出去，趁机取而代之。林房雄歪曲了历史事实，捏造出“解放”战争的谬论，竟以“恩赐者”和“替罪牺牲者”为己任，其实无耻之极！

2. 林房雄否认日本帝国主义的存在，他污蔑列宁及其信奉者，认为是他们把日本定义为帝国主义国家。他认为，日本既不是帝国主义，也没有法西斯。现代的帝国主义是资本主义的特殊历史阶段，它是垄断的资本主义，是寄生的或腐朽的资本主义，是垂死的资本主义。垄断代替自由竞争，是帝国主义的根本经济特征，是帝国主义的实质。列宁在阐述帝国主义的本质时指出，在这个阶级上，垄断组织和财政资本的统治业已确立，资本输出已具有特别重要的意义，分割世界的资本家的国际垄断同盟已经形成，最大的资本主义列强已把世界上的领土瓜分完毕。①

① 《列宁全集》第22卷，人民出版社，1958，第259页。

3. 日本资本主义在甲午中日战争和日俄战争之际就已经走上最高阶段，成为资本主义帝国主义，日本资本主义像列宁所正确定义的那样，是军事封建帝国主义，它的“军事力量上的垄断权”、“占有极广大的领土”以及“掠夺异族人民如中国人等等的极便利的地位”，“部分地补充和代替了现代最新财政资本的垄断”。[①] 尽管日本最新的财政垄断资本主义有所不同，但它的帝国主义的经济实质和政治实质是没有本质上的差别的。它的侵略中国的战争政策所犯下的罪行，都充分地说明了这个问题。林房雄企图否认日本帝国主义的存在是徒劳的。

4. 林房雄还否认日本有法西斯的存在，他否认日本的右翼运动是法西斯主义。林房雄强调，说日本存在法西斯是没有道理的。他认为日本的右翼运动从来没有想组织政党夺取政权，说他们一向是在国家政治的背后活动，就是在积极地进行破坏活动时，也没有承担建设的意图。至于“二二六”等军事事变也不是法西斯政变。

林房雄以主观唯心主义的反动观点来看日本的右翼运动和军事政变，只看到这些现象同德、意法西斯的表面上和形式上的差别，而故意无视其本质上的共同点。日本法西斯出现的背景是资本主义总危机特别紧张，无产阶级革命蓬勃发展，统治阶级感到岌岌可危，他们不依靠法西斯，就无法加紧对工人阶级的压榨，就无法镇压国内革命力量。他们不依靠法西斯，就不可能加紧进行对朝鲜人民的压榨和对中国的侵略。1925～1927年中国大革命蓬勃发展，日本的革命声势也日益高涨，日本的反动统治不论在国内和国外的政策上都日益依靠法西斯来挽救统治危机。1928年3月15日和1929年4月16日对日共的血腥镇压，1932年5月15日法西斯政变以及此后的一系列政变阴谋，直到1936年的“二二六”军事政变，无一不是法西斯势力同军部结合而阴谋发动的法西斯暴动。不论这些暴动的准备如何、手法如何，其最后目的同德、意法西斯为帝国主义侵略服务具有同质性，这一点是毫无疑义的。

尽管大川周明和北一辉等法西斯理论指导人提出一些改造国家的法案，也打着反对资本主义的旗帜，甚至也喊出同情工农运动，支持殖民地半殖民

---

① 《列宁全集》第23卷，人民出版社，1958，第114页。

地的革命口号，但这些都不能掩盖其实质。许多国家的法西斯主义是"用社会问题上的欺骗手腕，笼络那些因危机而流离失所的小资产阶级群众，甚至笼络了一部分最落后的无产阶级群众……""法西斯主义之所以能够抓得住群众，是因为他们采用笼络手腕，假装拥护群众的迫切要求和需要。法西斯主义不仅借助于群众的根深蒂固的成见，而且还利用群众的优良的感情，利用他们的正义心，有时甚至利用他们的革命传统。"①

日本的法西斯势力正是利用工农劳动群众日益贫困和对反动统治的不满，而用改革现状实行"昭和维新"的口号煽动出身于大地主的下层军官实行"昭和维新"。由于日本的军事主义思想长期渗透于国民教育，如果不利用天皇制的招牌，不利用工农的革命要求，不反对大资产阶级腐朽的口号，就不能实现笼络和欺骗的效果。林房雄只强调这种表面上欺骗人民的假象，而故意忽视其本质，以此为法西斯辩护。林房雄说日本的右翼运动从来没有组织政党夺取政权，这也不符合事实。以近卫文麿为中心，纠合各种各样的右翼势力成立的大政翼赞会，实质上是排除一切现成资产阶级政党的法西斯政治组织。

历史上常常有这样的事情：反动的、腐朽的势力，用狡猾的方法，把进步的、革命的口号接了过去，来粉饰门面，欺骗群众，为自己的反动目的服务。②

三　林房雄《大东亚战争肯定论》的反动性和危害

综合考量与分析《大东亚战争肯定论》，其反动性与危害具体表现在四个方面。

第一，这一反动论点是在日本军国主义受美帝的扶植和支持加紧复活的，并日益成为美帝侵略亚洲的政治、经济和军事帮凶，成为美国侵略者的军事基地和兵工厂，积极自觉地为重演"大东亚共荣圈"旧梦，恢复对亚洲国家的经济扩张而不遗余力地活动之际提出的。尤其是在美国加紧对越南的

---

① 《季米特洛夫文集》，解放社，1949，第76、78页。

② 《把反对赫鲁晓夫修正主义的斗争进行到底》，人民出版社，1965。

侵略，日本军国主义帝国主义的身价日益抬高之际，美帝国主义在日本实行肯尼迪-赖肖尔路线，公然鼓励日本重走明治维新以后的军国主义老路之时，提出这种反动理论，配合美帝的反动的侵略政策，为日本军国主义重新准备发动对亚洲国家的侵略，提供理论根据。

第二，林房雄的《大东亚战争肯定论》不仅为日本军国主义帝国主义的一系列侵略战争涂脂抹粉，美化其为“解放”战争，而且一口否定其侵略罪行，为军国主义复活和反动统治重新走上帝国主义侵略老路开道。

第三，林房雄的真实目的是阻止日本人民的革命形势的发展，达到其反共、反华的卑鄙目的。

第四，林房雄的“战争论”也是替美帝国主义发动世界战争制造舆论，压制亚洲、非洲、拉丁美洲各国人民反对美帝的民族解放战争。

可见，日本军国主义发展的历史证明日本法西斯不是另起炉灶，而是充分利用从明治时期以来就为扩张主义服务的右翼团体、与军部势力相结合并在历史上形成的。

• 特稿 •

论小泉八云的日本文化观*

刘立善**

【内容提要】英国文学家拉夫卡迪奥·赫恩自幼接受严酷的宗教式教育，令他不喜欢基督教。赫恩赴日后，从事日本文化研究。笔者主要依据赫恩生平与日文版《小泉八云全集》中的具体作品以及日本学者的日文研究资料，结合笔者在日本山阴、熊本、长崎、神户、东京等地多次进行的实地文化考察，采用实证主义研究方法，探究赫恩的日本文化观。本文结论是：赫恩不喜欢西方文化，喜爱日本传统文化，认为日本的神道教与佛教魅力无穷。他认为日本不必盲目崇拜西方，明治维新为日本带来低俗的实利主义，破坏日本传统文化的罪魁祸首是西方文化，特别是基督教破坏了日本的传统文化。赫恩认为日本的旧，是西方的新；西方的旧，是日本的新。但不必讳言，赫恩的日本文化观，明显带有“厚古薄今”倾向。

【关 键 词】小泉八云　日本文化　山阴地方　神道教

一　赴日前的拉夫卡迪奥·赫恩

英国文学家、日本文化评论家拉夫卡迪奥·赫恩（Lafcadio Hearn，

* 本文为2020年度辽宁省社会科学规划基金重点项目“日本明治文学改良运动与自我意识建构研究”（项目编号：L20AWW002）阶段性成果。

** 刘立善，日本文学博士，辽宁大学日本研究所教授，原所长，主要研究中日比较文学、日本文学、日本宗教文化。

1850 ~ 1904 年，后易名“小泉八云”，英文名字的日文读法是“ラフカディオ・ヘルン”[①]）情缨日本文化，颇受岛国人祇敬，大名在日本妇孺皆知。哲学家西田几多郎（1870 ~ 1945 年）对赫恩心折首肯，就其文学思想特质骘云：

> 赫恩作为文学家，拥有一种深奥的神秘思想，认为万象背后佥可看见心灵活动。从我们单纯的感觉与感情深处，他不仅能感受到过去几千年来生命的脉搏，还能从人们一个个肉体表情中发现先祖以来几个世纪心灵的活动。按赫恩氏观点，我们的人格并非仅属于我们一代，而是先祖以来几代人的复合体。[②]

坪内逍遥云，赫恩作品清新流丽，且带有寂怅韵致与神秘格调，摆脱了基督教气息。如此赫恩，爱日本文化，尤其挚爱山阴地方文化，爱得情深意长。

1850 年 6 月 27 日，赫恩生于伊奥尼亚海英属伊奥尼亚群岛（Iónioi Nísoi，又译“爱奥尼亚群岛”[③]）中的莱夫卡斯岛（Níson Levkás）。此岛土沃林茂，主产业是橄榄油、葡萄、棉花。“拉夫卡迪奥・赫恩”一名就因于此神秘之岛。赫恩之父查尔斯・布什・赫恩（Charles Bush Hearn）是驻此岛陆军中的英籍爱尔兰少校外科军医。赫恩祖父罗伯特・赫恩是军人，大校，生二男、四女，赫恩之父是首子，失恋后，赴莱夫卡斯岛。赫恩二叔是画家。赫恩祖母出身有权势的门第，族中有著名法官与学者，赫恩娘舅著历史专书《印度叛乱史》等。

赫恩之母罗莎・特西玛（Rosa Tessima）是希腊婭女，嗜音乐，性易嬰。

① 赫恩的另一种日文读法是“ハーン”（哈恩）。赫恩喜“ヘルン”，厌“ハーン”，尤厌那一道横杠。松江时代与熊本时代，学生称“ハーン先生”，他不悦，置若罔闻；称他“ヘルン先生”，他忻然回答。

② 田部隆次『小泉八雲』、北星堂書店、1988、西田幾多郎作序、xi。

③ 希腊西岸沿海的长列岛群，由克基拉、帕克西、莱夫卡斯、伊萨基、凯法利尼亚、扎金索斯六大岛与若干小岛构成，2307 平方千米。1864 年，英国将英属伊奥尼亚群岛还给希腊，撤走驻军。

她不顾室人交谪，嫁英国人。生三子，首子夭折，遭丧明之痛。赫恩是次子。三子1854年8月出生，后赴美经营农场。1851年杪，布什·赫恩工作调动，举家移居他岛。此后，布什·赫恩赴西印度诸岛就职，罗莎与孩子、仆人（兼翻译）经巴黎，1852年8月抵多雨多绿的都柏林，此地是乔纳森·斯威夫特珂里。罗莎因水土不服、语言障碍与感情裂痕，1855年与夫事实上分道扬镳，1855年（一说1854年）3月回希腊莱夫卡斯岛。1857年，法律判定小赫恩萱花椿树离婚。尔后，布什·赫恩与初恋女子雅丽西亚再婚，挈她赴任地印度。后于归国途中染疟疾，疚殁苏伊士。父母离异，赫恩思母恨父。

赫恩受家道从容姨奶萨莉·布里安娜（Sally Brenane，赫恩祖母胞妹，嫠妇）喜爱，由她躬亲抚养。姨奶计划将巨富家资传给赫恩。1863年9月，赫恩入约克郡圣古斯伯特书院课读，同年在神学校游戏，不慎左眼遭绳击失明，右眼高度近视。1866年赫恩退学，严酷的天主教教育令赫恩萌生逆反心理，不喜欢基督教。天有不测风云，人有旦夕祸福，堆金积玉姨奶家1866年不幸破产，赫恩顿失财力倚仗，陷入厄困谷底，唯有靠自食其力奋发图强。1867年，赫恩赴法，课读于宗教学校，阅读了大量法国新文学作品。退学后，1869年，赫恩自位于默西河口的英国第二大商港利物浦乘移民船，过大西洋，赴南北战争硝烟飘散未久的美国，抵纽约，短暂逗留，至俄亥俄州俄亥俄河之滏辛辛那提。最初五稔是赫恩一生恶战苦斗最黯期，异国他乡，举目无亲，为开拓命运，他靠当宾馆服务员、印刷厂校对工、电报投递员等工作糊口。此间，赫恩血气方壮，精神至上，向学心盛，寻暇钻公立图书馆，如饥似渴乐学，发奋图强，锐意进取，只争朝夕。他不断向报纸投稿，百折不挠磨炼文笔。苦心人，天不负，苦尽甘来。1874年初，赫恩被辛辛那提一家报社聘为正式记者，其报道常涉黑人社会内幕。此年赫恩与美国黑人女子阿尔西亚合卺，未久琴瑟失调，1877年水尽鹅飞。而后，30岁之前，赫恩与若干女子做过露水夫妻。1877年11月，赫恩离开辛辛那提，次月抵卅稔前惠特曼活跃之地——路易斯安那州密西西比河浒新奥尔良，这是一座遗留着法国文化面影的南部大都市。他颇爱此地，精力充沛，活跃于新闻界，声名鹊起。除完成记者工作，他还兴致勃勃写随笔、评论介绍欧洲文学，将都德、莫泊桑的短篇小说译成英文发表，旨在为当地众多法裔居民服务。其间，赫恩情系伊斯兰国家、印度、中国的古代故事，其《异邦文学残叶》（1874 年）、记述世界各地民俗传承的《异文学遗文集》（1884 年）、《中国灵异谭》（1887 年）等作品集相继刊布，并开始关注日本。

在新奥尔良时期，赫恩趣系克里奥尔人[①]风习，发表克里奥尔人谚语集与饮食文化集。赫恩以出类拔萃的刻画人物妙笔，撰就妙语连珠散文《一个克里奥尔之谜》，开篇云：

> 女主人和女仆人是一块儿从哈瓦那来的。女主人具有一种奇异的蛇一般的美，每个动作如蛇一般柔软灵活，有这种动物的使人入迷的魔力。像青色蛋白石一样的大眼睛火焰似地转动，你跟她相遇，常春藤或热带藤萝的纠缠还没有她的缠绕那么有力，那会永远把你缠住。她的声音特别甜润，但声调奇异的深沉。[②]

1887 年 5 月，赫恩辞去记者职位，当自由撰稿人，计划游览法属西印度群岛（West Indies）[③]，已说好任纽约哈珀兄弟出版公司特约撰稿人，作游记，刊载于该出版公司杂志。同年 7～8 月，赫恩抵西印度群岛中法属马提尼克岛（火山岛，1902 年爆发，导致约 3 万人死亡。1635 年沦为法国殖民地，1946 年易为法国海外省，1974 年成法国一大区），甚感如意。9 月回纽约，10 月再赴马提尼克岛，逗留至 1889 年 5 月。赫恩赴日前撰就散文集《在法属西印度的两年》[④]（1890 年），其中对加勒比海（亦被称为“美洲地中海”）上特立尼达和多巴哥首都西班牙港日出的描写以及对热带日落的描

① 指法国人与西班牙人、加勒比海诸岛上的黑人、印第安人所生的混血儿。

② 〔英〕小泉八云：《一个克里奥尔之谜》，载〔英〕小泉八云《小泉八云散文选》，孟修译，百花文艺出版社，1994，第 1 页。

③ 北美洲主要岛群，位于大西洋及其属海墨西哥湾、加勒比海之间，由 1200 余个岛及暗礁、环礁构成。分为大安的列斯群岛（Greater Antilles Island）、小安的列斯群岛（Lesser Antilles Island，亦称“加勒比群岛”）与巴哈马群岛。1492 年哥伦布抵此，误认是印度附近岛群，后知岛群在西半球，故名。

④ 赫恩审罢此书最后校样，在此书即将出版前，便迫不及待地动身赴日。

写等，细筋入骨，妙喻取譬，生动传神。

1889年5月，赫恩返回纽约，主要笔涉日本文学与日本美术。翌年以记者身份赴日本，进入人生辉煌期。凡是好奇心盛的文学家，心中必涌荡欲观珍奇事物之强烈冲动。赫恩生性好动，嗜旅，自欧洲去辛辛那提、奔新奥尔良，赴法属西印度，再往日本，寻求视野刺激与文学灵感。赴日前赫恩的心态正如其文所述："一个旅行家突然进入一个处在社会变革时期的国家——尤其是从过去的封建时代到现在的民主时代——可能会对美丽的旧事物的凋亡和新事物的丑陋感到遗憾。"①

另有学者认为，赫恩赴日动机之一是他生性綦爱窈窕婬女，其游记《一个夏日的梦》即为力证。1893年8月，赫恩游长崎，见旅馆"浦岛屋"老板娘似姱容修态仙女，眼含秋水，满面春风，文质彬彬。于是，激动的赫恩直抒胸臆："她非常年轻，看着她使人十二分愉快。犹如国贞②画的蛾女或蝶娘。我立刻想到死，因为美有时预示的是悲……她悦耳的声音消失了，我感到周围充满魅力，像一个幽灵似的网在颤动。"③ 与活泼型婬女相比，赫恩更喜欢温淑型姣女。赫恩耳闻日本是清洁之国，且未遭现代文明污染，文静、贤慧姣女颇多。赫恩赴日动机之二与英国的日语和日本文化研究家巴兹尔·霍尔·张伯伦（Basil Hall Chamberlain，1850－1935）有关。张伯伦生于英国朴次茅斯，明治6年（1873）赴日，号王堂。明治19年（1886）任东京帝国大学语言学教师，高足有日本文学研究家芳贺矢一（1867～1927年）、语言学家上田万年（1867～1937年）等。张伯伦将《古事记》译成英文，著有《日本近世文语文典》（1886年）、《日本口语文典》（1888年）、《日本事物志》（1890年）。张伯伦于明治44年（1911）离日，隐居日内瓦。赫恩读了张伯伦译英文版《古事记》，粗知日本古代史，加深了对日本的兴趣，坚定了赴日考察神话的决心。浅野三平指出："张伯伦的名译著'*Kojiki*'（《古

① 〔英〕小泉八云：《我在东方的第一天》，载〔英〕小泉八云《小泉八云散文选》，孟修译，百花文艺出版社，1994，第15页。

② 即歌川国贞（1786～1865年），浮世绘师，号一雄斋、香蝶楼、北梅户、桃树园等。善作妖艳美人画，代表作有《江户名所百人美女》等。

③ 〔英〕小泉八云：《一个夏日的梦》，载〔英〕小泉八云《小泉八云散文选》，孟修译，百花文艺出版社，1994，第123页。

事记》)，刊行于明治16年（1883）。当时逗留美国的赫恩买了这本书，强化了他对日本神话的憧憬。"① 赫恩抵达日本后，于明治27年（1894）8月拜访了张伯伦。

二　松江岁月与赫恩的日本文化观

1890年3月5日（一说8日），身高一米六的赫恩，一身西装，戴礼帽，左手提行李箱，右手拎美式皮包，带1瓶墨水、3支钢笔，由纽约启程，抵加拿大魁北克省蒙特利尔；3月17日（一说18日）于不列颠哥伦比亚省温哥华，形孤影只，乘加拿大"阿比西尼号"小型火轮（时速13海里，一海里=1852米）赴日。赫恩如此绕道，是因加拿大太平洋铁道轮船公司总经理赠赫恩往返火车票与船票。4月4日，赫恩安抵横滨，天朗气澄，樱绽蔼清。赫恩于《我在东方的第一天》摅观花美感：

> 对我们西方人来说开花的梅树或樱树并不是一种令人惊讶的景象。但在这个国度里是一种奇妙的美，不管你以前读过多少有关的文章，现实的风光还是那么迷人，使你目瞪口呆。你看不见绿叶，只有一大片轻烟似的花瓣。②

在赫恩的审美双眼中，白雪皑皑的圆锥体富士山圣洁无比；点点白帆映入其视野，察觉日本船名都附一个"丸"③ 字，甚感莫名其妙，百思不解，但觉得画意令己心媞。望鸥群纵情乱舞，素爱动物的赫恩感叹："吾愿此刻殁于此处！"赫恩坐人力车游横滨、东京，观樱花凋零，睍岛国冰轮，望迎

① 浅野三平『八雲と鴎外』、翰林書房、2002、44頁。

② 〔英〕小泉八云：《我在东方的第一天》，载〔英〕小泉八云《小泉八云散文选》，孟修译，百花文艺出版社，1994，第27页。

③ 结尾词"丸"据说滥出"麻吕"，船名后附"丸"（如咸临丸、博多丸、贺茂丸、酒田丸、因幡丸、镰仓丸等）字习惯，始于12世纪杪，在室町时代普及，缘由众说纷纭。通常认为此乃船主对船的爱称。

风飘扬的鲤鱼旗，观梵刹、神社（他不喜欢基督教，綦喜日本神道与佛教），佥觉美不胜收；大街上呱嗒呱嗒的木屐声，他觉得是妙不可言的悦耳音乐。他每日心涌新奇感，源源不断，情绪饱满。此间，赫恩围绕自蒙特利尔赴横滨的体验，写作一篇游记《赴日的冬之旅》，这是他为哈珀兄弟出版公司写的唯一文章。作为记者，赫恩的“文字美学”感觉敏锐，他认为西文的字母枯燥乏味，缺乏勃勃生气，而日文每个字都是一幅生动绘画，洋溢生命活力。赫恩原定逗留岛国两个月，但他对日本爱得如胶似漆，难舍难分，遂审时度势，临机制变，五月上旬辞聘，破綦，追求我行我素的自主生活。西村六郎云：“赫恩不为美国提供报道，此后过上教师、思想家与民俗学者的生活。他操英文写作，在英美出版社付梓。他的作品性质超出特派员范围，相当于古典文学作品。这些作品发表后，立即产生影响，效果神速。其作品的广度、深度和永续性，远胜过特派员的报道。”① 赫恩抵日之年，于《给伊丽莎白·比思兰的信》（1890 年）中叙述自己对日本的喜爱：

> 我觉得难以言传地受日本的吸引……我在日本喜爱的是整个日本人民，这个国家里贫穷、质朴的大多数人。这种感情是神圣的。世界上没有什么东西接近于他们所具有的朴实无华的魅力，没有写过什么书来反映它。我爱他们的神，他们的风俗，他们的衣着，他们的房屋，他们的迷信，他们的过失。我相信他们的艺术要比我们的先进得多，犹如古希腊的艺术比最早的欧洲原始艺术优越。我以为，在北斋和他以后的画家的一幅印刷复制品的艺术性，比我们一幅一万美元的画中的艺术更多——不，比一幅价值十万美元的画的艺术性更高。我们是蛮族！我不仅仅想想这些事情而已：我对他们确信不疑。我但愿在某个婴儿的肉体中再生，那么对世界的美就可以像一个日本人的脑子那样去感觉了。②

---

① 西村六郎「特派員としてのハーン」、『解釈と鑑賞』1991 年 11 月号、20 頁。

② 〔英〕小泉八云：《给伊丽莎白·比思兰的信》，载〔英〕小泉八云《小泉八云散文选》，孟修译，百花文艺出版社，1994，第 8 ~ 9 页。

赫恩因爱岛国，丢了饭碗，他须尽快求职谋稻粱。明治23年（1890）前后，日本狂热崇拜欧美，岛国中学掀起聘英美教师风潮。受张伯伦与日本朋友服部一三关照①，赫恩被山阴地方出云国松江寻常中学（普通中学）聘为英语教师，月俸百日元，属高薪。他是此中学第二个外籍教师。针对赫恩欣赴边鄙地区缘由，田部隆次指出：

> 赫恩认为，出云是神代以来著名地方国，交通不便，存在旧日本真实面影，有益于了解日本文化。因此，他欣赴松江。赫恩兴致勃勃怀抱的志向是，正如当年自己喜欢赴热带地方一样，此番开拓前人未到的新天地，做一个文学界的哥伦布。②

赫恩在横滨梵刹结识书生真锅晃，真锅任翻译兼向导。二人乘火车自横滨抵神户，达姬路，入冈山，坐人力车经津山走“鸟取街道”，赴松江。“坐人力车行进于山阴地方，令赫恩理解了真正的日本。山阴地方是朴素的未开化的土地，近似马提尼克岛。”③

日本古代以畿内为中心，按距离划为近国、中国、远国。九州是远国，本州西部称“中国”或“中国地方”，东西350公里，南北45～140公里，呈半岛状，含冈山、广岛、山口、岛根、鸟取5县。中国地方大部为山区或丘陵，东自近畿兵库县西北，西至山口县的山地，是一道分水岭，将中国地方分成山阴地方（简称“山阴”，濒日本海）与山阳地方（简称“山阳”，濒濑户内海）。山阴地方含鸟取、岛根两县与山口县北部，广义含兵库县与京都府濒日本海的地方。

赫恩赴山阴岛根县松江，途经鸟取县西伯郡大山町④的下市，于此地津津有味地欣赏了“盆踊”（盂兰盆会舞），印象极深綦佳。在伯耆米子，赫

---

① 1884年，新奥尔良举办万国产业棉花百年纪念博览会，赫恩遇见日本代表服部一三。此后，服部任日本文部省普通学务局长。

② 田部隆次『小泉八雲』、北星堂書店、1988、97頁。

③ 浅野三平『八雲と鴎外』、翰林書房、2002、138頁。

④ 山阴本线、国道九号线通过此地。巑岏壮美伯耆大山，高耸于大山町境内。

恩乘小汽船横穿岛根县东北部的“中海”，入7.6公里流淌的大桥川[①]水道，8月30日在大桥河汭登陆，抵当时有4万人口的松江市，住富田客舍，后栖身于材木町旅馆。9月2日始，赫恩舌耕于松江普通中学。协议规定，每周赫恩还要在国立师范学校上4次课。其明治23年（1890）9月2日的日记云，松江普通中学近邻松江城遗址，是一幢木质结构的二层楼，涂成深蓝灰色，可容纳300名走读学生。国立师范学校建筑大于松江普通中学，校舍雪白，学生都住读，共计150名。[②]

赫恩在松江有一位肝胆相照、瓶罄罍耻般心友——29岁的英语教师、教头西田千太郎。此人头脑聪睿，学识淹博，为人热情、厚道。赫恩逗留松江期间，西田任赫恩从事调查研究时的向导、资料解说者与翻译，与赫恩情好日密，成莫逆之交。后赫恩惜别松江，仍与西田保持密切联系。赫恩后来入日本籍，须在小泉节子原籍松江办一系列复杂手续，西田包揽代办。明治29年（1896）夏，赫恩最后访松江，专为与西田重温旧谊，如此纯挚友情，感人肺腑。翌年3月15日，西田溘然徂席。“昭和51年（1976），岛根县乡土资料刊行会出版池桥达雄编《西田千太郎日记》。典型的明治日本人西田那格高调永文章，富于魅力，作为研究赫恩的重要资料是一级品。梶谷泰之活用尚未出版的西田日记，撰《赫恩先生生活记》，昭和39年（1964）由松江今井书店刊行。”[③]

却说明治23年9月2日，赫恩开始舌耕，西田挈他拜访校长及全体教师，同日又往县厅拜访县知事笼手田安定（1840～1899年）。关于访县知事场面，赫恩在《一个英语教师的日记摘抄》中写道：

> “知事问”，西田口译道，“你是不是知道古代出云的历史。”
>
> 我答复我读过张伯伦教授译的《古事记》，因此知道一点有关日本

① 在岛根县东北部，连接宍道湖与中海。东西流经松江市中心，分流出天神川与其他6条水渠，于矢田合流，入中海。庆长年间（1596～1615年），堀尾吉晴于河上架桥，将河北末次地区与河南白潟地区连接起来。

② 赫恩认为，日本学生绘画能力平均高出欧洲学生50%，日本民族精神有爱好艺术倾向。

③ 河島弘美「小泉八雲（ラフカディオ・ハーン）研究の軌跡」、『解釈と鑑賞』1991年11月号、146頁。

这个最古老地区的历史。接着他们又用日语交谈。西田告诉县知事我来日本的目的是研究古代日本的宗教和风俗，我对神道教和出云的传统风习尤其感兴趣。县知事建议我去看杵筑、八重垣与熊野的著名神社。

“他知不知道在神社前拍手的传统习惯的起源？”

我做了否定的回答。县知事说，在《古事记》的注释中对此有说明。①

所谓“杵筑”的神社，即出云大社，祭神是大国主命。“据《出云大社传》记载，出云大社最初的建筑远比现在更雄伟壮观，人称天下无双……所谓大社，多表示在神社中级别超群。在神道中出云大社是古来公认的‘诸神的故乡’。分布于日本全国各地的800万神，一年一度，都必须从四面八方经由咽喉要道稻佐（位于出云大社西南，面临日本海）登陆返乡，齐集出云大社，出席‘诸神会议’，共商如何更好地保佑日本国泰民安。所以日本的10月又称‘神无月’，唯有群神毕至的出云地方特殊，称10月为‘神在月’或‘神有月’……大国主命是保佑水稻生产大发展的农业神和保佑黎民生活安泰的神。此外，他还是主管婚姻美满的神和福德神，从而形成了独具体系的‘出云信仰’。”②

八重垣的神社，即八重垣神社，《出云风土记》与《延喜式》中，称此神社为“佐久佐社”，坐落在松江佐草町八云床。近世纂受藩主祇敬，明治11年（1878）改称现名，旧社格为“县社”，主祭神是素戋呜尊、栉稻田姬，配祀大己贵命等，例祭日是10月20日。神社境内有富于神话色彩的植物夫妇杉、连理山茶。

熊野的神社指熊野大社，在岛根县八束郡八云村，祭神是神祖熊野大神栉御气野命。《出云国造神贺词》云，此神名乃膀阔腰圆素戋呜尊别名。素戋呜尊有拔山超海之力，斩“八岐大蛇”后，决定在此地建神社。出云大社与此神社缘深，“出云大社的国造去世后，其嗣子须立即净身着新装（不许穿丧服），带上国造家族世代相传、由素戋呜尊授予的家宝、桧木制成的火

① 〔英〕小泉八云：《一个英语教师的日记摘抄》，载〔英〕小泉八云《小泉八云散文选》，孟修译，百花文艺出版社，1994，第62～63页。

② 刘立善：《没有经卷的宗教——日本神道》，宁夏人民出版社，2005，第112～113页。

燧臼和火燧杵，离开国造馆，赴祭祀素戋呜尊的熊野大社钻火殿（中古以后，改在松江的神魂神社举行），用随身带来的火燧臼和火燧杵磨出‘神火’，然后吃用神火做好的斋食，如此才能证明正式继任出云大社国造之职，也意味着国造由此变成了天穗日命。这就如同天皇虽然代代各有独立神格，同时又是天孙琼琼杵尊一样，出云大社世世代代的国造也都等于是天穗日命”。①

赫恩甚喜欢日本神道，对县知事齿及的神社都兴味津津。明治 24 年（1891）7 月与 8 月，赫恩考察了出云大社与日御碕海岸神社，游览了加贺浦的潜户、美保关等，印象颇佳。

笼手田安定是一位人格主义者，尊师重教，恫瘝在身，节用裕民，与民同乐，是“拔葵去织”式清官，俾赫恩由衷祗敬。翌年，笼手田转任新潟县知事。松江市民对离任的他心怀截镫留鞭、攀辕卧辙般心情，以及感人肺腑的场面，留在赫恩言之有据的生动作品中：

> 可亲、善良的县长走了，调往北部寒冷的新潟，这是升迁。但他治理出云达 7 年之久，受到人人爱戴，尤其是学生，他们把他看作父亲。全城的人都拥到河畔来送别。他上船后一路经过的街道、桥梁、码头甚至屋顶上都挤满了群众，想最后一次看看他的面容。数以千计的人哭了，在汽船从码头启碇时响起“呵—呵—呵—呵—”的呼声。人群的本意是欢呼，但我似乎觉得是整个城市在表示悲伤，这么哀痛，我希望别再听到为好。②

明治 23 年（1890）10 月，赫恩在末次本町租下一栋二层楼建筑，邻大桥川大桥，可赏滧漻宍道湖风光。昒爽，松江人且捧湖水沫面，且虔拜朝旭。赫恩细观，趣味盎然。他睋人们趿拉木屐踩桥上浓霜，耳闻“咯噔咯噔”脆响，审美快感油然而生。出云在日本是极古之国，保存着神代文化的

① 刘立善：《没有经卷的宗教——日本神道》，宁夏人民出版社，2005，第 114 页。

② 〔英〕小泉八云：《一个英语教师的日记摘抄》，载〔英〕小泉八云《小泉八云散文选》，孟修译，百花文艺出版社，1994，第 75～76 页。

各种面影。人在松江，可遥睍伯耆大山。漸汨宍道湖，令松江风光美到极致。赫恩忘净在美国恶战苦斗的噩梦，卸下负担，认为此地是己安家落户佳地。“远离东京的松江，当时，电灯、电话、煤气全无，没有一丝西洋新文化的气息。虽然如此，八云还是像挚爱俊秀的恋人一样，由衷爱上了松江……这时的日本，狂热地盲目崇拜欧美，有人甚至提出，日本应当以英文为国语，尽量与人种优秀的欧美人杂婚，以改良日本的人种。在日本人对本国甚抱自卑感的时期，八云却绝无洋人的傲慢，异乎寻常地喜爱富有传统民族文化特色的松江。因此，这位不端大架子的洋人，受到岛根县知事笼手田以及松江市民的广泛尊敬。”① 明治 23 年（1890）9 月 14 日《松江日报》载《聘用教师赫恩》云，迄今聘用的外籍教师都一脸优越感，动辄居高临下，说三道四贬日本。赫恩截然不同，他厌西洋文化，喜日本风俗人情，赞叹不已。当时松江报纸频繁报道赫恩，主旋律是赫恩酷爱日本传统文化。在人们心中，他不仅是喜爱日本的西洋人，还是著名文学家。明治 24 年（1891）5 月 26 日《松江日报》载《通讯新闻记者盛赞赫恩》云，美国操觚家赫恩罕见地喜爱日本，入乡随俗，从衣着饮食到民宅装饰，都用日本风格，俨如地道日本人。横滨通讯新闻记者、农学士头本元定赞赫恩文笔独具其妙，记叙“和田情死事件”，深得其中三昧，登载此文的该日报纸一售而空，如此文章家殊甚难得，应优待赫恩，令他乐不思归。

爱，是己心通向他人之心的桥梁，赫恩抵水光潋滟、山色空蒙的松江，不仅事业畅达，还喜获称心如意恋人。松江冬冷，赫恩偶感风寒，松江藩士小泉湊（秩禄 300 石）次女小泉节子（1868～1932 年）任护理员。天缘巧合，万里姻缘一线牵，伊是传统日本女性，婐姬形象如出水芙蓉，美德彰明较著，心灵手巧，我见犹怜。二人心有灵犀，一见钟情，欢若平生。西田千太郎有热心肠，见机行事，顺水推舟，任蝶使蜂媒，明治 23 年（1890）12 月 23 日，才子赫恩三生有幸，与颇谡佳人节子终成眷属。此乃改变赫恩人生的大事件，二人鸾凤和谐，心心相印，坚如胶漆，百年好合。赫恩文笔活动之成功，与精明强干、贤惠的夫人密不可分。伊体贴夫君无微不至，做事

① 刘立善：《山阴道上》，载刘立善《广岛星霜》，沈阳出版社，2000，第 193 页。

不拖泥带水，力求尽善尽美。学者云："节子是柔顺的日本女性，照顾八云是最佳人选。离别松江，移居熊本、东京，节子生了四个孩子。伊是八云忠实贤内助。"① 情人眼里出西施，赫恩从夫人身上看见岛国女性之美。明治24年5月，赫恩移居北堀町字盐见绳手，庭院宽敞，有养鱼池，环境宁静。此处邻古城遗址，可望天守阁、护城河。松江给赫恩留下极深纂美印象。他收集松江各种偶人，遥赠英国博物馆。

据节子《回忆记》，赫恩认为原汁原味的日本传统文化，其美不可具状，神道与佛教魅力无穷，日本不必盲目崇拜、模仿西洋。赫恩视岛国为仙境，其人生最后一部作品《怪谈》（1904年）终章"蓬莱"云，西方吹来邪恶风，笼罩仙境，正在吹走灵气。赫恩认为仙境日本遭西洋文明暴风袭击，甚不幸。与西洋比，他更爱日本；与现世相比，他爱梦幻世界。他认为，明治维新带来低俗实利主义，耶稣破坏了古老且富美趣的岛国文化。赫恩授课讫，归宅换穿和服，坐棉坐垫，吸雪茄烟，觉得是至大灵肉享受。关于方位，赫恩喜西侧，书斋置西侧，书桌朝西，宜赏夕暮赪霞。赫恩嗜牛排与日本料理，少许寿司、几枚鸡卵，两三合②日本清酒，美愿足矣！清酒之外，赫恩嗜品威士忌、葡萄酒。

人的第一印象，终生难谖。赫恩在松江仅逗留一稔三个月，而这个幸福期在他人生中空前绝后。他受到纯真松江人祗敬，事业畅达，爱情花好月圆，生活愉逸。恋恋不舍惜别松江，他无日不念松江。松江时代始，他激情满怀，将日本文化源源不断译介给欧美文化圈。得益于此，新奥尔良与松江结为姊妹城。

赫恩爱盛夏，怕冷不怕热。他欲落户松江，但日本海强风导致松江冬季颇寒，赫恩难适应，左眼逢寒则疼。赫恩原想冬居暖地，春夏秋住松江，在松江建宅。当时松江冬季尚无火炉采暖设备，采暖靠火盆。最后无奈，赫恩迁居熊本，于熊本第五高中吃笔墨饭。他告别松江，学生自不必说，全市人

① 浅野三平『八雲と鴎外』、翰林書房、2002、27 頁。
② "合"这里读"gě"，是中国的容量单位，10勺等于1合，10合等于1升。日本如今仍使用这个容量单位。日本人喝酒，常说"喝两合酒，喝三合酒"等。做饭时，常说"做三合米""做五合米"等。

皆感难舍难分。教师们赠赫恩一对“出云烧”大花瓶，全体中学生 251 人赠赫恩一柄金银短刀，师范生为他举办饯别会。明治 24 年（1901）11 月 15 日，赫恩出发，正值霍乱流行，封校。虽如此，全体师生、许多市民与县政府高官，还是来码头送别赫恩。赫恩自大桥坐小火轮至宍道①，乘汽车抵广岛，从吴（1902 年建市）坐船抵门司，换乘火车，抵该日终点站——福冈县中西部春日②。再换乘汽车，安抵熊本。

三　惜别松江　永爱山阴

赫恩与熊本第五高中签下 3 年合同，自明治 24 年（1891）11 月至明治 27 年 10 月，月俸佰日元。旅行是赫恩一大嗜好，他最爱的地方，有西印度群岛中的马提尼克岛，日本山阴地方的松江、石见、大根岛、美保关、日御碕、隐岐诸岛，以及静冈县烧津③。明治 25 年 4 月春假，赫恩挈心明如水笑眯眯少妓节子，如一对翙翙比翼鸟，游福冈太宰府。两人活用暑假，游博多，从门司乘船抵神户、京都、奈良；游偈，回神户，赴门司，走海路往心醉神迷、魂牵梦萦的山阴地方。夫妻于伯耆境港登陆，再航行瀛漭日本海，往岛根县隐岐诸岛，信马由缰，细游各岛，历时 3 周。

赫恩媐游隐岐诸岛，爱此地，欲于岛上建宅，安居乐业，遭心巧嘴乖节子极力反对，作罢。8 月 16 日回美保关，赴境港，走陆路往备后的福山、尾道，归熊本。明治 26 年（1893，此年 11 月，首子一雄出生）夏，赫恩游国际化都市长崎，兴味索然，仅住一宿，匆忙还家。明治 27 年 4 月，他安步当车，参拜赞岐金比罗宫。同年夏，进京，往横滨，为首子购玩具与童车。赫恩“松江情结”綦浓，他认为“出云人”万事柔和，具古风，抱素怀朴；

---

① 位于松江市西南，在宍道湖南岸，山阴本线、国道 9 号线、54 号线通过此地。曩昔是参拜出云大社的信徒的山阴道驿站，旅馆成国家指定重要文化遗产。1927 年建町，后并入松江市。

② 1200 年前，藤原田麻吕将奈良春日神社的分灵祭于此地，地名滥于此。二战后一度成美军基地，1972 年建市。春日神社是县级民俗文化财产。

③ 1951 年建市，是日本全国屈指可数的水产港市，水产加工业驰名列岛。

熊本人则不然，“熊本人平素的性格绝不老实厚道”[①]，而是性粗野，嗜喝大酒，动辄声嘶力竭吵架。他觉得此前已将日本人都写成天使，是以偏概全。赫恩认为，“宗教心”是青年升华“后天思想”凝成的诗，松江学生大多信神道，而熊本学生大多宣称无宗教信仰，实不可爱。

如此这般，转瞬3年，合同到期，赫恩不续。他觉得在熊本教学占时间过多，妨碍笔耕。然故，谢绝仙台与鹿儿岛的高中教师招聘，就职于报社《神户纪闻》（*The Kobe Chronicle*），再作冯妇，揣一管笔，当经验丰富新闻操觚者，月俸百日元。明治27年（1894年）11月，举家移居高楼大厦鳞次栉比的神户。在此地赫恩全然不见日本面影，甚感泄气。赫恩性厌溜须拍马、巧言令色、欺凌弱小。然而，物价高昂的神户是模仿丑陋欧洲文明的新开地，西洋人在此地趾高气扬。赫恩觉得，面对西洋人，日本人低三下四，竭尽奴颜婢膝之能事；神户人装模作样，重虚荣，外强中干；神户人夸夸其谈，言之无物，废话连篇。经比较鉴别，赫恩尤觉“山阴人”实实在在，心口相应，文质彬彬，过的是清美质朴的日本特色生活。他觉得住在石见、日御碕、隐岐诸岛的日本人不装腔作势，安时处顺，过着标准的日本风格生活，远比神户人幸福得多。钢琴、西洋窗、教堂，男子大礼服（frock coat）、白衬衫、西装，都令八云厌恶。他认为此乃伪善的西洋文明象征。针对此时赫恩，平井呈一鹭云：

> 移居神户的赫恩，对神户彻底感到失望。与其说感到失望，莫如说感到嫌恶。此前，明朗的、不见物欲横流现象的松江，那般有着浓醇封建文化与人情的日本城下町风光、习俗，突然洗濯了赫恩的西欧灵魂。他对松江感到被迷住般的心醉。赫恩来至当时军事都市熊本，感到甚不称心如意。今又来至开港地新兴都市神户，赫恩目睹模仿的丑陋恶劣的欧洲文明，感到震惊、厌恶，他不愉快到欲捂上双眼的程度。由此，我们实不能理解偏爱日本的赫恩对神户的嫌恶、困惑之状。[②]

---

① ラフカディオ・ハーン「停車場で」、ラフカディオ・ハーン『心：日本の内面生活の暗示と影響』、平井呈一訳、岩波書店、1980、10頁。

② 平井呈一「『心』解説」、ラフカディオ・ハーン『心：日本の内面生活の暗示と影響』、平井呈一訳、岩波書店、1980、312頁。

以故，爱素好古赫恩绞尽脑汁寻觅返回山阴永住良策。他认为自己若能住在松江、日御碕、隐岐，那将是大幸。

早在熊本时代，赫恩就与妻商酌过改国籍问题，神户时代决定改国籍。明治 28 年（1895）秋，赫恩入日本籍，易名“小泉八云”。小泉是妻之姓，“八云”一名滥自他对出云国的痴爱，取自和歌修辞法中的“枕词”——“八雲立つ”。“八云”意即“重叠的云彩”，“八雲立つ”意即“重叠的云彩涌起”。“八雲立つ”与地名出云固定呼应搭配，赞美出云这方土地。《古事记》上卷第一首歌谣中，出现固定搭配：

八雲立つ　出雲八重垣　妻籠みに八重垣作る　その八重垣を①

云气何蒙茸，出云的八重垣，
造那八重垣，与妻共居的，那个八重垣啊！（周作人译）

武田祐吉于角川文库版《新订古事记》中，将“出雲八重垣”译作“出云国的宫殿”。② 此外，《万叶集》第 430 首和歌（柿本人麻吕赋），出现枕词“八雲さす”与出云的固定搭配，即“八雲さす出雲”。③ 日本民俗中，云是萌发灵魂与生命力的祥兆。

明治 29 年（1896）2 月，八云赴三重县伊势市，参拜“日本人心灵的故乡”——伊势神宫，感觉神秘文化阃奥无穷。4 月游京都、大津、奈良、堺、大阪一带。同年夏，八云决定就职于东京帝国大学文学部，任英语和英语文学讲师。离开綦厌的神户，进京前，八云兴致勃勃专程返抵刻肌刻骨的山阴地方，经美保关回松江，良觌故旧，忻然共叙美好往昔。同年 8 月 27 日，八云挈妇将雏进京④。八云每周有 12 节课，月俸 400 日元，最后两年涨至 450 日元。英语文学课主要讲莎士比亚、弥尔顿、斯威夫特、布莱克、雪

① 武田祐吉訳注『古事記』、角川文庫、1982、41 頁。

② 武田祐吉訳注『新訂古事記』、角川文庫、1977、226 頁。

③ 本文引用的日文版《万叶集》是多田一臣译注《万叶集全解》（筑摩书房，2010）。中文译本引用的是赵乐甡译《万叶集》（译林出版社，2009）。

④ 据小泉节子《回忆记》（『思い出の記』），八云弟子田部隆次认为是 8 月 20 日进京。

莱、济慈、丁尼生、罗塞蒂、安徒生、比昂松等，颇受学生欢迎，学者骘云：

八云是能以己纯净心地与他人悲喜共鸣的诗人……他不是利用笔耕之余而舌耕的外国人教师。他认真探究日本学生真正需要的东西，并将其诚挚地教给学生。八云重视通过自己人生体验与感情，与学生产生共感，重视能产生共感的心与想象力，他是实践文学教育的有灵魂的教师。①

许多弟子说，听八云讲课，是热血沸腾的体验。其中之一厨川白村曰："八云先生是第一个以稀世名文将'日本美'介绍给西洋的人。与此同时，他以妙趣横生的授课艺术，将西欧思想与文学传给日本学生，在这方面，先生是成功的外国教师。作为东西方文化的介绍者，先生之所以能尽己天职，不仅因先生独具特色的流丽明快笔舌与赅博学识，还因先生是名副其实的世界人，具备特异人格。"②

八云的后任教师夏目漱石，讲课按部就班，引经据典，四平八稳，有古板沉闷之嫌，与舌耕生动、妙趣横生的八云相形见绌，此非学者型漱石之过，而是因记者型八云讲课嗜即兴发挥，太有魅力，令学生心醉。鲁迅明确肯定八云在民俗文化或文学方面引介之懋绩：

小泉八云在中国已经很有人知道，无须绍介了。他的三篇讲义③，为日本学生而讲，所以在我们看去，也觉得很了然……

在中国的外人，译经书、子书的是有的，但很少有认真地将现在的

① 布村弘「学生から見た外人教師ハーン」、『解釈と鑑賞』1991年11月号、79頁。

② 池田美紀子「大学講師としてのハーン—西洋文学の紹介者—」、『解釈と鑑賞』1991年11月号、89頁。

③ 指八云著关于托尔斯泰的3篇文章，即《艺术论》《复活》《求道心》。

文化生活——无论高低，总还是文化生活——绍介给世界。有些学者，还要在载籍里竭力寻出食人风俗的证据来。这一层，日本比中国幸福得多了，他们常有外客将日本的好的东西宣扬出去，一面又将外国的好的东西，循循善诱地输运进来。在英文学方面，小泉八云便是其一，他的讲义①是多么简要清楚，为学生们设想。②

八云将英国文学大量引入日本，培养出上田敏、厨川白村、田部隆次、落合贞三郎等英国文学研究家。八云撰《英国文学史》《诗人论》《诗歌论》等讲义集和论文集，对日本作家影响很大。受八云熏陶，京都帝国大学首代英国文学教授上田敏养成“细心细致的学风”，笃志文学翻译，广范围译介海外文学。京都帝国大学第二代英国文学教授厨川白村，受八云影响，撰《近代文学十讲》《文艺思潮论》，译介西方文学。受上田敏与厨川白村影响，又诞生竹友藻风（1891～1954 年）、矢野峰人（1893～1988 年）等英国文学研究家兼诗人。对八云深感兴趣的作家还有夏目漱石、德富芦花、志贺直哉、永井荷风、小川未明、萩原朔太郎、佐藤春夫等。八云在欧美的名气也很大。“隆次在东京帝大是赫恩的门墙桃李，撰《小泉八云传》。大正十一年（1922）至翌年，隆次赴欧美旅行期间，一说‘我是赫恩的弟子’，在很多地方都大受优待。”③

八云綦厌万头攒动、人情冷漠的东京，节子撰《回忆记》云：“赫恩本来甚厌恶东京，他说：‘东京俨如一座地狱。’我夙有一愿，即观东京。他说：‘你将今日东京想象成浮世绘画家安藤广重描绘的江户，这是误解。’他说，为让我领略东京，才谋职京师。”④ 率真的八云，性本爱日本田园丘山，其尺牍真话实写：

① 指八云著《十九前半世纪英国的小说》，侍桁译，连载于《奔流》第 1 卷第 8、9、10 期。

② 鲁迅：《〈奔流〉编校后记》，载《鲁迅全集》（第 7 卷），人民文学出版社，1981，第 174、178 页。据大内隆雄所撰《东北文学二十年》云，20 世纪 30 年代，中国东北文坛始接触八云，参见〔日〕大内隆雄《东北文学二十年》（节译），王汶石译，《东北现代文学史料》1980 年第 1 期，第 100 页。《奉天民报》的《冷雾》介绍了很多日本文学，并刊载翻译的欧美文学，如纪硕夫译小泉八云文章。

③ 西村六郎「特派員としてのハーン」、『解釈と鑑賞』1991 年 11 月号、28 頁。

④ 田部隆次『小泉八雲』、北星堂書店、1988、152 頁。

> 在这个俾吾綦厌嫌的东京，甚难有真正像样的日本印象……妻说甚想去看东京，但我厌烦东京，在东京忍耐数年后，我想遁隐山乡，安度暮年。两部鼓吹的水田，晴朗畯空与朝霞，野火的香气，田歌，戴斗笠的田舍郎，各有来由的神社祭祀，小店与住在小店里的人们的一生，蔬菜店与糖果店，占卜师、僧侣、神主、渔夫、讲着不可思议故事的巡拜者，这一切是我所喜爱的日本美之世界，是我应走进的世界。[①]

明治 30 年（1897）2 月 15 日，八云有弄璋之庆，次子阿巖出生；明治 33 年 12 月，八云做熊罴之梦，20 日三子阿清呱呱坠地。明治 36 年 9 月 10 日，八云有弄瓦之喜，女儿寿寿子出生。据八云嫡孙小泉时所撰《妻节子与孩子们》[②] 一文，八云首子一雄卒业于早稻田大学英文科，就职于东洋协会编辑部与拓殖大学教务课，后任中学教师；撰《中国童话集》，整理八云遗稿，著《忆家君八云》等。昭和 40 年（1965）彻席，寿 72 岁。次子小泉巖卒业于冈山第六高中，入京都帝国大学文学部，任京都桃山中学英语教师，译部分八云作品。昭和 12 年（1937）英年早逝，寿 40 岁。三子小泉清由早稻田中学入东京美术学校（今东京艺术大学），退学，从事电影配乐工作，或作油画，妻阿静经营台球店维持家计。昭和 37 年（1962）作古，寿 62 岁。寿寿子幼年因猩红热转脑膜炎，留下残疾，与母共同生活。昭和 7 年（1932 年），节子彻席，寿 64 岁。其后，寿寿子由伯兄照顾，昭和 19 年（1944）辞世，寿 41 岁。

明治 30 年（1897）夏，八云游远州滩旁滨名湖北涘的滨松，心血来潮，临机应变，往骏河湾旁烧津。八云对此地海岸綦感兴趣，逗留一周，归途陟富士山。明治 32 年、33 年、34 年、35 年、37 年，八云频至烧津。他酷爱游泳，对此处海水深度、波浪状态甚感满意，成其游泳佳处。在烧津，八云还可充分感受日本传统文化风情。他之所以情系烧津，是因此地明显带有山阴地方的松江、日御碕与隐岐诸岛特色。在山阴地方欣赏的传统日本民俗风

---

① 田部隆次『小泉八雲』、北星堂書店、1988、122、126 頁。

② 小泉時「妻節子（セツ）と子供たち」、『解釈と鑑賞』1991 年 11 月号。

情于此地复现。

明治 36 年（1903）3 月，八云结束东京帝国大学舌耕生涯。翌年 4 月，就职于早稻田大学，每周上 4 节课，年薪 2000 日元。早稻田大学时代，八云初识坪内逍遥。早稻田大学的文化氛围俾八云审美感觉返回无时不念的美好松江岁月。早稻田大学许多教授身着和服，足趿呱嗒呱嗒木屐授课。高田校长风采，俾八云忆及推心置腹的松江心友西田千太郎。

高材疾足八云，厌玩岁愒日，趣在教学与文笔活动，二者相较，尤重后者，常因前者占时过多而僝僽。他无冬无夏，爱日惜力，最怕干其他事占据宝贵笔耕时间。八云不以俗事为要，尽量减少酒食征逐聚会等空无意义的俗事。八云不亲操井臼，节子夫人精明干练，处理家中大事，似《关原之战》中芳春院。以故，凡事八云全凭夫人定夺。他说："我仅略知眼学笔耕，不晓他事。"《论语・雍也篇》曰："知之者不如好之者，好之者不如乐之者。"八云染"笔耕膏肓"，"贱尺璧而重寸阴，惧乎时之过已"。他伏案笔耕走火入魔，日昃忘食，谁谓荼苦，甘之如荠。

明治 37 年（1904）9 月 19 日 15 时许，八云于萤窗一心不乱笔耕，忽感心脏疼，诧愕，数分钟后恢复正常。同月下旬，他收到伦敦大学与牛津大学的演讲邀请函，加拿大太平洋铁道轮船公司赠船票。9 月 26 日，八云向松江时代弟子藤崎八三郎赠书，孰料所写尺素竟成绝笔。晚餐时一室喜气盈盈，八云谈笑风生。尔后八云忽感心脏难受，因狭心症（心绞痛），大限临头，兰摧玉折，卒于东京西大久保自家，寿 54 周岁。八云溘逝，证明其名言真谛："人类伟大的生命之海，它的泡沫表示个人生命的短暂……在浩瀚永恒的大千世界中我们是多么渺小，只不过是泡沫而已；我们的破灭根本不足道，在我们消失之后还有不可胜计的泡沫产生。"① 八云奄隔，夫人椎心泣血，且以"已焉哉，天实为之，谓之何哉"这一理念，宽慰自己与子女。

八云生前一本正经嘱托夫人，他实不愿别人为他彻席而大发悲声，哀哀欲绝。己若一瞑不视，家人莫恻然泣下，勿发讣告。八云少年时代就酷嗜观赏荒寂墦地，他叮嘱夫人将骨灰瘗于乡间墙塌破败、杂草芃芃、寂寥小寺，

① 〔英〕小泉八云：《读拜伦》，载〔英〕小泉八云《小泉八云散文选》，孟修译，百花文艺出版社，1994，第 192 页。

墓须小，毫不引人注目为宜。志贺《暗夜行路》第 4 部第 17 章中，山阴地方伯耆大山森林里一座荒寂梵宫，周围四五百米以内无人家。这座凄寂古寺格调很符合酷爱山阴文化的八云审美情趣。憾在八云与此梵刹无缘。

节子夫人遵嘱，9 月 30 日于瘤寺举行简单葬礼，八云的理想小寺难觅，最后骨灰瘗于东京都丰岛区南部的杂司谷灵园[①]中小泉家墦地，法名“正觉院净华八云居士”。夏目漱石、泉镜花、永井荷风等都眠于此墓园。

四　从八云作品窥其日本文化观

八云从文信念是：“求文学之真正成功，须拒绝出版社要求，拒绝公众要求，拒绝追求时尚，才可能成功……我须认真地为文学竭尽全力，纵然一行字给百美金笔润，也不违心应诺之。”[②] 此乃遹己灵魂指令、我行我素的“纯文学”创作态度。八云誓不跟庸风，拒做过江之鲫，以自我意识驱动创作。日本文坛旗帜鲜明坚决贯彻这一理念的集团，首数白桦派。

不消说，创作灵感袭来，并不仅限于作者身在芸窗之时。八云总是怀铅握椠，不失时机捕捉灵感的电光石火。他与有岛武郎、志贺直哉的笔耕习惯相同，嗜于万籁俱静夤夜走笔。且綦厌急功近利，恪守“质主量从”，注重绨句绘章，精益求精。胸怀锦绣的八云，作品不急于付之梨枣，甚怕祸枣灾梨。

八云赴日前，出版了《克里奥帕特拉七世[③]的一夜及其他》（译著，1882 年）、《异文学遗闻集》（短篇小说集，1884 年）、《中国灵异谭》（6 篇鬼怪故事，1887 年）、《在法属西印度的两年》（游记，1888 年）等 8 部作品。八云定居秋津洲 14 年，操英文笔耕不辍，发表作品 12 部，包括《不为人知的日本面影》（1894 年）、《来自东国的消息》（1895 年）、《心》（1896 年）、《佛国的落穗》（1897 年）、《异国情趣与回顾》（1898 年）、《日本的故事》（共 4 册）、《灵的世界》（1899 年）、《影子》（1900 年）、《日本杂

---

① 传说南北朝时代，武士柳下若狭守从“杂色职”（下级小官职）退下，住在此地，初名“杂色谷”，后成“雑司ヶ谷”。

② 田部隆次『小泉八雲』、北星堂書店、1988、205 頁。

③ 克里奥帕特拉七世（Kleopatra Ⅶ，B. C. 69 – B. C. 30）是埃及托勒密王朝末代女王，前 51 年至前 30 年在位，以貌美著称。

录》（1901 年）、《古董》（1901 年）、《怪谈》（1904 年）、《日本，解释的一个尝试》（1904 年）、《天河缘起及其他》（1905 年）。这些作品大多与岛国相关，大致分三类：一是论文、随笔、名胜游记等，二是考证、地方志、风俗志，三是物语。第一类主要出自八云的观察、推理、感想；第二类出自八云的松江普通中学弟子大谷正信（1875～1933 年）等人提供的史料；第三类得益于节子夫人或以夫人为中介获取的日本古典文学与民间传说等素材（可见节子夫人对八云的事业贡献非小），进而形成“小泉八云的文学世界”。八云赴日前，其创作带有法国印象派画家特色，浓墨重彩。抵日后，其爱岛国文化之趣味，形成简素幽玄的象征派创作风格。

27 章的两卷本《不为人知的日本面影》别具匠心，是八云雄心勃勃抵日后的首部力作，一炮打响。此书内容丰赡，上卷 15 章，涉空海书法艺术、山阴道的盆踊、诸神之国首善之地松江、出云大社悠久历史、美保关与日御碕风情、松江的情死事件、松江八重垣神社。下卷第 16 章写日本庭园。八云酷爱美学植物，尤嗜欣赏牵牛花、龙舌兰、芭蕉、竹丛、杉树等。他据己审美观，嘲西洋花束，赞岛国庭园艺术中植物配原岩的质朴天然美。第 17 章写家中神龛、佛坛等日本民俗。第 18 章写节子夫人髟髟云发之美。第 19 章写在松江任英语教师的丰润百感，涉日本学生生活。第 20 章写日本新年等节日文化。第 21 章写洞洞日本海沿岸醉人风情。第 22 章写舞伎特质。第 23 章写挈妻自伯耆至隐岐的浪漫日本文化之旅。明治 25 年（1892）7 月杪，夫妻联袂赴文化底蕴深厚的隐岐诸岛，八云是首个登上隐岐诸岛的西洋人。隐岐诸岛即古隐岐国，在岛根县东北部日本海上，距岛根半岛最近距离 44 公里，最远 90 公里。诸岛由岛前、岛后与约 180 座无人岛构成。隐岐诸岛是曩昔流放犯之岛，许多京师之人被流放至隐岐诸岛。平安前期书法家小野篁（802～852 年）、后鸟羽天皇（1180～1239 年）被流放隐岐的中之岛，后醍醐天皇（1288～1339 年）被流放隐岐国。隐岐诸岛多旱田，水产业发达。明治 25 年 8 月 16 日，夫妻回美保关。第 24 章写松江“怪谈传”。第 25 章写夫人口述的出云故事。第 26 章论日本人微笑之美，是研究日本人心理的著名论文。围绕外国人难以理解、日本人往往无意识的微笑，八云深度剖析，启发了海外学者。第 27 章是结语。《不为人知的日本面影》主要叙写山阴地方出云国文化的方方面面。此著对西洋人影响非凡，“作者尚未从对日本的梦幻中醒来之际，写出这部作品，表现崭新日本印象，写得细大不捐。此后洋人游出云，就是因受到此作磁性诱惑”。[①]

八云其他作品，或记述出云地方文化、长崎印象、熊本第五高中的教学生涯、邻里关系等，岛国各地游记、各地异样风习、涉佛教日谚，或以独异视角阐述日本人内心世界。晚年八云多据日本物语，写日本神话鬼怪故事。继德国博物学家肯佩尔，许多洋人嗜写日本文化，但质与量皆不能与八云之作同日而语。八云作品令西方在相当程度上了解了神秘的日本，诱惑一些世界级骚人相继赴日，皮埃尔·洛蒂（Pierre Loti，1850－1923）与拉迪亚德·吉卜林（Rudyard Kipling，1865－1936）即为代表。洛蒂作品对日本显出居高临下的傲慢姿态。吉卜林游记《从海洋到海洋》笔及自己睹大阪城墙岩石之巨，舌挢不下；观神户旅馆男女混浴[②]，惊骇，诧为“无道德”现象。与此二人相比，八云的日本文化观，主旋律是对日本文化流露发自心魂的赞美。

松江是一块神奇浪漫的土地，古董店、旧书店比比皆是，茶道“生花”盛行。八云痴爱松江，嗜写松江，随笔《松江》别具只眼，无浮言泛语，意境深远，韵味悠长，可谓一天星斗。此文写松江晨光、夕照、小型花展，酿出松江世外桃源梦幻诗情。八云细赏松江自家庭院，写出《在日本的庭园里》，摅细腻审美感触，笔及松、梅、竹、芍药、荷花的植物美学观。《在日本的庭园里》书云：“古代的日本诗人曾经用一切美好的事物来比喻女性，他们甚至为了她们的仪态举止从鲜花方面去寻求隐喻。”[③] 遂举日本具有特色的形容姣女的谚语：

立てば芍薬座れば牡丹歩く 姿は百合の花

站如芍药，

① 田部隆次『小泉八雲』、北星堂書店、1988、104 頁。

② 日本温泉文化特色即回归自然。日本温泉存在混浴形式，王韬《扶桑游记》载，1879 年游神户，3 月 16 日洗温泉，“男女并裸体而入，真如入无遮大会中”。混浴至今犹存。

③ 〔英〕小泉八云：《小泉八云散文选》，孟修译，百花文艺出版社，1994，第 51 页。

坐似牡丹，
步态美如百合花。（笔者译）

樱花是象征日本文化的国花，与人工栽培的染井吉野樱相比，野生的山樱更能代表日本文化。八云以张伯伦为媒介，接触到日本国学家本居宣长（1730～1801 年）的学说，称宣长是“神道的大学者”。八云在《在日本的庭园里》中论樱花，引用了宣长赋著名短歌：

敷島の大和心を人問はば朝日に匂ふ山桜花

若问大和魂，
吾劝君想象，
沐朝暾山樱吐清芬。（笔者译）

宣长的象征性表达十分简洁，樱花神韵即“大和魂”（日本精神）。《在日本的庭园里》还细述养鱼池、雨蛙、蝉鸣，字里行间流淌的是八云对日本庭园文化发自肺腑的挚爱。

《一个英语教师的日记摘抄》写松江时代的日常生活与师生纯情。八云优选 5 个学生，细述其鲜明个性。石原生于武士家庭，性刚莽撞，言行一致，敬八云，但有时指出八云授课之误。师生关系融洽，石原常给八云送花。大谷彬彬有礼，自制力强，爱植物学，收集标本，加以分类。他还有音乐天赋，善奏多种乐器，似“顾曲周郎”。大谷常与父兄去寺院当乐师。凡此种种，俾八云佩服。大谷知八云趣系佛教、神道节庆活动，登门访八云府，常邀老师参加此类文化活动。小豆神经“像电线一样硬朗”，内心是禁欲主义者，访八云府，面对招待来客的点心、糖果，小豆一律谢绝品尝，释云：“我是兄弟当中最小的，我必须很快开始自谋生活。我得能吃大苦才行，要是我现在就讲究吃喝，以后只会吃更多苦头。”[①] 小豆嗜书如命，厌寻行数

① 〔英〕小泉八云：《一个英语教师的日记摘抄》，载〔英〕小泉八云《小泉八云散文选》，孟修译，百花文艺出版社，1994，第 73 页。

墨，不循声附会，是治学材料，嗜较真，真做学问，做真学问，持之以恒。他煞费苦心到处收集文献，博览群书，借阅大部头硬书，如赫伯特·斯宾塞著作等，如饥似渴，抄下宝贵资料。小豆乐于深度了解松江人的历史，其敬终慎始治学精神，俾八云心折首肯。秀士横木出身于白屋寒门，父是木匠。横木聪明冠伦，性坚强，寡言少语，家贫无力读中学。其囊萤映雪精神感动一位好礼富人，富人认定横木是不可多得的人才，人生前途不可限量，“年岁虽少，可师长兮”，遂慷慨解囊，圆其学而不厌读书梦。穷厄之人横木，成绩总是全班第一，举校以横木为荣。横木旗帜鲜明地反对某基督教徒庸俗论，大胆赴其家辩论，义正词严，言类悬河，俾对方词穷理屈，哑口无言。同学们赞横木头脑机敏过人、辩才无碍。横木答：“我不机敏……辩论中反对道德上的谬误，不需机敏，只需认识到自己在道义上是正确的就行。”[①] 志田染瘵，病骨支离，蒲柳弱质，心细敏感，富于艺术才能，擅长制图、绘画，有一套岛国古代大画家作品画册。志田访八云府，带去綦罕见作品——《仙女与鬼魂》，请师欣赏。凡此种种，八云认为皆是出云优秀传统文化熏陶的结果。

《两个奇异的节日》中的新年部分，写松江民俗风情，八云觉得松江可贵之处是保存着别处已消失或行将消失的许多节日风俗。八云此文记述新年期间国旗、门松、梅、榊、蕨叶（当是里白）、注连绳、三方[②]、年糕等纷繁物品的深远神道意义。

《从鸟取到隐岐》是文化游记。八云夏季由松江乘汽船两小时，抵鸟取县西北部海港境港。境港东濒美保湾[③]，西临鸟取县瀧汨中海，北与岛根半岛隔一条“境水道”[④]。中海内 5 平方千米大根岛上有牡丹，历史悠久，呈一大观，令八云爱入骨髓，其《在日本的庭园里》书云：

---

① 〔英〕小泉八云：《一个英语教师的日记摘抄》，载〔英〕小泉八云《小泉八云散文选》，孟修译，百花文艺出版社，1994，第 74 页。

② 一种佛教用具，左、右、前方，三面有立板，立板顶端托平盘，上面摆供品。

③ 连接鸟取与岛根两县的日本海之海湾。东起阿弥陀川河口，西至岛根半岛地藏崎连接线内海域，深 3 米许。

④ 松江与境港之间的海峡，长 7 千米，宽 200 ~ 600 米。1972 年境水道大桥（709 米）通车。每年 7 月“海港祭”之际，4000 多个灯笼漂流在水道上，壮美异常。

牡丹，在当令的季节，繁花似锦，可爱到足以使全城的居民出城往郊外观赏。在出云，牡丹的开放尤其了不得，观赏牡丹最著名的地方是中海这个礁湖上的小岛大根，从松江坐一小时的帆船即可，五月间整个岛上开遍了姹紫嫣红的牡丹，甚至公立中小学校都放假，让少年男女学生去观赏这一美景。①

“日本学校重视素质教育，强调通过植物、美术、音乐、书法等，培养学生审美素质。百余年前，‘公立中小学校都放假’，专程去赏牡丹，是一例证。”②

境港街区占据弓滨北半部。岛根半岛为天然屏障，境港不受西北季风吹打，是天然良港。后鸟羽天皇经此港被流放至隐岐。明治 25 年（1902），国铁境线始运营，至山阴本线铁路开通前，境港作为山阴地方门户，是日本海一侧要港，二战前与二战期间，境港是面向中国与朝鲜的贸易港。昭和 31 年（1956）建市。境水道大桥通车，促进了伯耆大山—皆生—美保关这条观光带的繁荣。八云笔下的境港街市是乏美小城，气味难闻，无工业，商店稀，有一座小神社。就境港街上状况，八云如是叙写：

主要建筑是仓库、水手的游乐场，以及几家大而脏的旅馆。旅馆内老是挤满了候船往大阪、滨田、下关、新潟以及其他港口的旅客。在这条海岸线上没有开往任何地方的正常班轮；船主对准点的商业价值毫不重视，结果旅客们不得不比预期等候更长的时间，旅馆因此当然高兴。③

八云觉得境港的港湾之美不可具状。港内停满五花八门的船只，从舢板到现代化汽船。八云乘晨 8 时出发航往隐岐主要港口西乡的船，冲出漫长海

① 〔英〕小泉八云：《在日本的庭园里》，载〔英〕小泉八云《小泉八云散文选》，孟修译，百花文艺出版社，1994，第 51 页。

② 刘立善：《日本文艺与植物美学》，辽宁大学出版社，2015，第 247 页。

③ 〔英〕小泉八云：《从鸟取到隐岐》，载〔英〕小泉八云《小泉八云散文选》，孟修译，百花文艺出版社，1994，第 100 页。

口，在广漈日本海上沿出云海岸线航行，心旷神怡。他望见“高大宽广的金字塔”——伯耆大山峰嫖。

继之，八云遥睸渔业基地、渔港美保关（1870 年以前称“三保关”）。美保关在岛根半岛东端，此地美保神社在山阴名声显赫。主祭神是事代主神与三穗津姬命。《古事记》云，大慈大悲事代主神是大国主命之子，他佽父尽力于国土开发和产业福祉发展；天孙临凡，劝父将国土让给琼琼杵命。针对事代主神，八云写道：

> 在这些商店里还有其他古怪好看、用作土仪的工艺品，画有美保关寺的瓷器，用于挂鼻烟壶的金属钩子，表示事代大神设法把一条大鲷鱼塞进一只小得容纳不下这条大鱼的篓子，以及陶制的有光泽的滑稽面具，代表大神的笑脸。这位事代大神是一位快乐的神，他是诚实的工匠，尤其是渔民的保护人，虽然他还不及他的父亲杵筑大神爱笑。关于后者俗话说：“只要哪里笑得开心，大神就高兴。”①

三穗津姬命是女神，佑五谷丰穰。奈良时代始，美保神社备受中央政府青睐，获国勷睟。中世武将向神社捐金，保护神社建筑。庶民心中美保神社能佑谷物、渔业双丰收以及海上安全。美保神社祭神事代主神执竿抱鲷的福德圆满形象即源于他在此地垂钓的神话。美保神社 4 月 7 日祭祀“青柴垣神事”即源自《古事记》。美保关山顶的“五本松”（当时一棵被刮倒，余 4 棵）引起八云旺盛兴趣。他在《从鸟取到隐岐》中引用颂“五本松”的歌谣，并写道：“在美保关有美丽的小酒杯和小酒壶出售，上面就有这四棵松的画。画上用细长的金字写着‘美保关的五棵松’。这是当纪念品的。”②

船最后抵岛东部八尾川和宇尾川形成的三角洲上天然良港——西乡。古

① 〔英〕小泉八云：《从鸟取到隐岐》，载〔英〕小泉八云《小泉八云散文选》，孟修译，百花文艺出版社，1994，第 105 页。

② 〔英〕小泉八云：《从鸟取到隐岐》，载〔英〕小泉八云《小泉八云散文选》，孟修译，百花文艺出版社，1994，第 105 页。

时此地设国府与国分寺，是政治中心。玉若酢命神社（旧社格是县社，祭神有隐岐开拓神、地方神玉若酢命、素戋呜尊、奇稻田姬命、事代主命等）建于此地，是隐岐的政治中心。国分寺莲华会舞是重要的无形民俗文化财产。《从鸟取到隐岐》写往途目睹奇岩削壁悬崖的雄伟壮美、旅途观感与隐岐地理文化，八云对山阴文化的深爱生动流淌于字里行间。

明治 26 年（1893）8 月，八云游长崎，归途抵熊本县中部宇土半岛南端港镇三角町。此地西港由荷兰人穆尔德尔设计，明治 20 年（1887）开港，是熊本县最早的贸易港。明治 36 年（1903）三角铁路线通至今三角港（三角东港），西港式微。三角至长崎岛原港，每年渡轮游客超百万。明治维新后，三角是连接别府、阿苏、云仙、长崎的观光路线枢纽。八云泊宿三角旅馆，“再度穿上浴衣，悠闲自在地坐在一床凉爽、柔软的草席上，有声音甜润的侍女侍候，周围一切全是美的，因而宛如从 19 世纪的一切不幸中赎身出来似的”。[①] 按八云感觉，住三角传统日式旅馆比住开放港口欧式宾馆舒坦甚多。八云称此处旅馆是“仙宫”，“侍女则是仙姬”。仙宫老板娘话语，“轻柔得有如风摇的铃儿丁零的声音”。此馆名“浦岛”，缘此，八云想及与浦岛同名的《万叶集》第 1740 首和歌《咏水江浦岛子一首》。此歌作者是“旅行歌人”、叙事歌人与写传说的歌人高桥虫麻吕[②]。乔治·阿斯顿[③]在《日本文学史》中将之译成散文，张伯伦的译文属于散文加韵文。这首长歌如下：

春日呈彩霞，来到住吉滨。钓舟漂摇过，传说动人心。

水江有渔夫，人称浦岛郎。钓鲣复钓鲷，乘兴捕鱼忙。

---

① 〔英〕小泉八云：《一个夏日的梦》，载〔英〕小泉八云《小泉八云散文选》，孟修译，百花文艺出版社，1994，第 122 页。

② 有歌集《高桥虫麻吕歌集》。《万叶集》收其长歌 14 首、短歌 19 首，旋头歌 1 首。高桥和歌的主线是叙事，摅孤愁与憧憬、流露被边缘化者的孱僽。

③ 乔治·阿斯顿（George Aston，1841－1911），英国外交官，1864 年以公使馆翻译身份赴日，研究日本文化。1884 年任英国驻朝鲜总领事，1886 年任驻日公使馆书记官，1889 年归国。将《古事记》译成英文。著有《简约日本口语文典》（1869 年）、《日本文语文典》、《日语与朝鲜语比较研究》（1879 年）。提出“日语朝鲜语同系说”。还著有《日本文学史》（1899 年）与《神道》。

一连七日过，不曾返家乡。更行出海界，邂逅一女郎。
女本海神姬，言谈情意长。愿结夫妻缘，双双赴仙乡。
海神内宫至，携手入殿堂。从此二人住，不老亦不亡。
世世代代过，永久相依傍。愚人浦岛子，对妻把话讲：
“须臾归故里，事告我爹娘。今日省亲毕，翌即还水乡。”
妻子把话答，叮嘱莫遗忘：“若有夫妻意，归来如以往。
万勿开箱箧，重逢副所望。”叮嘱复叮嘱，牢记在心房。
浦岛如所愿，归至住吉乡。思家不见家，望乡不见乡。
百思结奇惑，不能解疑肠。离别仅三载，竟至失家乡？
且开此箱箧，故里当如常。稍启玉箧盖，白云出小箱。
缕缕升腾处，缭绕向仙乡。张皇又失措，奔跑叫喊忙。
跌倒复爬起，拂袖顿足嚷。忽如神志失，昏倒在一旁。
青春肌肤皱，黑发白如霜。终于气息绝，呜呼一命亡。
水江遗址在，浦岛子家乡。（赵乐甡译）

此即妇孺皆知的神婚传说故事《浦岛太郎》，属于“动物报恩谭”“异类婚姻谭”“异乡逗留谭”型神话。《浦岛太郎》还见于《日本书纪》第14卷雄略天皇廿二年七月条。高桥长歌涉故事地，在摄津住吉，浦岛子在海上遇海神姬，双赴仙乡，神龟未登场。《日本书纪》中，此神话地点在山阴丹波国。《丹后国风土记》记述，浦岛子乘舟垂纶，钓一龟，放生。龟变绝代佳人，二人相爱，乘舟抵蓬莱山。入海底龙宫，结连理，恩恩爱爱。指顾之间，三稔流逝，浦岛子生莼鲈之思，欲归乡省视椿萱。妻给夫一精美小盒——玉手箱，千叮万嘱勿打开。夫归故里，瞡屋塌墙颓，荒芜弥望，方知“龙宫才三春，世上七百年”。浦岛子于迷惑中犯忌开盒，冒三缕白云，他目瞪口呆，转瞬变成鲐背鹤发、狗窦大开、耳聋眼花老翁，无法回龙宫。另有室町时代问世的御伽草子《浦岛太郎》，故事地点在山阴丹后国，神龟登场，浦岛子“离家才三年，世上七百年”。结局是浦岛子变鹤排云上，于蓬莱逢妻，成“浦岛明神”。

八云乐于砥志研思日本神话，其《一个夏日的梦》细写浦岛太郎、神龟出场。八云笔下的浦岛太郎，“离家才三年，世上四百年”。八云驰骋想象，《一个夏日的梦》中，就日本神话与西方神话进行比较，示己灼见：

> 怜悯浦岛对不对呢？自然他受到神怪的迷惑，但谁又没有呢？人生又何尝不是一种迷惑呢？浦岛于迷惑中怀疑神的意图，把盒子打开了。于是他轻易地死去，而人们却为他建立了一所祠庙，尊他为浦岛明神。噫，为什么同情他呢？
>
> 在西方，事情的处理就完全不同。要是不服从神，我们还照样活下去，尝到在高、深、广各方面极度的悲痛，不让我们在可能是最好的时机舒舒服服地死掉，更谈不上在死后凭本身的头衔身份让人奉为小小的神灵。在浦岛与现身的神生活在一起这么久之后，我们怎么能同情他的愚蠢呢？①

八云认为，最值得同情的神是苦等浦岛归来的海神姬，当伊见盒中飘出白云返回，其憯，情何以堪。

八云初抵日本时，自横滨赴松江途中，于鸟取县西伯郡大山町的下市初赏“盆踊”，大开眼界，形成情结（complex）。“盆踊”是盂兰盆会期间村落共同体男女老少连跳带唱的集体歌舞，旨在安慰祖灵与无缘精灵，并为其归去送行。此乃日本精灵观与佛教盂兰盆会融合后形成的“年中行事”（一年里按惯例举行的文化活动）。八云首游历史悠久的港镇烧津，便爱此地，缘由之一即此地“盆踊”，俾他再度大饱眼福。烧津位于骏河湾西岸，东岸是伊豆半岛。烧津一名源出《日本书纪》，第十二代天皇景行天皇之子、神话英雄日本武尊（亦称“倭建命”），力拔山兮气盖世，“在骏河国遇到强敌，熊熊大火腾空而起，由远而近包围过来。日本武尊奋臂挥舞草薙剑，砍倒一片片野草杂树，然后打开锦囊，取出火石，打出火花点燃野草杂树，巧用‘遭遇大火用火迎’原理，用‘迎火’解除了大难”。② 故称此地为“やきつ”，渐变成“やいづ”（烧津）。此地的烧津神社属旧县社，正殿祭日本

① 〔英〕小泉八云：《一个夏日的梦》，载〔英〕小泉八云《小泉八云散文选》，孟修译，百花文艺出版社，1994，第133页。

② 刘立善：《没有经卷的宗教——日本神道》，宁夏人民出版社，2005，第109～110页。

武尊，配殿祭吉备武彦、大伴武日连、七速胫。《万叶集》第 284 首和歌《春日藏首老歌》[①] 涉烧津：

> 烧津辺に我が行きしかば駿河なる阿倍の市道に逢ひし子らはも

> 吾去烧津，
> 骏河阿倍市路上，
> 有位姑娘，难忘。（赵乐甡译）

阿倍即今静冈市古名，国府所在地。“市”即四面八方众人聚集之处，古日本选高处或生长葳蕤古木处为神圣场所，从事商品交易、祭神或男女对歌（歌垣）等活动。由此歌可见，古代烧津与静冈的交通已很便利。别出机杼的《烧津》记述八云对盂兰盆会的痴迷关注。他很想看“美好的告别式样”。他知别处于夤夜举行此仪式，自以为烧津亦然，但此地在晡夕放海灯。八云廿二时抵海滦，仪式讫，人四散，夜阒寂。八云眝海面漂浮成片磷火般灯笼，憾中生智，他水性高强如“混江龙”，游而追观之。于是，有如下叙写：

> 我守望着那些脆弱而发光的形体在夜色中随波逐流。它们在风波的推动下，分散开去，彼此相隔得愈来愈远。每一盏灯笼，由于它的有色的光芒抖动不已，仿佛是一个内心怀着恐惧的生灵，在一片载着它进入外层黑暗的水流上战战兢兢。难道我们自己不是作为灯笼在更深沉、更朦胧的大海上启航吗？在我们向那不可避免的沉沦飘去时不是彼此分隔得愈来愈远吗？每个人心灵中的思想之光很快燃尽，于是可怜的躯壳，以及他们一度美丽过的色彩的全部残余必然永远溶进那无色的虚无中。[②]

① 春日藏首老，僧人弁纪（或弁基），奈良时代官吏、万叶歌人。701 年遵敕还俗，姓“春日藏首”，赐名“老”，任“常陆介”（地方官）。《万叶集》收其歌 8 首，《怀风藻》收其五言汉诗 1 首。

② 〔英〕小泉八云：《烧津》，载〔英〕小泉八云《小泉八云散文选》，孟修译，百花文艺出版社，1994，第 115 页。

瞡海面灯笼，八云陷入覃思，心情激动，按捺不住。他面对群灯，将佛教告别词念完，游回海岸。《烧津》还笔及卖鱼为业年迈居停主人山口乙吉讲的古老传说。“浪里白条”般初岛姑娘，“有个爱人在网代，离这儿七里①；她常在夜晚游过去见他，早晨又游回来。他点起一盏灯为她指路。可是一个黑咕隆咚的晚上看不到灯，或者给吹灭了，她迷了路，淹死了。这故事在伊豆是很有名的。”② 前述第284首万叶和歌或许与此故事相涉。八云缘此，思接希罗与黎安德。赫勒斯滂（Hellēspontos）③ 欧洲一侧海洋，有一座祭阿佛洛狄忒的神庙，希罗是此神庙女祭师。伊与对岸青年黎安德激情互恋，一日千秋。夜幕四合，黎安德遥瞡希罗点燃的火炬，游过海峡，与希罗相聚，两情缱绻。一个飚风暴雨夜，黎安德不幸溺亡，希罗椎心泣血，投海殉情。古日本岛国与古希腊两个浪漫恋爱故事，都雄辩地证明了有岛武郎提出的“爱学”定律，即“爱是恣意夺取”。八云爱烧津，烧津念八云，如今，烧津保存着八云与此地相关的多种文物。

灵峰富士山是岛国象征，宝永四年（1707）喷火后，休止。山嫖喷火口直径800米，山嫖建浅间神社（富士山本宫浅间大社）之奥宫，本宫在富士宫市，是全国浅间神社的“总本宫”（原官币大社）。传说创建于公元前27年，祭神是木花开耶姬命、琼琼杵尊、大山祇神。富士山八合目以上为“神体”。明治30年（1897）八云游烧津，归途中，于八月廿五日昒昕同两名向导冒霏霏细雨，陟彼富士山，此后发表《登富士山》，论富士山的文化奥义，议富士山与神道中的木花开耶姬命之关系，述富士山与佛教的关系，如是书云：“佛教爱戴这雄伟的山峰，因为它的形状像圣洁的白莲的蓓蕾，它顶上的八个尖点有如莲花的八瓣，象征观、志、言、行、生、力、意、思八种智慧。”④

① 这里指“日里”，一日里相当于3927.3米。

② 〔英〕小泉八云：《烧津》，载〔英〕小泉八云《小泉八云散文选》，孟修译，百花文艺出版社，1994，第116~117页。

③ 古希腊人对今达达尼尔海峡的称呼，长65千米，宽1.3~6.4千米，深53~106米。它连接爱琴海与普洛海（Proponents，今马尔马拉海），是古希腊各城邦与黑海沿岸地方往来的咽喉要道。

④ 〔英〕小泉八云：《登富士山》，载〔英〕小泉八云《小泉八云散文选》，孟修译，百花文艺出版社，1994，第141页。

八云神来之笔《草百灵》，写对日本草百灵（黄褐色小型蟋蟀）的痴爱。雄草百灵会发出“哧——离离离离——”清脆欢鸣，与蓝天百灵鸟鸣声媲美，自古被日本人视为珍贵“鸣虫”。草百灵成虫7月出现，活跃于草丛、篱垣、庭树或林边，9月杪殪。《草百灵》写其鸣声：“无法用语言表现它的甜美，宛如最玲珑小巧的电铃发出的细细的玎玲声，清脆而颤动，夜色愈浓，声音也变得愈加甜润。”[①] 草百灵给八云带来想象的乐趣，他称自己养一羽草百灵，是小精灵，其欢鸣是“飘飘的仙乐”。草百灵寿终正寝，八云悲从中来，愁肠九转，捶胸跌足。《草百灵》还从“力比多”角度，有理有据阐论此虫鸣声美妙之阃奥。八云曰，他养的草百灵之美鸣，是一首“爱之歌”，在向无形无名对象示爱。八云觉得养草百灵确有残酷一面，它饥渴求偶，日复一日，夜复一夜，竭力放歌，死而后已。那欢鸣是“性苦闷的象征”，而其守护者却在一心编织浪漫美梦，令草百灵苦闷一生，无望喜遝“新娘”。八云笔锋一转，又从相对论角度，语惊四座：

> 过失不完全是我的。我曾经得到警告，如果这生物经过交配，他[②]将停止啾鸣而迅速死亡。但是，夜复一夜，那哀怨、甜美、没有应和的鸣声触动着我像是责难，最后变为困扰、苦恼和良心的折磨；于是我试图买一只雌虫。季节太迟了，再没有草百灵出售了。卖昆虫的商人说：“它本应该在9月20日左右死去的。”（已经是10月2日了）但卖虫的商人不知道在我的书斋里有一个不错的炉子，把室温保持在华氏75度以上。因此我的草百灵在11月末依然歌唱，我希望这能使他活到大寒。然而，他的同辈恐怕都已死亡：我怎么也无法替他找到一个伴侣。倘若我给他自由，让他自己去找，即便走运地避开花园里他的天敌，蚂蚁啦、蜈蚣啦，和可怕的地蜘蛛而活过白天，他也未必能活过一个晚上。[③]

① 〔英〕小泉八云：《草百灵》，载〔英〕小泉八云《小泉八云散文选》，孟修译，百花文艺出版社，1994，第166页。

② 八云视雄草百灵为人，不用“它”，而用“他”。同理，爱猫的八云于《宝石》（1902）中称家中名曰“宝石”的两岁三色雌猫为“她”。

③ 〔英〕小泉八云：《草百灵》，载〔英〕小泉八云《小泉八云散文选》，孟修译，百花文艺出版社，1994，第167页。

毋庸置辩，这段文字突出八云温善的同情心，也客观证明一条弗洛伊德性心理学铁则：爱无法如愿，力比多受压抑改道，往往升华为纯艺术。

八云的人生与从文追新求异，死而后已。求新的八云发现日本文化美在其“旧”，深感心满意足。八云认为，日本的旧，是西洋的新；西洋的旧，是日本的新。八云厌“穿洋装的新日本”，盛赞传统纯粹的旧日本，认为日本民族拥有古希腊般文化。是故，他爱松江，爱隐岐，爱出云大社，厌熊本、长崎、神户、东京、日光、轻井泽。总体观之，八云喜欢东方文化，田部隆次鹥曰：“赫恩没去中国，而来日本，对日本来说是天佑。赫恩若不来日本，去了中国，他会同样发现中国风俗习惯之美，并将其文化传授给白人。”[①]

八云甚厌基督教，为日本的神道与佛教所强烈吸引，他比许多日本人还爱日本，八云喜欢为避免给他人带来不快、纵然悲伤也微笑的日本人。在他看来，日本是美梦世界，破坏它，八云无法忍受。他认为破坏旧日本的罪魁祸首是西洋文化，首数基督教。其《不为人知的日本面影》序言云，完全是基督教破坏了日本的美风良俗。

五　小泉八云与志贺直哉及其他

八云的作品被称作“操英语著就的明治文学”或“操英语著就的日本文学”。明治以后的日本文坛，或多或少受到赫恩影响的大家数不胜数。其中一人即白桦派虓将志贺直哉。明治 42 年（1909），在志贺手稿《鸟尾的疾病》中，主人公在列车上披阅的书是《安徒生笑话集》，明治 44 年（1911）发表时，改成了赫恩的《心》。[②] 据志贺的《鸟取》，他读过《小泉八云传》[③]。志贺《稻村杂谈（1948～1949）》云：“我爱读拉夫卡迪奥·赫恩的文章。我觉得自己写文章时参考最多的是赫恩作品。我觉得那样一种纯真写

① 田部隆次『小泉八雲』、北星堂書店、1988、210 頁。

② 西村六郎「特派員としてのハーン」、『解釈と鑑賞』1991 年 11 月号、28 頁。

③ 志賀直哉『鳥取（1929）』、『志賀直哉全集　第 6 巻』、岩波書店、1999、94 頁。

法有值得学习之处。赫恩作古后，我有如此感悟。赫恩陨落时，神田乃武君将赫恩作品拿到教室读给我听，我初知赫恩。此前，我不知有赫恩。”① 志贺认同赫恩，求东京帝国大学图书馆买下赫恩所有作品，与木下利玄、细川护立、斋藤博等借阅。志贺还通过丸善书店订购赫恩作品。其《创作余谈》云：

> 十几年前，我去松江方面的加贺潜户途中，在船上读赫恩写的关于该地的作品。觉得赫恩的写法似乎非常夸张，我略感不满意。然而到现场一看，尽管写得那么夸张，但从我接受的印象说来，感到赫恩写得还不够充分。我感到自然本身以更强烈的力量逼近我们。正因为感受自然的逼近，强烈地表现自然，此乃非同一般的大事。②

《暗夜行路》第 4 部第 12 章云，谦作心境落入阿鼻地狱，为寻人生昒爽，暂离家别妻，赴山阴地方，登伯耆大山。往途第二夜，宿鸟取市，夜降骤雨。翌日乘 9 时许山阴本线列车，往伯耆大山，路过湖山池③，谦作想及八云：

> 湖山池景色秀美。有一个传说，湖山老人于某插秧日晡夕，将日轮喊了回来。作为对老人的惩罚，他的水田一夜之间变成如今这般水池。谦作觉得就此水池而言，这个传说编得很美妙。低矮山丘与山丘之间的广阔场地确实适合当耕地，却灌满一大片水。如此景象望去俨然洪灾过后的水田。小泉八云善于写这一带的传说，其作品中是否涉及这个故事？——他想，如此说来，此行若能少带几本赫恩作品来就好了。④

志贺《爱读之书回顾》（1947 年 1 月《向日葵》创刊号）云，他爱读赫

① 志賀直哉「稲村雑談(1948 — 1949)」、『志賀直哉全集　第 8 巻』、岩波書店、1999、166 頁。

② 志賀直哉「創作余談」、『志賀直哉全集　第 9 巻』、改造社、1938、522 頁。

③ 位于鸟取市西郊的潟湖，7 平方千米，平均水深 3 米，最深处 7 米。池中有淡水鱼“アマサギ”（又名“ワカサギ”，公鱼）、鲫鱼、鲤鱼、鳗鱼等。

④ 志賀直哉『暗夜行路』、『志賀直哉全集　第 8 巻』、改造社、1937、367 - 368 頁。

恩作品。此外，坪内逍遥门墙桃李小川未明①（1882～1961 年）在自然主义君临文坛时期，从唯心角度冥想人生，凝视人性。如此态度受到八云神秘主义影响。②

豹死留皮，人死留名。岛国感谢八云的“日本情结”，牢记八云在向西方介绍日本方面立下的不朽懋绩，大正 4 年（1915）大正天皇封八云为“从四位”。“赫恩最爱的日本城市是松江。大正 4 年为显彰赫恩，以赫恩的弟子为中心，成立了八云会。二战后的昭和 49 年（1974），以研究赫恩文学为中心的新生八云会诞生，今日犹存。”③ 同年 9 月，为纪念日英友好，东京举办“小泉八云展”。昭和 50 年（1975），小泉八云研究会成立。八云的《松江的清晨》《神国的首都》《曙光中的富士山》《滨口五兵卫》《柔术》《日本的童谣》等见地独异经典作品被选入日本中学国语教材。平井呈一译《全译小泉八云作品集》④ 以及平川祐弘等译《拉夫卡迪奥·赫恩著作集》⑤ 先后问世。

为纪念八云，昭和 2 年（1927），日本开始策划建小泉八云纪念馆，征集八云遗物。昭和 8 年（1933）正式决定建立八云纪念馆。同年 11 月，在松江市盐见绳手的八云旧居（国家级史迹）西侧，由山口文象设计的模仿德国魏玛歌德纪念馆的希腊风格建筑——小泉八云纪念馆竣工。翌年开馆，展品有小泉家捐赠的八云原稿、已出版著作、日常用品（如小木梳，八云外出时，衣兜里总揣一个小木梳，以保持头型不乱）等，展品超千件。昭和 47 年（1972）3 月 15 日，奔驰于冈山至山阴出云市的“特别急行列车”被命名为“八云号”。平成 2 年（1990）8 月 20 日，松江市八云会隆重举办“小泉八云来日本百年纪念祭”，连开 4 日，内容有纪念典礼、纪念演讲、交流会、音乐演出、舞蹈等。日本比较文学会第 52 次全国学术研讨会会场在松江，连开两日。前任国际笔会会长弗朗西斯·金以及许多西方学者莅会，会

① 卒业于早稻田大学英文科，有小说集《愁人》与《绿发》。后致力于儿童文学写作，有处女童话集『赤い船』。

② 久松洗一編『日本文学新史　近代』、至文堂、1990、369 頁。

③ 西村六郎「特派員としてのハーン」、『解釈と鑑賞』1991 年 11 月号、28 頁。

④『小泉八雲作品集全訳』、平井呈一訳、恒文社、1963－1967。

⑤『ラフカディオ・ハーン著作集』、平川祐弘［ほか］訳、恒文社、1980。

后还出版了论文集。

笔者在山阳地方的冈山与广岛攻读硕士学位与博士学位期间，活用地利，多次与志同道合兰交田口君，取长补短，默契配合，联袂赴山阴地方的松江、日御碕、出云、境港、美保关、米子、大根岛、隐岐诸岛，考察八云足迹，感到八云的日本文化观委实启人深长思之。

• 历史研究 •

东北亚海域视角下的近代大连港*

——港口、岛屿与渔民

陈秀武**

【内容提要】作为古代东北亚海域内循环节点的大连港，在近代因英、法、俄等国的觊觎与侵略，性质和地位逐渐发生变化。日俄战争后日本占领“关东州”，大连港的港口、相关岛屿以及船上社会（渔民）等都在日本掌控下参与海域互动。1940年日本政府出台《海运统制令》后，大连港被日本纳入了海运一体化管理体制，营造了一个以大连港为中心的“海上共同体”假象。在海运统制理念下，东亚历史海域的近代大连港虽是“海上共同体”的核心点之一，但它是病态“海上共同体”的节点港口之一，也是殖民掠夺下的异化存在。

【关 键 词】东北亚海域　日本　大连港　渔民社群

海洋史研究缘起于欧洲，受到“欧洲中心论”的影响。中国著名的海洋史专家杨国桢先生曾指出：“过去占统治地位的海洋史论述，是西方发达海

* 本文为国家社会科学基金重大项目“东亚历史海域研究”（编号：18ZDA207）阶段性成果。

** 陈秀武，历史学博士，东北师范大学日本研究所教授，吉林省伪满历史文化研究基地主任，研究方向为日本近现代史、日本政治思想史、东亚海域史、伪满洲国史。

洋国家推行海权扩张的产物。古代海洋的历史就是地中海文明对外扩张史，近代海洋的历史就是大西洋文明强国依靠海上力量，从控制世界海洋进而控制世界陆地的历史。”[①] 随着海洋史研究的进展，学者不断突破原有的海洋史研究范式，由单纯重视“海上通道”转向更加关注海洋“互动区”，即完成了由“线”向“面”的转换。换言之，研究者开始将海洋视为“一个流动的网络”[②]。

在这一流动的网络构造中，港口是网络结构的“节点”，岛屿是连接水域使网状结构进一步扩大的接点，“船上社会（例如渔民社会、海上社会、海岛社会）”[③] 则是网络结构中最活跃、最能动的因素。以人与相关组织结构为载体的“船上社会”将人的因素放在重要位置，彻底改变了原来以自然地理因素确定的海洋区域，转而出现了学界前辈将海域界定为“人地相关系统”。[④] 将“人地相关系统”与海洋学意义上的海区对接，便有东北亚海域、东南亚海域、北冰洋海域、地中海海域和波罗的海海域等不同的海域划分。仅就东北亚海域而言，又可以将其细分为鄂霍次克海海域、日本海海域、黄海渤海海域、东海海域等细小的分支海域。[⑤] 这些都是海洋史研究的新动向。除此之外，在具体研究内容上，海洋史学的发展已经逐渐脱离由海向内陆延伸或将“海洋视作陆地向海域自然延伸”的研究范式，转而将关注视角投放到由海走向大洋的广阔水域方面。为了还原东北亚海域的实际存在及

---

① 杨国桢：《海洋世纪与海洋史学》，《东南学术》2004 年增刊，第 291 页。

② 夏继果：《海洋史研究的全球史转向》，载刘新成主编《全球史评论》（第 9 辑），中国社会科学出版社，2015，第 8 页。

③ 杨国桢：《海洋世纪与海洋史学》，《东南学术》2004 年增刊，第 292 页。

④ “海洋区域的‘人地相关系统’，有政治的、经济的、军事的、社会的、法律的、语言文学的、民族的、宗教的等不同小系统，它们的‘疆界’既有重叠，又不完全一致，这是人类社会生活的多样性造成的。它可以是海洋学意义上的海区，也可以是根据一定的自然条件和某种目的人为划定的海洋地域范围。大的可以跨越洲界、国界，如‘亚太地区’、‘北大西洋区’等等，小的可是地方性的海岛县以至某片‘海洋养殖区’等等。但不管如何，它们都有某种利益关系或相互依存的联结点，包括相互撞碰和冲突。”参见杨国桢：《论海洋人文社会科学的概念磨合》，《厦门大学学报》（哲学社会科学版）2000 年第 1 期，第 96 页。

⑤ 濱下武志「東アジア史に見る華夷秩序」、濱下武志編『東アジア世界の地域ネットワーク』、山川出版社、1999、26 頁。

互动状况，可将“海上命运共同体”① 作为判断问题的指标，研究东北亚海域内在的互动机制。在具体手段上，可将视域缩小到作为网络结构璀璨明珠的节点港口上。

从节点探究广阔的海域，从全球史视角考察近代东北亚海域的港口城市大连，进而分析近代东北亚海域“海上命运共同体”的内在机制，是本文的主要立意所在。根据已有研究成果，学界关于日本对关东州及大连港的统治分期有六分法、四分法和三分法。② 无论哪种划分方法，都言说了具有天然属性的港口与统治方式、治理模式乃至管理体制之间的缓和及冲撞，即制度上的因地制宜可以带来相得益彰的和谐，反之治理模式对港口自然属性的背离则会带来冲撞。这说明二者关系对港口无论是步入正轨还是走畸形发展道路都具有巨大作用。从日本在日俄战争期间占领大连港至1945年战败，以伪满洲国成立为界限，从新海洋史角度，可将近代大连港参与的海域互动分为两个时期：一是1904年5月至1932年，二是1932～1945年。

① “海上命运共同体”是一个和历史对接的概念，这一概念适用于分析1945年以前的海域世界。原因在于，由于海洋科技还没有得到极大发展，海域互动以面即海上为主。二战结束以后，由于海洋科技发展，各国注意到海底资源对国家发展的重要性，海域上的互动呈现出立体状态，由海面向海下延伸，因此可以认为，“海洋命运共同体”适合探讨战后以来的海域互动。具体参考陈秀武《“海洋命运共同体”的相关理论问题探讨》，《亚太安全与海洋研究》2019年第3期，第23～36页；陈秀武《东北亚海域“海上命运共同体”的构建基础与进路》，《东北师大学报》2019年第4期，第15～22页；陈秀武《东南亚海域“海洋命运共同体”的构建基础》，《华中师范大学学报》2020年第2期，第153～162页。

② 顾明义等人持六分法，即“大连湾军管署的军事管制时期”（1840年5月至1905年5月）、“关东州民政署时期”（1905年6月至1905年10月）、“关东总督府时期”（1905年11月至1906年8月）、“关东都督府时期”（1906年9月至1919年4月）、“关东厅时期”（1919年4月至1934年12月）、“关东州厅时期”（1934年12月至1945年8月），参见顾明义等著《日本侵占旅大四十年史》，辽宁人民出版社，1991，第68～77页。王玉涛等人则持四分法，即“军政统治时期”（1904年5月至1906年8月）、“关东都督府时期”（1906年9月至1919年4月）、“关东厅时期”（1919年4月至1934年12月）、“关东州厅时期”（1934年12月至1945年8月），参见王玉涛、孙玉《日本侵占旅大时期统治机构综述》，载刘广堂、关捷主编《以史为鉴、开创未来：“近百年中日关系与21世纪之展望”国际学术研讨会文集》下集，大连出版社，2000，第172～175页。付丽颖等人持三分法，即“军政统治时期”（1904年5月至1906年8月）、“多头统治时期”（1906年9月至1932年7月）、“一元统治时期”（1932年8月至1945年8月），参见付丽颖、孙汉杰《日本对大连港的统治与东北海上贸易兴衰》，载陈秀武主编《近代中国东北与日本研究》第2辑，社会科学文献出版社，2019，第38～55页。

一　古代作为东北亚海域内循环连接点的大连

大连及其周边地区是“古代东北亚文化交流的枢纽”。根据中国考古学者的研究，早在距今 8000 年前，族群流动与迁徙就给以大连为中心的辽东半岛带来先进文化。因地理位置优越，大连地区在古代就是陆路、海路交通的连接点，拥有“北方海上丝绸之路”的美称。根据距今 3400 年的大王山遗址和战国晚期的牧羊城、张家店遗址，有学者研究指出大连地区在受周边文化影响的同时，也逐渐融入了中原文化系统。①

古代大连地区的发展提供了边缘与中心地区互动的既有模式，即接受周边文化及中心文化的影响，发挥连接点的传播纽带作用，将文化进一步传播出去，甚至传播至异质文化的他国。与此同时，在带有共性文化圈的形成上，作为连接点的大连地区又不自觉地融入先进的文化圈。这一自动性文化模式的形成说明古代以大连地区为中心存在“共同体”。从海域互动角度来看，古代大连地区就是海洋共同体的参与者及核心。据考古学研究发现，公元前 4 世纪中期，东北亚海域中、日、韩的文化交流就拉开了序幕，大连地区正处于由六段构成的“环黄海之路”与他国联络的枢纽上。② 大连地区是“庙岛群岛段”与“辽东段”的连接点，又是“辽东段”向“朝鲜半岛段”推进的起点。受日本海逆时针洋流的影响，以大连为中介的西行路线沿朝鲜半岛南下的海路，最远可达日本海沿岸的日本列岛山阴和北陆地区。正是因为洋流的逆时针旋转，日本海的海路在当时不可逆行。③

---

① 徐昭峰：《古代东北亚文化交流的枢纽在大连》，《大连日报》2019 年 6 月 4 日，第 7 版。徐昭峰提出以大连地区为中心的陆路交通与海上交通路线：东西路线是辽西—辽东—朝鲜半岛、俄罗斯远东滨海地区—日本列岛，南北路线是山东半岛—辽东半岛—东北腹地至俄罗斯远东地区、朝鲜半岛至日本列岛，海上交通线是山东沿海—辽东半岛—朝鲜半岛西海岸—日本列岛。大连地区在这三条路线上都处于核心位置。

② 白云翔：《公元前一千纪后半中韩交流的考古学研究》，《中国国家博物馆馆刊》2018 年第 4 期，第 22 页。“‘环黄海之路’水路，是指沿黄海近海北上、东进、南下的倒‘U’字形海上交通路线。这条水路主要由苏鲁段、庙岛群岛段、渤海支线、辽东段、朝鲜半岛段以及对马岛段等构成。”

③ 〔日〕木宫泰彦：《中日交通史》第 1 册，陈捷译，山西人民出版社，2000，第 3 页。

尽管如此，沿着“环黄海之路”的流向并非单向性的，而是双向性的，即沿对马岛段—朝鲜半岛段—辽东段—庙岛群岛段—苏鲁段进行逆向流动。例如，日本列岛的古代国家邪马台国遣使朝魏走的路线是对马段—朝鲜半岛段—辽东段—庙岛群岛段，然后登陆前往洛阳。[①] 通过反向流动，日本列岛与以中国大陆为中心的文化圈域接触，并不断融入其中，进而使东北亚海域进入整合时期，朝鲜半岛与日本列岛开始凭借小的圈域网络来分享大的圈域网络。日本学者将这条海路命名为“海北道中”，“又简称‘道中’者，系指由筑前胸形（宗像）经中瀛（大岛）、远瀛（冲之岛）、对马、渡弁辰之海路也”。[②]

还可用于佐证大连地区在古代东北亚海域就是枢纽的材料为唐代宰相贾耽的《道里记》。文中记载：“登州东北海行，过大谢岛、龟歆岛、末岛、乌湖岛三百里。北渡乌湖海，至马石山东之都里镇二百里。东傍海壖，过青泥浦、桃花浦、杏花浦、石人汪、橐驼湾、乌骨江八百里。乃南傍海壖，过乌牧岛、贝江口、椒岛，得新罗西北之长口镇。又过秦王石桥、麻田岛、古寺岛、得物岛，千里至鸭绿江唐恩浦口。乃东南陆行，七百里至新罗王城。”[③] 这条道路就是“登州海行入高丽渤海道”，也就是目前学界所称“环黄海之路”的庙岛群岛段、辽东段和朝鲜半岛段。其中，文献中的“青泥浦”[④] 就是今天的大连市西南小平岛。

随着造船技术与航海技术进步，在原有航线的基础上，唐代以后又开辟了 4 条新航线，即“黄海横渡航线”“黄海斜渡航线”“黄海南部航线”“东

① 郭善兵：《曹魏与邪马台国始通使年再考辩》，《西华师范大学学报》2018 年第 1 期，第 38 页。

② 〔日〕木宫泰彦：《中日交通史》第 1 册，陈捷译，山西人民出版社，2000，第 7 页。

③ 《新唐书》卷 43 下《地理七下》，中华书局，1975，第 1147 页。

④ 关于大连称呼的历史沿革：“最早称三山（指大连湾外的三山岛），唐朝初期称三山浦，唐朝中期改称青泥浦；明清以来大连始称青泥洼；清代又将大连分为东青泥洼和西青泥洼。”根据日本人浅野虎三郎编写的《大连市史》记载，1860 年英国人约翰·瓦特测量的《英国海图》最早将大连地区称呼为大连湾。对于“大连”名称出现的缘由，学者归纳为以下五点：第一，取“褡裢”（钱袋子）的谐音，大连湾港口小而湾身广阔，形如钱袋子，由此而得名；第二，由许多小湾相连而成为大湾即大连湾；第三，因海湾盛产牡蛎，曾称大蛎湾，建港后由谐音演变成大连；第四，满语“达连”（遥远的海岸之意）译音而成“大连”；第五，“三国干涉还辽”后，俄国强占青泥洼，1899 年开始兴建大连港，称大连市为“达里尼”（意为遥远的地方），“大连”为“达里尼”的谐音。参见周力主编《辽海重地辽宁》，中国旅游出版社，2015，第 66 ~ 67 页。

海斜渡航线”等。[①] 东北亚海域横渡黄海的海上交通要道开辟后，连接朝鲜半岛与日本列岛等小圈域范围与以中国大陆为主体的大圈域的线路增多，大连地区的繁忙就停留在以往的小圈域范围内。

纵观古代“环黄海之路”，这一圈域内的互动规律存在离散社群的移动使文化由先进地区向落后地区流动的特点，以同类青铜器和铜器在中国、朝鲜半岛和日本列岛都有出土的考古学研究为代表。这一圈域的交流还存在重要的军事因素，以日本侵扰新罗为代表。在政治上，邪马台国遣使入贡包含了从古代中国获取政治权威合法性的意味，此外才是经济贸易交流，以弥补国内所产不足。这种圈域的互动因具有自发性特征，所以形成了早期以海域为中心的共同体，可以将其命名为“海域共同体”。

二　伪满洲国成立前大连港参与的海域互动

虽然从史前开始，大连地区就曾参与东北亚海域的海上交通，并一度成为枢纽。但在造船技术和航海技术逐渐发展以后，东北亚海域的海上航线不断拓展，大连地区似乎就没有像古代那样引人注意了。鸦片战争以后，大连地区引起列强注意，先后经历英法联军的“根据地”设想、甲午战争中被日本强占、“三国干涉还辽”后沙俄强租旅大、日俄战后及“满铁”成立后扩建大连港等不同历史时段。

（一）东北亚海域异质性因素的嵌入：近代英、法、俄对大连的觊觎

明洪武年间（1368～1398 年），大连及其周边地区因倭寇作乱而引起明

① 朴天仲：《8 至 9 世纪“在唐新罗人”在黄海海上的交易活动》，博士学位论文，北京师范大学，2008，第 126～127 页。“‘黄海横渡航线’从山东半岛向朝鲜半岛西面的白翎岛直行，大约有 200 公里是在无法确认位置的情况下航行。‘黄海斜渡航线’则是从山东半岛东南端出发，到达朝鲜半岛西南海黑山岛附近的航线，直航距离大约 360 公里。而‘黄海南部航线’是从楚州、海州湾出发航行至朝鲜半岛黑山岛附近的航线，直航距离大约 450 公里。‘东海斜渡航线’是从浙江省明州附近出发到朝鲜半岛的西南海岸或日本的航线，可以济州岛为航海目标，直行距离大约 460 公里。随着航海技术的发展，不能确认船位的情况下行驶的直线距离逐渐变长。”

政府的重视，该地区的双重门户地位凸显出来，1375 年明政府在辽东设立金州卫是为佐证。此后，从 1387 年调金州卫守军至旅顺港，经 1414 年（永乐十二年）派兵驻守包括金州、旅顺、柳树屯（今大连湾镇）在内的辽东，1419 年歼灭来犯倭寇，1598 年（万历二十六年）定旅顺水军巡海制度，到 1715 年（康熙五十四年）建成旅顺水师营，作业范围已经东至鸭绿江口，西北至兴城，南至连接山东半岛的庙岛群岛等广阔范围。旅顺已经初具“近代军港形态”。[①] 虽然因倭寇而起，但海域内互动与交流基本上还处于同质性交流及互动期。

大连地区再次进入国际视野是在第二次鸦片战争期间（1856 ~ 1860 年），即英法联军将大连地区作为根据地的时候。英法势力的介入带来了东亚海域内的异质性冲撞与交流。两国联合舰队为了进攻北京，1857 年入港旅顺，将旅顺称为“阿沙港”，将大连称为“维多利亚湾”[②]，并将两地作为英军根据地。其中旅顺是以英国女王的女婿阿沙亲王的名字命名的，大连是以女王本人名字命名的，同时取英国提督之名将普兰店命名为“亚当木斯湾”。[③] 可见，英法联军是将大连地区及旅顺港作为军事基地。这意味着大连地区从第二次鸦片战争时起因重要的军事地位，具有被纳入英法联军势力下想象的殖民空间的可能性。

如果说远古时代以中、日、朝为主的东北亚海域是在以同质性为主要特征的内在机制下互动，那么近代以来英、法、俄等欧洲势力的东渐将异质的规则、体系以及法律观念等引入东亚地区，决定了东北亚海域互动模式将发生本质变化。

仅就大连地区而言，如前文所述，这种互动模式变化的起点始于英法联军入侵。但将大连地区纳入想象的殖民文化空间，并称之为“殖民海港都市”[④]，则是从俄国在辽东半岛设立“关东州”、强租旅顺以及修建大连港以

① 大连市史志办公室编《大连市志：港口志》，辽宁民族出版社，2004，第 75 页。

② 『大連港要覧』、南満州鉄道株式会社大連埠頭、1935 年 10 月、1－2 頁。

③ 中国人民政治协商会议辽宁省大连市委员会文史资料研究委员会编《大连文史资料》第 2 辑，中国人民政治协商会议辽宁省大连市委员会文史资料研究委员会，1985，第 101 页。

④ 谢丽：《日占时期大连港的“海南丢”移民群体研究》，载袁丁主编《近代以来亚洲移民与海洋社会》，广东人民出版社，2014，第 65 页。

后开始的。

从历史上看，俄国的近代海上扩张始于18世纪初历时21年的北方战争，在这场战争中，俄国抢得了波罗的海出海口，继而由西向东建立了雅库茨克、鄂霍次克和彼得巴甫洛夫斯克等港口，将扩张触角伸向远东太平洋地区的东北亚海域。在克里米亚战争中失败受挫后，俄国转而将扩张矛头指向东方，占领了“原本属于中国的库页岛和海参崴”，拥有通向太平洋的出海口，并在1898年以大连湾和旅顺口为基地，建立了太平洋舰队。[①] 由此，俄国加入东北亚海域互动。但日俄战争后，日本接手关东州，开始了对大连港及周边腹地的殖民统治。

（二）海域内航线：以大连为中心的海域航线辐射范围

当视角从大连港背后的腹地转向大连港及其面对的那片广阔水域时，经由大连港的海域内航线所形成的一张交互动态网便进入了我们的视野。在日本对大连港的殖民统治下，日本本土的航运公司与大连之间航线的定期通航与以大连为中心向欧洲辐射的海运＋陆运，将东北亚海域与欧亚大陆连接起来。根据相关资料整理，以大连港为中心的海域内定期航线详情见表1。

表1　大连港为中心的航线

<table>
<tr><th>主要线路</th><th>经营公司</th><th>往返线路停靠</th><th>往返频次</th></tr>
<tr><td>大阪—大连线</td><td rowspan="3">大阪商船株式会社</td><td>大阪—神户—门司—大连，一周一次停靠宇品</td><td>四艘船只，每周两次</td></tr>
<tr><td rowspan="2">长崎—大连线</td><td>往航：长崎—釜山—木浦—群山—仁川—镇南浦—大连
返航：大连—镇南浦—仁川—木浦—釜山—长崎</td><td>一艘船只，每月两次</td></tr>
<tr><td>往航：长崎、伊万里—乡浦—严原—釜山—木浦—群山—仁川—镇南浦—大连
返航：大连—仁川—木浦—釜山—严原—乡浦—长崎</td><td>一艘船只，每月两次</td></tr>
</table>

① 杨国桢：《中国海洋战略空间》，海洋出版社，2019，第38页。

续表

主要线路	经营公司	往返线路停靠	往返频次
打狗（今台湾高雄）—大连线	大阪商船株式会社	往航：打狗—基隆—福州—上海—天津—大连 返航：大连—上海—福州—基隆—打狗	两艘船只，每月两次
日本—欧洲线		往航：神户—大连—上海—香港—新加坡—古伦母（科伦坡）—亚丁—苏士（苏伊士）—坡西土—伦敦—鹿特丹—汉堡—武烈面—弹角—安土府（安特卫普）（往航时可能停靠的港口：小樽、青岛、西贡、坡苏丹） 返航：安土府—鹿特丹—汉堡—坡西土—苏士—新加坡—香港—上海—神户—横滨（返航时可能停靠的港口：直布罗陀、打狗、基隆、大连、长崎、门司、大阪、四日市、名古屋）	六艘船只，每月一次
横滨—“北清”线	日本邮船株式会社	往航：横滨—名古屋—四日市—神户—门司—仁川—大连—太沽—牛庄 返航：牛庄—大连—门司—神户—横滨（结冰期缺航太沽和牛庄，停靠秦皇岛）	三艘船只，五周两次
大连—上海线	南满洲铁道株式会社	定期航线	两艘船只，一周两次
甲线（4～11月）	大连汽船合名株式会社	大连—芝罘，大连—安东，大连—天津	各条航线每月三次以上
乙线（12月至次年3月）		大连—芝罘，大连—秦皇岛（结冰期）	各条航线每月三次以上
大连—龙口线		往航：大连—旅顺—登州—龙口—石虎嘴 返航：石虎嘴—龙口—登州—旅顺—大连	一艘船只，每月六次
大连—芝罘线	阿波国（今德岛县）共同汽船株式会社	大连—芝罘	每周一次
大连—安东县线		大连—安东	每周一次
仁川—大连线		往航：仁川—芝罘—大连 返航：大连—芝罘—仁川	每周一次
甲线（4～7月）	志岐组运输部	往航：大连—皮口—庄河—大孤山 返航：大孤山—庄河—皮口—大连 大连—芝罘	每月一次
乙线（4～7月）		往航：大连—鹿儿岛—大长山岛—皮口 返航：皮口—大长山岛—鹿儿岛—大连	每月三次以上 每月三次以上
甲线、乙线（8～11月）		大连—芝罘等	每月两次以上
丙线（12月至次年3月）		大连—芝罘（结冰期）	每月四次以上

续表

主要线路	经营公司	往返线路停靠	往返频次
欧洲—东洋线	Ocean S. S. CO（太古洋行负责）		四周一次
上海—“北清”线	Hamburg American Line（瑞记洋行负责）	往航：上海—青岛—大连—天津 返航：天津—大连—青岛—上海	两艘船只，每周一次
欧洲—东洋线			每月一次
欧洲—东洋线	Rickmers Line（怡太洋行负责）		每月一次

注：大阪商船株式会社于1884年5月成立，由从事濑户内海航运的关西小船主联合组建。成立时的资本金只有120万日元，拥有55艘船只，总吨位为1万余吨；因得到政府补贴，1890年拥有54艘船只，总吨位达1.7万吨；1894年资本金增至250万日元。日本邮船株式会社于1885年10月由三菱会社和共同运输两家公司合并而成。志岐组，1895年在福冈市天神町成立。创立者志岐信太郎是福冈县柳河町人，后来在东京市赤坂区溜池六番地建立本店事务所，分店事务所及办事处设在日本的京都、名古屋、岛田、盘城泉等，朝鲜的京城、大邱、平壤、镇南浦、南市等地，中国的安东县、大连、奉天、草河口等。起初经营以铁道改良与修建为主，后来业务拓展至承包土木建筑、承包劳力、贩卖土木建筑材料和杂货、海陆运输等。

资料来源：『大連港』、南滿州鉄道株式会社大連埠頭事務所、1913年6月、7－9頁；『大阪商船株式会社沿革大要』、大阪商船株式会社、1930、15頁。

综合上述各条航线及所属的公司情况看，日本的近代海上航运业具有相对繁荣的时代特征。结合日本近代扩张史，有以下几点需要说明。

第一，上述航线反映了甲午中日战争后即日本近代海运进入第二阶段后[①]，以大连为中心的西太平洋海上航线交织的动态。20世纪头十年，大连港已经成为日本海外扩张的中心。这一情况是伴随着所谓“国际化”，以日本国内港口为起点的海上航线因已经难以满足需要，必须向海外扩展，建立“根据地”，在世界贸易大潮中编织联络各大市场的航线网而出现的。[②] 因此，日本开辟的以大连港为中心的海上航线本质上是为日本的殖民侵略服

① 至第一次世界大战结束，近代日本海运划分为两个时期：一是明治维新至甲午中日战争（1868～1894年），以日本内海航运为主；二是甲午战争结束至第一次世界大战结束（1895～1920年），这是日本近代海运的海外航线扩张期。在第二个时期，以1896年8月开辟的日本至孟买航线为发端，日本开始扩展海外航线。同年8月开辟了日本至澳大利亚航线，1896年9月开辟了新潟至浦潮航线、函馆至科尔萨科夫航线。

② 寺島成信『帝国海運政策論』、巌松堂書店、1924、97頁。

务的。

第二，以大连为中心的大连—安东航线属于辽东半岛近海的内部循环，大连—芝罘航线是渤海海域内的循环，大连—上海航线是将黄海与东海连接起来的大动脉，大连与仁川、长崎、横滨之间的航线则是将黄海与朝鲜半岛、日本列岛连接起来的海上动脉。由此，形成了以大连为中心的渤海、黄海、东海以及对马海峡和濑户内海的海域互动。

第三，打狗—大连线具有殖民文化符号的象征意义。根据《马关条约》，日本侵占了中国台湾及澎湖列岛；根据《朴次茅斯条约》，日本占据了“关东州”且不断扩建大连港。日本航运公司开通高雄至大连的航线，将关东州与台湾连接起来，在某种意义上是殖民扩张的表现。

第四，阿波国共同汽船株式会社的作用并非只局限于海上航运的单一领域。从已有相关资料看，第一次世界大战后列强重新瓜分世界，日本接管德国在山东的一应权益后，该公司就与“青岛守备军民政部铁道部”开展合作。《青岛守备军民政部铁道部、阿波国共同汽船株式会社：货物联络输送契约书》① 可以佐证，部分原文如下：

> 青岛守备军民政部铁道部（以下称“铁道部”）、阿波国共同汽船株式会社（以下称“阿波共同”）依下列条规进行货物联络运输。
>
> 第一条　关于货物运送，两线分别依据各自线内运输各负其责，其运输方法及手续依各自规定。
>
> 第二条　针对联络货物，发行别定联络货物领取证。
>
> 第三条　联络货物处理所如下：
>
> 铁道部：
>
> 胶州、高密、坊子、二十里堡、潍县、青州、张店、周村、济南、博山、淄川
>
> 阿波共同：
>
> 大连

① 『青島守備軍民政部鉄道部と阿波国共同汽船株式会社　貨物連絡輸送契約書』、アジア歴史資料センター、文献番号：C03025213000。

第四条　下记货物联络处理之际，必要时在采取临时协议基础上处置之。

1. 生石灰、石油及其他易燃之物。

2. 尸体。

3. 武器、弹药、爆炸物及制作材料、鸦片、吗啡、食盐及其他进出口禁止品或限制品。

4. 性质上或无包装或包装不完备，有散乱、损坏、腐烂之虞之物。

…………

阿波国共同汽船株式会社社长　西野谦四郎

青岛守备军民政部铁道部部长　秋山雅之介

大正十年

显然，上述文件是负责“满洲线”航运的阿波国共同汽船株式会社与“青岛守备军民政部铁道部”就大连与青岛之间的货物运输签订的契约文书。这是日本侵略者将大连与青岛、芝罘连接起来以掠夺物资的文书佐证。这份文书签订的时间为 1921 年 2 月，正是在一战后日本参与瓜分世界之后发生的。

第五，如果将日本的近海航线，即新潟至浦潮航线、函馆至科尔萨科夫航线计算在内的话，海上航线也连接到日本海海域。这样，近代东北亚海域的互动网络就形成了。

与 1913 年的航线相比，昭和二年（1927）前后，以大连为中心的海上航线已经呈扇形放射状。即便是肇兴轮船公司经营的以营口为中心的营口—天津—龙口—芝罘—青岛航线，也经常停靠大连港。而且，1927 年前后，以大连为中心已开通了 12 条稳定的东北亚海域的近海航线。这 12 条航线是：大连汽船合名株式会社经营的大连—上海线（“榊丸”“大连丸”），每月 10 次；大连汽船经营的大连—营口—阪神线（“长顺丸”），每月 1 次；阿波国共同汽船株式会社经营的大连—芝罘—仁川线（26 艘“共同丸”），每月 4 次以上；田中商事经营的大连—仁川线（“利通丸”），每月 4～5 次；大阪商船经营的高雄—大连线（“贵州丸”“湖北丸”“日东丸”），每月 3 次；大阪商船经营的大连—大阪线（“哈尔滨丸”“贝加尔丸”“香港丸”“美国丸”

“赞岐丸”），每月 11 次；大阪商船经营的南北“支那”线（“金山丸”“经光丸”），年月 20 次；大连汽船经营的大连—香港线（“兴顺丸”“英顺丸”“第一东洋丸”），准定期；大阪商船经营的朝鲜—长崎—大连线（“大智丸”），每月 2 次；朝鲜邮船经营的朝鲜—长崎—大连线（“罗南丸”），每月 2 次；岛谷汽船经营的朝鲜—北海道—大连线（“长成丸”“鲜海丸”“大成丸”），年 20 次；田中商事经营的宇品—糸崎—大连线（“欧罗巴丸”），每月 1 次。[①] 12 条航线涉及渤海、黄海、东海、南海、朝鲜海峡以及日本海等水域。

此外，在“大连湾军管署的军事管制时期”“关东州民政署时期”“关东总督府时期”“关东都督府时期”“关东厅时期”，大连港的货物吞吐量在 1912 年超过营口跃居东北第 1 位，大连港扩建后，1917 年的货物吞吐量跃居中国第 3 位，1918 年成为仅次于上海的中国第二大港口。从 1914 ~ 1931 年的上海、汉口、广州、天津、大连 5 个港口的进出口贸易总额看，1914 年大连居第 5 位（84870000 海关两），上海居第 1 位（346357847 海关两）；1917 年大连港居第 3 位（160020000 海关两），上海、汉口分列第 1、2 位；1918 年大连港跃居第 2 位（205590000 海关两），仅次于上海（289675031 海关两）。1931 年，大连港的进出口贸易总额仍保持第 2 位，为 424570000 海关两，上海为 916887452 海关两。[②] 这些数字足以说明贸易决定大连港在日本殖民统治中的地位并逐渐上升。在此期间，虽然大连港的航线也承担旅客运输，但因“满铁”将主要目标放在掠夺资源上，其旅客运输尚未形成规模，直到 1924 年港口客运站扩建，旅客运输的情况才有所改观。

（三）中日渔民：海域内的冲撞与交融

新海洋史所关注的“船上社会”聚焦海员及乘客在船上的真实生活。出于种种原因，每条航线上的船员及乘客的生活状态没有留下多少记录，这为探讨东亚历史海域的“船上社会”留下了持久的难题。然而，关注渔民社群或许可以作为一种弥补。在伪满洲国成立之前的关东州，日本控制的大连港及其周边水域上由日本渔民和中国渔民构成的渔民社群的冲突与合作，成为

---

① 佐田弘治郎『北支那沿岸の航路網』、南満州鉄道株式会社、1928、3 - 4 頁。

② 郭铁桩、关捷主编《日本殖民统治大连四十年史》，社会科学文献出版社，2008，第 413 页。

海域内互动的普遍特征，尤其是渔民社群的互动方式在今天仍具有普遍性。

早在1904年日俄战争之际，日本渔民以为日本陆军提供鲜鱼的名义来到关东州，开始争夺当地的渔业资源。由于日本人偏好价格高昂的鲷鱼和鲹鱼，到1938年前后，大连及其周边水域的真鲷几近枯竭。[①] 1906～1925年度在渤海、黄海捕鱼的日本渔民和中国渔民户数及人数对比详见表2。

表2　中日渔民户数及人数对比

年度	国别	户数	人数
1906	日本		1570
	中国		
1909	日本	12	1462
	中国	1218	3864
1916	日本	118	136
	中国	3651	4477
1920	日本	91	134
	中国	6202	13118
1921	日本	74	118
	中国	6457	12007
1922	日本	76	148
	中国	6949	14042
1923	日本	70	168
	中国	7214	14270
1924	日本	90	179
	中国	7789	14083
1925	日本	107	294
	中国	7815	25276

资料来源：彭瑋、伊藤康宏「20世紀前期の中国『関東州』水産業の形成と展開」、『地域漁業研究』第59巻第2号、2019、107頁；関東長官官房文書課編『関東庁統計書　第20（大正14年）』、関東長官官房文書課、1926、175頁。

① 郭铁桩、关伟等编著《日本侵华图志（第4卷）：侵占大连四十年（1906～1945）》，山东画报出版社，2015，第5页。

从表 2 的数据看，日俄战争结束后，1906 年前来关东州的日本渔民户数不多，但渔民人数达到了 1570 人。第一次世界大战后，虽然日本渔民户数增加了，但渔民人数没有增长。1925 年度日本渔民户数为 107 户，渔民人数仅为 294 人。出现这种情况的原因有以下几点。

第一，因战争所需，日本渔民得到陆军省的批准前来大连地区从事渔业，出现了一时间定居渔民户数少但渔民总人数多的现象。

第二，日本殖民统治者出台关于朝鲜、台湾、关东州的水产制度与政策，还于 1905 设立“关东州水产组合”鼓励来自日本四国、九州的渔民进行渔猎。1906 年，“关东都督府”颁布实施《渔业取缔规则》《关东州水产组合规则》《鱼市场规则》等法律文件，将日本渔民的渔猎活动合法化。1908 年成立的“满洲水产株式会社”将大连、旅顺的贩鱼市场吸收过来，以统一管理的方式实行管控。这也是前期日本渔民人数多的主要原因。

第三，“关东州”的日本渔民争相巴结各军队，在为军队提供水产品上出现了竞争。为解决这种矛盾，“关东总督府”曾一度成立“渔业组合”，实行集中贩卖。但因竞争激烈，鱼价暴跌，鱼市纠纷不断，回国的日本渔民不在少数。

第四，1925 年，“关东厅”公布了《关东州渔业规则》，1926 年公布了《关东州水产会令》和《关东州鱼市场规则》。这些法律及组织机构等有利于日本当局将关东州渔业资源牢牢掌控在手里，无须更多渔民参与其中。

第五，日本渔民喜爱的鲷鱼和鲭鱼等资源枯竭也是日本渔民人数减少的原因之一。

总之，从以大连为中心的海上航线发展情况和渔民社群的存在可以看出，因“关东州”的渔业资源是日本争抢的主要资源之一，渔民社群在异态时空下的“关东州”步履维艰，生活艰辛。与此同时，以大连为中心的港口贸易具有畸形发展的时代特征。

三　伪满洲国成立后大连港参与的海域互动

1932 年，伪满洲国成立，此后日本在中国东北原有的四个统治机构关东军、“关东厅”、领事馆和“满铁”逐步归属关东军领导，结束了多头且相对混乱的治理阶段，出现了一元化统治。1932 年 7 月 26 日，日本内阁决定由关东军司令长官兼任伪满洲国大使和“关东局”长官，“三位一体”模式出现，为统一“四头政治”奠定了基础。此后日本侵略者从前台走向幕后，充当起操纵者。同年 8 月 7 日，关东军司令长官本庄繁与伪满洲国总理郑孝胥签订了《关于满洲国政府的铁道、港湾、水路、航空路等的管理及线路的修建、管理规定》，次日接替本庄繁担任关东军司令长官的武藤信义于 9 月 9 日与郑孝胥签订了《关于规定国防上必需的矿业权的协定》①，日本获得了在伪满洲国的交通、矿业等侵略权益。1932～1945 年，“大连中心主义”逐渐空洞化，但随着日本强化对伪满洲国的掌控，大连港的重要性有增无减，日本从中国东北掠夺的大部分资源就是从大连港运离的。以大连港为核心的航线扩大、大连港承担的港口贸易以及日本渔民的活跃等，都证明了日本侵略者控制下的大连港在参与东亚海域的互动上具有独特性。

（一）以大连港为核心的航线扩大

在世界经济进入大恐慌之前，日本邮船株式会社便于 1927～1929 年发行 6000 万元的公司债进行整备。大阪商船株式会社则在掌控摄津商船、原田汽船、国际汽船等公司的基础上，形成了海运托拉斯。受 1929～1933 年经济危机影响，各国的海运业陷入了不景气状态。为了应对这种情况，各国纷纷出台政策做出调整，出台各种海运补助政策。例如，1933 年德国出台了《船舶抵当银行法》，1935 年英国出台了《海运救济法》，1936 年美国实施航运差额补助制度，1936 年挪威实施船舶贷款保证等。1936 年日本也实施了相应的措施，以此为后盾，形成了几个大的海运托拉斯。主要有日本邮船系的海运托拉斯，股东为日本邮船、近海邮船、南洋海运和日清汽船等，船只总数为 135 艘，总吨位为 770200 吨；大阪商船系海运托拉斯，股东为大阪商船、北日本汽船、摄津商船、阿波国共同汽船、原田汽船、国际汽船、朝鲜邮船、日清汽船、南洋海运等，拥有 252 艘船只，总吨位为 805049 吨；

① 郭铁桩、关捷主编《日本殖民统治大连四十年史》，社会科学文献出版社，2008，第 715～717 页。

山下汽船系海运托拉斯，股东为山下汽船、扶桑海运、满洲海防运送、昭和商船等，拥有 18 艘船只，总吨位为 104132 吨。① 除此之外，大连汽船、南洋海运、朝鲜邮船、日清汽船等又带有鲜明的殖民海运托拉斯性质。大连港成为日本各大海运托拉斯往来的主要港口，在日本追逐殖民利益的欲望驱使下，以大连港为核心的海上航线扩大了。

日本发动七七事变而进入全面侵华战争时期后，在“海运国策预算”的支持下，日本海运业进入新时代。日本实施了航海补助金、资助建造优良船只以及增加造船资金等补助政策，一度萎靡的海运业得以复兴。截至 1941 年太平洋战争爆发，日本海运船舶总吨位达到 600 万吨。② 然而，随着进行太平洋战争的需要，在日本国内统制体制确立过程中，日本对海运业也进行了统制管理，如 1939 年 4 月 4 日根据法律第 69 号颁布《海运组合法》、1940 年 2 月 1 日根据敕令 38 号颁布《海运统制令》等③，一切围绕《国家总动员法》展开，并在太平洋战争爆发后对海运业进行了一元化管理。因此，以大连港为中心的日本海运公司等也被纳入统制体制。

与海运统制相对应的是，中国人经营的海运公司普遍遭受排挤和打压，但也有沦为“汉奸”的公司，其中最具代表性的是张本政组建的政记轮船公司。张本政在甲午战争前后追随日本特务，为日军收集情报以换得日军赏识。1897 年在烟台开办德合洋行，开展船运业务，经营烟台—大连—大东沟航线。④ 1905 年，张本政组建政记轮船公司，起初资本金为 4 万元，拥有数艘小蒸汽船，经营渤海湾沿线航路。⑤ 总公司设于烟台，分公司设于大连。第一次世界大战之际该公司获得巨额利润，在 20 世纪 20 年代将航线扩展至中国华东、华南、香港等地和海参崴（符拉迪沃斯托克）、越南、曼谷、新加坡、菲律宾等地。“到 1941 年太平洋战争爆发前夕，‘政记轮船股份有限公司’已拥有百吨以上大小轮船 39 艘，总运力 6.4 万吨；雇用船员近 1650 人，其中日

① 岡庭博『新訂海運の概要—その新しい考え方と見方—』、成生堂書店、1986、185－186 頁。
② 岡庭博『新訂海運の概要—その新しい考え方と見方—』、成生堂書店、1986、186 頁。
③ 山県勝見編『海運統制関係法規及規程』、辰馬汽船株式会社、1941、43、87 頁。
④ 郭铁桩、关捷主编《日本殖民统治大连四十年史》，社会科学文献出版社，2008，第 973 页。
⑤ 浅居誠一編『日清汽船株式会社三十年史及追補』、日清汽船株式会社、1941、15 頁。

籍船员130余人，中国船员1500余人，已成为北方海运业中最大的企业了。”[①]

虽然以大连港为中心的海上航线扩大了，但是日本掌控下的大连港仍然处于“北部后门”有俄国、“南部前门”有英国势力相威胁的态势。[②] 为了消除这些所谓的“障碍”，日本安抚好北部势力后，转而南进，发动以英、美为敌的太平洋战争。这也说明以大连港为中心的日本海运业已成为日本膨胀扩张的缩影。

（二）掠夺资源与倾销过剩：大连港的中转贸易港地位

伪满洲国时期，大连港除了海运航线不断扩大外，在航线上辗转往来的船只运输的货物的用途及流向等，成为判断大连港参与海域互动特征的介质。从大连港的进出口贸易看，以大连港为中心的海上航线上运输的粮食、矿物、水产、盐等产品成为日本侵略者掠夺的主要物资，并流向了日本。因此，大连港被日本侵略者置于掠夺中国东北地区物资的极其重要的利益链上。

大连港是“南满”铁道的终端港口，其出口能力一度远远超过进口能力。七七事变后，因伪满当局实施“满洲国产业开发五年计划”和“北边振兴三年计划”[③]，伪满洲国得到快速发展，其所需大部分物资依靠进口，其中80%的进口物资由大连港输入。然而，大连港的进口设施不足导致货物积压，在1938年、1939年的夏季干旱期甚至出现了滞货现象，停留于海面上难以入港的船只达30多艘。因此，“满铁”曾计划在1939～1944年投入1亿多圆资金将大连港建设为兼具进出口能力的大商港。1939年《大连港西部扩张方案》开始实施，1942年建成了“1座突堤式码头和卸货场”。[④] 此后由于太平洋战争战线长、资金短缺，其他扩建计划停止。有关大连港的货

---

① 郭铁桩、关捷主编《日本殖民统治大连四十年史》（下册），社会科学文献出版社，2008，第974～975页。

② 佐田弘治郎『大連港を中心とする船舶の概勢』、南満州鉄道株式会社、1926、36頁。

③ 1937日本开始实施所谓“满洲国产业开发五年计划”，在中国东北大肆扩建国防工程、重化工业和拓殖矿产业、农业等，时隔不久又抛出了所谓“北边振兴三年计划”，沿“满”苏边境线大规模修筑军事工程，急需大批劳动力。在日本关东军的指使下，日本“大东公司”以及后来成立的“满洲劳工协会”开始大规模有组织、有计划地招募华北劳工。参见戴建兵、申玉山《抗日战争时期华北经济研究》，团结出版社，2015，第276页。

④ 郭铁桩、关捷主编《日本殖民统治大连四十年史》，社会科学文献出版社，2008，第880页。

物进出口情况，详见表 3、表 4、表 5。

从表 3 数据看，1933～1939 年，到港卸载货物从 2276097 吨上升至 5168935 吨，大连港货物积压从 7030492 吨下降至 5136356 吨，货物总量从 9306589 吨上升至 10305291 吨。伪满洲国时期的大连港到港卸载货物量的增加说明了海运业的繁忙，这是因为此前将大连港确定为国际自由港，包括日本在内的多国海上航线都直航大连或中转停靠大连港。

表 3　大连港出入船只积卸货物情况

单位：吨

年份	卸载货物	积压货物	总数
1933	2276097	7030492	9306589
1934	3109913	6103191	9213104
1935	3171331	8097114	11268445
1936	3146669	8027565	1174234
1937	3145197	5885197	9030394
1938	4138290	5875607	10013897
1939	5168935	5136356	10305291

资料来源：大連商工会議所編『関東州経済図説』、大連商工会議所、1941、148 頁。

表 4 的数据显示了大连港的到港和出港汽船数、上岸或离岸货物总量以及货物积压量等。1933～1939 年，到港汽船数量从 4570 艘上升至 5155 艘，到港货物总吨位从 12649208 吨上升为 13264651 吨。

表 4　大连港出入汽船积卸货物吨数

单位：艘，吨

年份	到港			出港		
	船只数	货物总量	卸载货物	船只数	货物总量	积压货物
1933	4570	12649208	2190214	4567	12684261	6930108
1934	4878	13577200	3010876	4884	13577200	7015528
1935	5109	13687491	3000051	5098	13867491	8020451
1936	5036	13421720	3073483	5027	13407318	5875206

续表

年份	到港			出港		
	船只数	货物总量	卸载货物	船只数	货物总量	积压货物
1937	5001	13819642	3307616	4974	13787402	5775689
1938	5285	15201734	4138290	5298	15192863	5875607
1939	5155	13264651	5168935	5118	13019621	5136356

资料来源：大連商工会議所編『関東州経済図説』、大連商工会議所、1941、149 頁。

如表 5 所示，与汽船的到港、出港数逐年增加相比，帆船的数量整体呈下降趋势，到港帆船数从 1933 年的 10144 艘下降至 1939 年的 8016 艘，出港帆船数从 9939 艘下降至 1939 年的 7924 艘。但帆船的到港货物和出港货物总吨位在此期间则呈上升趋势，到港货物从 163050 吨上升至 333554 吨，出港货物从 156254 吨上升至 320547 吨。

表 5　大连港出入帆船积卸货物吨数

单位：艘，吨

年份	到港			出港		
	船只数	货物总量	卸载货物	船只数	货物总量	积压货物
1933	10144	163050	85883	9939	156254	100384
1934	9943	153379	99037	9823	148897	87663
1935	8366	153195	71280	8297	148084	76663
1936	6613	165319	73186	6491	161388	152359
1937	4853	142447	107581	4892	135403	109508
1938	6451	201104	183190	6469	196369	126595
1939	8016	333554	135703	7924	320547	95965

资料来源：大連商工会議所編『関東州経済図説』、大連商工会議所、1941、149 頁。

然而，从上述 3 个表格的积压货物数量看，截至 1939 年，大连港的吞吐能力和现实需求之间存在一定的距离，这也是“满铁”曾计划在 1939 ~ 1944 年扩建大连港的一个原因。但日本发动太平洋战争以后，大连港扩建计划没有完成，另因日本进行海运统制管理，大连港逐渐丧失了自由港地位，虚假的繁荣走向末路。

考察大连港进出口贸易的主要货物，或许能更清晰地了解日本侵略者的意图。从能够找到的 1929 年、1930 年的史料看，大连港的进口货物主要是生活物资，如毛织品、丝织品、衣类、麻袋以及纤维制品等[①]，谷类及种子，砂糖，海产品，食品杂货（罐头、点心、调味料、巧克力等），茶、酒类、烟草，以及药品等[②]。在伪满洲国时期，尤其是伪满当局在关东军的控制下实行"满洲国产业开发五年计划"和"北边振兴三年计划"，从中国华北地区招募移民到中国东北，对上述生活物资的需求有增无减。"1937 年以前，每年从日本进口到大连的货物为 180 万吨左右"，"在自 1938 年至 1942 年的 5 年中，大连港进口日货合计 1519.9 万吨，平均每年为 303.98 万吨。同一时期日货进口量占大连港货物进口总量的 70% 以上"。[③]

与之相对，日本从大连港运走了什么，也引人关注并能够引发思考。已有研究告诉我们，中国东北地区的矿产资源、粮食资源以及盐业资源是大连港出口的主要物资，换言之，也是日本掠夺的主要资源。

从大连港的粮食出口看，以大豆、豆饼、豆油、苞米、高粱等农副产品为主。截至 1942 年的 10 年间，"大连港出口大豆 1365.8 万吨、豆饼 724.3 万吨、豆油 56.7 万吨、苞米和高粱等 528.9 万吨"，"在与大连港有贸易关系的 20 多个国家和地区中，日本是最大赢家，每年从大连港出口到日本的货物占该港当年出口总额的 60% 以上，1938 年以后，比例更是大幅度增长，到 1942 年竟达 86.41%"。[④]

从大连港的矿产出口看，煤炭和生铁占主体。截至 1942 年的 10 年间，大连港出口煤炭 2309.7 万吨、生铁 323.2 万吨，仅大豆和煤炭就占大连出口货物总量的 60.5%。[⑤]

从盐业资源看，日本不但掌控了大部分盐场，还将大量原盐从大连港运抵日本。"1906～1945 年，被日本掠运的原盐总量达 675.9 万吨。1934～1945 年，从大连运至日本的原盐总量为 363.5 万吨，约占日本从中国各地总

① 篠崎嘉郎『大連港輸入品の現勢　第一編』、大連商工会議所、1929。
② 篠崎嘉郎『大連港輸入品　第二編』、大連商工会議所、1930。
③ 朱诚如主编《辽宁通史》第 5 卷，辽宁民族出版社，2009，第 194 页。
④ 朱诚如主编《辽宁通史》第 5 卷，辽宁民族出版社，2009，第 194 页。
⑤ 朱诚如主编《辽宁通史》第 5 卷，辽宁民族出版社，2009，第 194 页。

输入量的1/3。”①

综上，可以看出大连港处于日本殖民掠夺的贸易中转地位。

（三）日本渔民的“活跃”

除了上述日本对中国东北的粮食、矿产、盐业资源的掠夺外，日本还加大了对关东州水产资源的掠夺力度。在侵华时期，日本对黄海、渤海的渔场都有染指。黄海的渔场包括鸭绿江口、海洋岛附近（“关东州”貔子窝东南）、长山群岛沿海（“关东州”貔子窝东南）、大连前海（小平岛海面、大孤山海面）、旅顺前海（老铁山海面、前王塘海面）、庙岛群岛（山东半岛、龙口海面一带）、芝罘（自山东半岛东南角至芝罘）、石岛（山东半岛东南）等。渤海的渔场主要有龙口海面、利津海面（从黄河口到龙口海面）、秦皇岛海面（从河北省滦河口海面到龙口海面）、鲛鱼圈海面（从辽河口到熊岳城）以及老铁山水道（从复州到庙岛群岛）等。

根据资料记载，1940年前后，“关东州”的日本渔民人数达到805人，中国渔民为28647人，渔业年产值超过2000万圆（见表6）。②

表6　关东州水产品渔获额

单位：圆

年份	日本人	中国人	总计
1934	3055824	1960620	5016444
1935	3705663	1813034	5518697
1936	3761353	2021997	5783350
1937	5141532	2320308	7461840
1938	7328982	2815846	9742528
1939	10675004	3975336	14650340
1940	15747000	5415000	21163000

① 郭铁桩、关捷主编《日本殖民统治大连四十年史》，社会科学文献出版社，2008，第508页。

② 大連商工会議所編『関東州経済図説』、大連商工会議所、1941、90頁。

续表

年份	日本人	中国人	总计
1941	15529000	7354000	22883000
1942	15983000	8038000	24021000

资料来源：大連商工会議所編『関東州経済図説』、大連商工会議所、1941、91 頁；出井盛之『関東州経済の現勢』、関東州経済会、1943、84－85 頁。

表 6 的数据显示，从 1934 年至 1942 年的 9 年间，日本渔民和中国渔民的捕获量逐年攀升。中国渔民的捕获量远远低于日本渔民的捕鱼量，从日本渔民的 805 人对中国渔民的近 3 万人看，日本渔民人均捕获量更是远远高于中国渔民的捕获量。出现这种情况的原因有三点：一是日本侵略者强制掠夺良好的渔场资源，导致中国渔民所获无多；二是中国渔民采用的戎克船（大约 600 艘）只能在近海作业，而日本渔民使用的是发动机船（大约 150 艘）[①] 可以在远海作业；三是日本利用先进的渔业技术掠夺大连港的渔业资源，日本渔民运用的技术是机船底曳网技术。与此同时，日本渔民渔获量的 70% 又销售给伪满居民。

日本侵略者利用大连港使中国东北地区的粮食、矿产、原盐以及硬通货等流向日本。可以认为，大连港就是在这样的情况下参与东亚海域互动的。太平洋战争爆发以后，日本在大连港水域也实行了禁运政策，将中日船只以外的他国船只排除在外，大连港在异态时空下的虚假繁荣开始出现衰败的征兆。

结　语

如上所述，在东亚历史海域网状结构中考察大连港，可以将其视为一个动点，这个动点成为东亚海域网状结构的中心，将由这一中心点编织成的网状称为“海上共同体”。不过，这个“共同体”在“关东州”成立后已经带有异化特征，这是日本殖民统治的结果。同时，这一异化的“共同体”通过以大连港为中心的海上航线发展为辐射范围广泛的动态网状结构。

① 出井盛之『関東州経済の現勢』、関東州経済会、1943、第 85 頁。

第一，以大连港为中心的海上航线是动态的，在“关东州”时期及伪满洲国时期不断扩大，带有动态扩张的时代特性。其中，不仅有以大连港为起点的中国、朝鲜半岛以及日本之间的定期航线，还有以大连港为停靠港的定期航线，以及以大连港为停靠港的远洋航线，例如“日本欧洲线”“汉堡线”“纽约线”等。①

第二，以大连港为中心的转口贸易也是动态的。在大连港处于自由贸易港时期，尤其是第一次世界大战结束后的一段时间，大连港的转口贸易达到鼎盛。1918 年，外国商品经由大连港向外国或中国其他港口再出口的转口贸易额为 7074013 海关两，而中国商品面向外国或中国其他港口再出口的转口贸易额为 8716431 海关两，两项合计 15790444 海关两。同年经由大连港的贸易总额是 77601918 海关两，因此前两项占比为 20.3% 强。1919 年，前两项合计的额度比 1918 年增加了 5849563 海关两，但占比下降至 16.9%。此后因财政危机的影响，各项数值均有下降。1922 年这几项的贸易额分别为 5453552 海关两、9911257 海关两、92999173 海关两，占比为 11%。② 这些数字反映出大连港作为中转口贸易港的情况。

第三，以大连港为中心的中国资源向日本流动和日本物资向中国流动也是动态的，但中日之间的物资流动并不成正比。从日本流向中国的物资是生活品居多，而从中国流向日本的物资是粮食、矿物和原盐以及硬通货等，体现出日本对东北物资的动态掠夺性。

第四，无论是中国渔民的戎克船捕鱼，还是日本渔民的发动机船捕鱼，整个大连港的渔业贸易是动态的。

第五，大连港在太平战争期间承担运载日本战略物资的功能，扩展了东亚历史海域的动态网络。

综上，日本侵略者掌控了大连港及其水域的制海权后，就不断在大连港的发展建设上实践其带有殖民色彩的海运理念，将近代大连港变成动态网络的中心港口。尤其是为了准备太平洋战争，1940 年出台《海运统制令》后，

---

① 篠崎嘉郎『大連港と沿岸貿易』、大連商工会議所、1927、18－20 頁。

② 南満洲鉄道株式会社庶務部調査課『最近支那主要港に於ける仲継貿易と大連港』、東亜印刷株式会社大連支店、43－44 頁。

1941 年 8 月 19 日，日本政府以阁议决定的方式通过了《战时海运管理纲要》，“确保战时海上运输，确立日本船舶一元化航运、船员的临战态势。为扩充船舶数量及载重量，船舶、船员及造船等，战时由国家管理”。[①] 对这一政策提供理论基础乃至做进一步诠释的，是当时“海运国策研究会”的团体组织所鼓吹的“海运理念”。该团体将“海运理念”按照历史发展划分为几个阶段，强调“原始之初就存在为家族而牺牲一己的家族精神”、“为自己的种族献身的种族精神”、“拯救民族的民族精神”、“从民族精神扩展为团结同类乃至近邻民族的广域精神（亚细亚精神或东洋精神）”以及“进而扩展为世界精神”。[②] 该理念被运用到海运统制上，因而日本海运被纳入国家管理，被日本掌控的大连港也成为推行海运统制的对象。与此同时，这种理念不仅可以起到蛊惑民心的作用，还能够为侵略进行狡辩。在这种“海运理念”下的东亚历史海域的近代大连港虽是“海上共同体”的核心点之一，但它是病态“海上共同体”的节点港口之一，也是殖民掠夺下的异化存在。

---

① 辰馬海事記念財団『海事研究年報』第 1 号、巌松堂書店、1943、28 頁。

② 海運国策研究会『日本海運政策論』、海運経済社、1942、29 頁。

近代日本中央集权与地方分权的博弈与变迁*

郭冬梅**

【内容提要】中央集权与地方分权是一对对立的概念，但在国家的现代化特别是迟发展国家的现代化进程中，二者又是互相依存的。中央集权可以使中央政府集中力量推进现代化建设，地方分权则是实现国民自主支持国家政策的重要制度保障。近代日本通过明治初期的集权与分权的初步博弈后，在发布宪法的同时制定了地方自治法律，在一定程度上实行了地方分权。地方自治法律在日俄战后日本走向帝国主义的背景下经过保守的修改而实现了日本化。在大正民主的高潮期，在宪政会和立宪政友会推动下，日本实施了地方分权改革。但最终日本走向法西斯主义，通过地方财政调整制度的实施和地方制度的改革重新加强了中央集权，地方分权和自治最终走向失败。本文梳理了近代日本中央集权和地方分权的博弈与变迁的历史，以中央集权为主、地方分权为辅的特征贯穿了近代日本地方制度的始终，这是日本现代化的重要表现之一，对战后日本的中央与地方关系产生了深远的影响。

【关 键 词】近代日本　中央集权　地方分权

在一个国家特别是迟发展国家的现代化进程中，建设中央集权的中央政

* 本文为教育部人文社会科学研究一般项目（编号：19YJA770005）的阶段性成果。

** 郭冬梅，东北师范大学日本研究所副教授，主要研究方向为日本近现代史。

府至关重要。基尔伯特·罗兹曼和 C. E. 布莱克等人认为，“一个国家的行政管理实行高度的中央集权有助于力量的协调和资源的征用以支持现代化进程”，明治维新后的日本中央政府“发挥过这种领导作用”。[①] 成功克服封建分权，快速实现中央集权的明治政府对日本现代化国家建设的确起到了无可比量的重要作用。然而，在强调中央集权的同时，建设现代国家，仅有国家的集权性，而缺乏国民对国家政策的自主性支持，也不能够保证国家的各种政策得到很好的执行。因此，现代国家又无一不进行“国民的铸造”[②]，培养自主支持国家政策的国民。而实行地方自治或者地方分权即“铸造”国民的重要手段之一，现代西方国家无不以地方分权、地方自治为基础性的地方统治制度。近代日本对此亦经过不断探索和试验，1888 年发布市制町村制，1890 年发布府县制郡制，以普鲁士为蓝本，实行地方自治制度。那么，日本的地方自治制度为什么要以普鲁士为蓝本？中央集权和地方分权如何有效地结合？二者又产生怎样的竞合关系？中央集权与地方分权经历了怎样的博弈、变迁？战前日本中央集权与地方分权的博弈和变迁对战后日本产生了怎样的影响？对战前日本的中央集权和地方分权的变迁进行梳理，不仅能加深对日本现代化进程的理解，也会给我们思考和探索现实的中央和地方关系提供一些有益的启示。

一　明治前期的中央集权与地方分权之争

1868 年明治新政府成立后，各旧藩依然存在，一度出现府、藩、县三治的局面。对此，政府内部出现了两种声音：一是废各藩、置郡县；二是保留封建体制。此即所谓的“封建与郡县之争”。[③] 对此，1869 年的“版籍奉还”具有重要意义，这是实现近代日本中央集权的重要一步。1871 年的“废藩置县”更具有标志性意义，一个近代的中央集权的中央政府形成了。尽管日

① 〔美〕吉尔伯特·罗兹曼主编《中国的现代化》，国家社会科学基金“比较现代化”课题组译，江苏人民出版社，2003，第 54、59 页。

② 参见田雪梅《近代日本国民的铸造》，商务印书馆，2016。

③ 参见浅井清『明治維新と郡県思想』、巌南堂書店、1991。

本国内矛盾重重，但以萨长藩阀为中心的在倒幕运动中成长起来的第一代明治官僚掌握了国家发展的指导权。事实证明，中央集权有利于政府集中力量推进一系列适应现代化的改革。例如，废除士农工商的封建等级身份制度，实现了“四民平等”；通过“金禄公债”的赎买政策，彻底消灭了封建的武士阶级；实行地税改革，国家把收入的主要来源土地税收归为国税的同时，改革了封建的土地制度；实行“殖产兴业”和“文明开化”，以西方国家为模板，自上而下推进现代化改革。此外，加上在军事领域的常备兵制和军事改革等，明治政府推进为实现“富国强兵”的各项改革。

然而，中央政府的改革并不顺利。废除武士阶级的特权招致武士的叛乱，1877 年爆发了西南战争。在地税改革中，过重的负担导致农民起义此起彼伏，尽管总体规模并不算大，但促使政府反省其实行的政策。与此同时，民间兴起的启蒙与自由民权思想和运动成为对抗中央政府的一支重要力量。特别是以1875 年第一次地方官会议的召开为契机出现了关于中央集权和地方分权的论争，以各大报纸为基础掀起的分权论争冲击了将经济和政治等各种资源过度集中于中央的一级独大的明治政府的集权政策，还一度打出“地方自治”的旗号。① 明治政府认识到，过度的中央集权固然可以集中力量推进现代化，但无法实现民众对国家政策的自主性支持。在中央政府实现自上而下统治的同时，最大限度地实现国民整合，形成民众自下而上对政府政策的配合同样至关重要。

在此背景下对中央集权政策的反省是修改顺应中央集权而实行的最初的地方制度，即大区小区制。1878 年，西南战争结束后，处于中央集权中心的内务省省卿大久保利通提出了《关于地方体制改正之事的上书》，他主张地方“应分为行政区划和居民社会独立区划两种性质”：

> 由于行政区划与居民社会独立区划主义混淆不明，大区小区制不仅导致官民相互侵犯权利，岁出入之事即官民费用之事亦颇混杂，往往招致地方之物议。今政理渐明，人智渐开，政体亦应有所变革。政府今已着手，如立法、行政、司法分权已渐次改良，独地方之制依然未改，其

① 海野福寿・渡辺隆喜「明治国家と地方自治」、原秀三郎・峰岸純夫・佐々木潤之介・中村正則［ほか］編『大系日本国家史 4　近代 1』、東京大学出版会、1975、224 頁。

行政区划和居民社会独立区划主义混淆。为将来之计，其混淆必须厘清……地方既已区分为行政区划与居民社会独立区划之性质，其吏员之执掌亦应适当分权。原来府县之职制，不仅执掌之权限事项与处理事务规则事项相混淆，而且事理小而琐屑之事项，徒仰上司裁决，事理重大者反而无限制，凡此种种导致府县之职制权限繁杂，行事时只汲汲于烦冗间，而其影响必损害天下公众之利益，以致妨害国势之进步。①

大久保初步提出了实行“自治”和“分权”的构想。在大久保意见书的影响下，明治政府改革大区小区制，构建地方三新法体制（包括郡区町村编制法、府县会规则、地方税规则和区町村会规则）。地方三新法体制初步承认了地方包括府县和区町村的有限自治，并设立府县会和区町村会，二者拥有以岁出入预算审议为主的职权；对原来混乱未加整理而概称“民费”的地方财政进行整顿，分离出须经府县会审议的府县税。尽管藩阀政府所强调的这种“自治”更倾向于幕末村落共同体的自治传统，但府县会和区町村会的出现给日本的基层治理带来了某些现代气息。对于大部分在现代化进程中被抛弃的旧武士和豪农来说，特别是那些信奉西方国家的自由民权思想或仅想以此为武器与中央政府斗争的启蒙和自由民权人士来说，地方三新法体制为他们提供了参与基层政治的舞台，这有利于国民的形成。但明治政府的初衷是通过实行财产限制等政策把那些支持政府政策的底层有声望之人笼络到统治体制中，而不是自由民权派人士。②

然而，松方紧缩财政政策实行后，地方的政治舞台日益成为下层自由民权派与藩阀政府进行斗争的有力场所，甚至引发激化性的事件。最具代表性的事例是自由党员河野广中领导的对抗政府的福岛事件。对此藩阀政府忧心忡忡，以至于保守的岩仓具视一度提出意见书，要求撤销府县会。他指出，

使人民开启犯上之道，滋生蔑视政府思想者，无不在于开府县会之

① 大久保利通「地方の体制等改正之儀上申」、海野福寿・大島美津子編『日本近代思想大系 20 家と村』、岩波書店、1989、223－229頁。

② 大島太郎『日本地方行財政史序説』、未来社、1968、16頁。

机犹早，失进步之顺序。故今日欲恢复政府之权威，挽回民心之颓澜，先察今明两年之景况，根据机宜，断然一度终止府县会……①

府县会最终没有撤销，但明治政府通过改革，逐步缩小府县会的权限，加强了对府县会的控制。② 1884 年，山县有朋对府县下的区町村实行官治化改革，重新加强中央的控制。山县有朋于 1883 年底转任内务卿，他根据此前被派往各地考察地方实情的元老院议官的调查意见，提出了对区町村制度进行修改的法案。尽管该法案未获元老院通过，但山县有朋仍强行推进改革。具体内容是：把最基层的户长重新纳入官僚队伍；发布新的区町村会法，缩小区町村会的权限，加强对区町村会的控制；扩大户长管辖区，确保在更大的范围内能选举出更有能力处理中央和上级事务的户长；对区町村的财政进行公与私的划分和整理，优先保障国家委任事务所需的费用。这些改革措施重新加强了中央政府对地方的控制。

二　以普鲁士为蓝本的地方自治制度的形成

1881 年的政变使日本政府明确了日本法制现代化日程。此后，伊藤博文远赴欧洲进行宪法调查，山县有朋关于地方自治法的制定工作也提上了日程。尽管这些明治领导人承认西方国家的地方自治具有一定的进步性，但他们对于自由民权派草拟的宪法中要求“府县令由其府县人民公选”乃至日本实行联邦制、各州的“独立自由”“联邦不得干涉”③ 等条款还是感到不快。不过，通过对普鲁士的考察，明治领导人很快消除了担忧：

至于组织自治，不得不涉及府县郡区的法律制定，自治组织并非如现今我国报纸之所说。不能将分割中央政权混同为自治。自治有自治的

① 「岩倉具視府県会中止意見」、山中永之佑監修『近代日本地方自治立法資料集成 1　明治前期編』、弘文堂、1991、692 頁。

② 郭冬梅：《日本近代地方自治制度的形成》，商务印书馆，2008，第 128 页。

③ 杉原泰雄［ほか］編『資料現代地方自治—「充実した地方自治」を求めて—』、勁草書房、2003、34－35 頁。

界限，中央政权不是彻头彻尾因之而被遮蔽，自治有许可自治的限制。州县郡行政的组织亦然。①

这是伊藤博文聆听保守的普鲁士宪法学者格奈斯特和斯坦因等人的讲课后的感悟，对明治政府以普鲁士为蓝本制定地方自治制度具有决定性影响。此后，明治政府聘请了格奈斯特高足莫塞。1886 年，莫塞从横滨港登陆日本，他的到来对山县有朋具有决定性影响，原本头绪不清的日本地方自治立法工作变得明晰起来。在莫塞对山县有朋咨询的答复和所做的讲课中，他解释了中央集权之弊、自治与分权之利：

国家有两类见解。第一曰机械国家。此一方为国权，一方为人民，二者相对立，无介于其中间之团结体，介于其中间者只有国家和人民之行政机关，此称为机械国家。此乃君主独裁政治或法国民政主义国家。与之相对立之说，乃德人（英人）见解之国家。依其见解，在国家和人民之间要有一个有一定权力之机关……机械国家之形态……如有巧手之机械师，能运转机关，大力整顿则可使政机圆滑，但一旦运转失误，则制度紊乱。然则国家和人民之间设置郡县自治体，即便中央政府之秩序偶有不整备，其机械之运转仍无招致祸乱之虞。②

莫塞把西方国家分为两类：一类是实行中央集权，对地方实行完全行政管理的“机械”国家，其代表为君主专制国家和法国，国家兴衰完全由中央政府控制，一旦中央政府出现政策失误，则整个国家运转便出现问题；一类为实行地方自治的国家，以德国和英国为代表，因为国家与人民之间有自治体的存在，即便中央政府失序，整个国家运转也不受影响。莫塞强调“普国之繁盛起因于自治体”③，并强烈建议日本在宪法发布前先制定地方自治法，

① 春畝公追頌会編『伊藤博文伝　中巻』、統正社、1940、304 頁。

② 国学院大学日本文化研究所編『近代日本法制史料集　第十』、東京大学出版会、1988、82－83 頁。

③ 国学院大学日本文化研究所編『近代日本法制史料集　第十』、東京大学出版会、1988、90 頁。

这对山县有朋产生了强烈的影响。[①] 因此，在莫塞的影响下，山县有朋排除一切反对意见，把建立地方自治制度作为宪法发布和国会开设前的一项重要工作。1888 年发布市制町村制，1890 年发布府县制郡制，日本的地方自治制度形成了。

山县有朋在后来回忆自治制度的确立、沿革时说道："明治二十年，立于欧美列国间之当时，为图与他国制度之调和，在法案形式上迫切需要参照欧洲之制度。因而，如自治法案，以我邦古来之自治精神为基础，在明文上则遵据自治法规完备且优秀之德国自治制度，起草我邦自治法案乃最切实取得功效之好办法。"[②] 这一段表述明确指出 1888 年的自治法律正是明治政府为实现修改不平等条约而欧化的产物，山县有朋还表达了对德国自治制度的推崇。他还指出自治制度的重要效果："不仅使民众启畅公共之心，获得行政参与的知识和经验，对立宪政治的运行效果极大，而且不使中央政治异动的余响波及地方行政，此方面利益也绝不少。"[③] 山县有朋认可莫塞有关自治可以培养民众的公共心、参政经验的观念，表明地方自治法律的出台也是为立宪政治、政党政治所做的准备。也就是说，地方自治法律的发布既有对外的因素，也有对内的因素。从对外来说，表明日本在法律制度上已经和西方国家接近，由此实现修改不平等条约；从对内来说，则把地方自治法律作为政党政治的"防波堤"，同时培养民众的参政精神，即"国民的缔造"。

山县有朋对普鲁士法律的推崇和笃信表明，地方自治法律必然包含同样的保守的因素。王建学认为自治包含两个向度：一是自由向度，即团体自身的事务由自己进行管理，"免于外来的不当干涉"，这实际上就是分权；二是民主向度，"自治在本质上包含基本的民主要求，是自治团体的自主性地位的内部体现，它保证了自治团体内的所有成员对团体事务的参与，并在这个意义上证明所有成员都是自治团体主体性的构成分子"。[④] 明治政府发布的地

---

① 郭冬梅：《莫塞与日本近代地方自治制度的创建》，《社会科学战线》2014 年第 2 期。

② 山県有朋「徴兵制度及び自治制度確立沿革」、国家学会編『明治憲政経済史論』、宗高書房、1919 年発行、1974 年影印、401－402 頁。

③ 山県有朋「徴兵制度及び自治制度確立沿革」、国家学会編『明治憲政経済史論』、宗高書房、1919 年発行、1974 年影印、398 頁。

④ 王建学：《作为基本权利的地方自治》，厦门大学出版社，2010，第 13～14 页。

方自治法律虽然也主张分权，但实际上是缺乏民主意义的权力的分立。明治政府所谓“分权”，更多的不是权力，而是权责，是地方分担中央政府的若干事务。与法律同时发布的理由书中这样解释：

> 本制之旨趣在于实施自治及分权之原则。维新后政务集揽于中央政府，地方官虽各有其职权，但不过是依政府委任代之处理事务。今改地方之制度，使地方分任政府之事务，又使人民参与之，在于省政府之繁杂，使人民尽其本务……随着人民参政思想之发达，利用其在地方公事中练习，使之知施政之难易，渐渐养成任国事之实力，这是在将来实现立宪制确立国家百世基础之根源。①

“分权”的真正含义是“使地方分任政府之事务”，根本目标在于“省政府之繁杂”，人民参与地方公事也被看作一种义务而非权利。此外，以财产资格为限制条件的限制选举和等级选举、针对地方设置的种种监督体制以及以附加税为主的地方税等规定都反映出以普鲁士为蓝本的日本地方自治法的保守特征。不唯如此，日本地方自治法律还表现出比普鲁士自治法律更为保守的一面，其具体表现便是，山县有朋不顾坚持“法治国”理念的莫塞的反对，执意在法律中加入“敕令”字眼，意在强调日本的天皇制国家特征。尽管如此，以地方议会为中心的地方自治法律在一定程度上仍具有现代色彩，也在一定程度上对完全的中央集权、地方行政管理的统治方式进行了变革，具有一定的现代意义。

三　明治后期日本地方自治向中央集权的转变

承载着明治官僚政治期望的地方自治法律的施行并不顺利，其间日本也逐步走向帝国主义。1890 年以后，日本以轻工业为主的产业革命完成，日本资本主义获得了前所未有的发展，急需在狭小的国内市场之外开辟海外市

① 「市制町村制理由書」、山中永之佑監修『近代日本地方自治立法資料集成 2　明治中期編』、弘文堂、1994、374 - 401 頁。

场。1894 年，日本发动甲午战争，清政府战败，日本获得巨额赔款，野心一步步膨胀，开始走上对外扩张之路。日本在轻工业领域实现产业革命后，开始转向重工业。1904～1905 年日俄战后，为了防范俄国的报复，日本扩军备战，在对外扩张的军国主义道路上越走越远。

与日本的疯狂对外扩张对应的是，日本的军事费用年年增加。特别是日俄战后因为没有获得巨额军事赔偿，日本在战争中消耗大量军费和战后为了防范俄国报复而继续扩军备战，财政上的压力要求日本进一步建立民众自下而上支持国家的体制。

在日本一步步走向帝国主义的过程中，具有“外来导入”特征的地方自治制度也随之进行了更符合日本实际的修改。早在 1898 年，明治政府对府县制和郡制便进行了初步修改，废除了复选制等制度，意在缓解复选造成的町村层面选举的激烈竞争。日俄战后，政府推行地方改良运动。所谓的“地方改良运动”，以 1908 年 10 月 13 日的《戊申诏书》发布为标志，自 1909 年起，在内务大臣平田东助的指导下，在内务省统辖下展开。在《戊申诏书》中，政府号召民众：“宜上下一心，忠实服业，勤俭治产，惟信惟义，醇厚成俗，去华就实，荒怠相诫，自强不息。恪守我神圣祖宗之遗训，光辉国史之成迹，淬砺输诚，此乃国运发展之根本所在。”[①] 表现出在日本走向帝国主义的背景下，迫切需要重新进行“国民教育”与国民统合。

日本政府先后召开了几次地方改良讲习会，宣传改良运动的基本精神。此后，日本政府实行了加强行政村的行政和财政能力的改革，对原有的中间团体如青年会、在乡军人会等进行重新组织，同时在思想上鼓吹对经济困难进行忍耐的“报德精神”。在地方改良运动下，明治官僚在缓解财政压力的同时，探索新的对国民进行统治的方式。

将来民力之战、富力之战将在世界海陆市场兴起，对此的准备一日不可偷安。因此战后的充实仰仗国力的充实，国力的充实应仰仗自治之力者多……自治是国民发达的摇篮，也是国家光辉和元气

① 山中永之佑監修『近代日本地方自治立法資料集成 3　明治後期編』、弘文堂、1995、575 頁。

的源泉。[1]

此时，地方自治的主要目标对他们来说已经不是修改不平等条约，也不是防范政党政治和培养国民的参政素质，而是培养国民的“奉公心”与“公共心”。这种“奉公心”和“公共心”，就是在日本走向帝国主义的背景下，对国家有甘愿奉献的“奉公心”，对内有团结一致的“公共心”，力图建设一种举国一致的国民自主支持国家的帝国主义国家统合体制。在此背景下，明治官僚认为，作为对国家的“责任”，“地方自治的事业”应该“协助国家的进步”，为此要充实“地方公共的经营”、促进“民力的振兴”，为了“永远保持国民融合的美风”，力求“邻保团结”，实现“共同的福祉”。[2]

在这种“奉公心”和“公共心”的要求之下，1911年明治政府对市制町村制进行了大修改。市制町村制在发布初期还有所强调的议会中心主义被町村长中心主义所取代，町村长、町村吏员也要承担国家和上级政府所委派的事务，对町村的行政监督在一定程度上也得到加强。这种改革在一定程度上无视了市制町村制发布之初还具有的分权与自治的现代法律因素，其所强调的“地方自治体”主要承担国家和上级政府的行政事务和接受上级监督，又多少回到亚洲传统的治理理念上。加上原本的许多复杂制度的简单化，因此许多学者认为这种改革在本质上是更符合日本现实情况的改革，也标志着在发布初期以西方法制为原则的地方自治最终“日本化”。

四　大正民主时期地方分权化高潮的到来

尽管藩阀政府不断加强中央集权，但以1905年日比谷暴动为先声的大正民主时期的到来推动了以普通选举和政党政治为标志的民主运动高潮的到来。大正民主运动对地方制度产生了影响。首先，从中央层面来说，1900年

① 井上友一『自治要義』、博文館、1912、4-15頁。

② 大石嘉一郎『近代日本地方自治の歩み』、大月書店、2007、154頁。

立宪政友会成立后，势力不断壮大，原来标榜中立的一部分官僚开始接近政党。在地方政治上出现了政党知事，特别是出现了每当政党政权更迭府县知事也更迭的情况，原来被官僚牢牢掌握的府县知事变成了政党政治的牺牲品，这引起官僚的不满，也导致地方政策频繁变化。其次，从地方层面来说，一方面，随着民主思想的发展，出现了谋求地方权利的群体，主要是在处理地方事务上承担重要责任的町村长阶层，全国町村长会的成立就是一个重要标志。他们呼吁减轻地方财政负担，主张地方层面的权利；另一方面，底层佃农的觉醒则对地主制度造成越来越大的冲击，佃农要求限制在町村基层税收中存在的地主阶层的特权，进而冲击了原本几乎由地主垄断基层吏员和议员的所谓“地方名望家”统治体系。

在这种民主化和社会平等化的要求推动下，在一定程度上迎合民众的政党也积极地推动地方分权改革。首先，在町村长的推动下，1918 年，寺内正毅内阁时期出台了《小学义务教育费国库负担法》。法令规定，原来完全由地方（主要是市町村）自行负担的几乎占每年地方岁出 40% 的小学教育费，一部分开始由国库负担，这缓解了市町村财政的疲敝。这无疑是一项非常重要的改革，一些学者甚至把它评价为这一时期地方分权改革“顶点”。①

在 1920 年和 1921 年的府县制郡制和市制町村制的改革中，扩大了基层议会选举的公民权的范围。此外，一度被视为无用之物而只起到监督作用的郡制和郡官厅被废止。

进入政党内阁时代以后，宪政会（民政党）和立宪政友会在地方分权领域展开了博弈。总体来说，二者的分歧集中于财政领域。例如，立宪政友会主张把两税（地税和营业税）收入由国家转给地方，切实给地方增加财源；而宪政会则主张提高义务教育费的国库负担额来缓解市町村的财政负担。在扩大地方议会权限、地方分权方面，二者的分歧并不大。因此，1926 年的宪政会内阁和 1929 年的立宪政友会内阁先后对地方自治制度进行了改革。改革内容包括对国家的委任事务进行了限制性规定，在一定程度上放宽了对地

① 高寄昇三『大正地方財政史　上巻』、公人之友社、2009、1 頁。

方自治体的许可和监督，赋予地方议会议员提案权等，扩大地方议会的权限。这些改革的成果标志着近代日本地方分权改革走向高潮。

一战后，日本失去战时景气，经济、金融危机重重。与此同时，因为人口快速增长和粮食危机，不断增加的进口成为日本的巨大压力。为了解决这些问题，日本政府叫嚣所谓的“满蒙危机”。而工人运动的崛起和佃农争议频发则成为威胁政党政治的重要社会问题。对于这些问题，无论是立宪政友会还是宪政会，都缺乏有力的对策，因政党斗争和腐败失去了民众的支持。因此，尽管“地方分权”的呼声在这一时代高涨，表现出民主的一面，但也反映出中央政府加强集权的一面。例如，郡制废止后，府县反而设置了县的派出机关，加强了对町村的直接监督。

五　准战时和战时的中央集权强化与地方分权的最终失败

1929年的世界性经济危机对日本造成沉重打击。一战后，本来就面临金融危机、经济危机的日本，到1931年经济下降到最低点。在这种背景下，民政党上台，放开黄金出口禁令，实行紧缩政策，更加剧了日本经济危机的严重程度。这种情况直到立宪政友会重新上台，高桥是清任藏相后才得以缓和。

在经济危机刺激下，军部法西斯分子开始加紧行动。1931年关东军发动九一八事变，占领日本长期以来觊觎的“满蒙”地区，解决日本的“生命线”问题。而日本国内的“五一五”事件也导致短暂的政党内阁结束，日本开始了向法西斯政权过渡的“中间内阁”时代。在“中间内阁”时代，政党的发言权明显下降，转而开始接近军部的新官僚，特别是内务省的新官僚表现出新的动向，也开始酝酿地方制度的改革。

内务省和农林省共同推进了“农山渔村经济更生运动”。仅仅从名称来看，这是一个力在复苏救济农村经济的运动，但在运动中，政府实行的相关政策对基层统治产生了很大的影响，主要表现在三个方面。其一，由于农村地主制的动摇，政府开始把自耕农、佃农上层作为“农村中坚人物”吸纳到统治体制中，把他们作为“农山渔村经济更生运动”的实际承担者，在一定程度上改变了原来只依靠地主等进行统治的体制。其二，一方面，政府通过扩大产业组合、农会和农事实行组合等，把全体农民组织化；另一方面，政府将最下层的部落会、町内会重新纳入中央集权体系，加强对基层的监督。其三，在精神层面上，宣扬所谓的“邻保共助”，试图隐匿地主和佃农的阶级对立，培养民众的“公共精神”。因此，有学者指出：“这种运动实际上带有经济更生和精神的两个侧面，把全体农村组织到法西斯体制下是这个运动的基本作用。”[①]

1937 年日本挑起七七事变，发动全面侵华战争，为了建立总动员体制，地方制度的改革特别是为战争提供粮食和兵力的农村制度的改革愈加迫切。1938 年 6 月，政府出台《农村自治制度修正要纲案》，内容包括扩大町村长对町村内各团体活动进行综合调整的权限、承认各种非公选的地方议会议员以及部落法制化等，意在强化“以内务省官僚为中心的中央集权的官僚统治”。[②] 这一文件因受到政党等多方批评，最终未获通过。若这一改革文件获得通过，“地方自治”的现代理念在这个时代应该便结束了。

不过，地方财政上的改革，主要是地方财政调整制度正在一步步推进。1936 年“二二六”事件后，冈田内阁未能通过的对农村的临时补助金计划在广田内阁时期获得通过，标志着加强中央集权的“日本最初的地方财政调整相关制度的创设”。[③] 1937 年，这一临时的补助金成为固定的财政补助金。到 1940 年，正式实行地方分与税改革，新设给予道府县的还付税和给予市町村的配赋税。地方分与税改革的本质是，国家把税收作为国税征收，然后对地方进行分配，在财政上实现了中央集权的回归，这无疑给地方财政自主性带来了挑战。

与此同时，随着日本大政翼赞会成立，日本政府开始进一步整顿部落会和町内会乃至邻组，建立起全国的基层统制体制。日本发动太平洋战争，全面建立以东条英机为中心的法西斯战时体制后，在 1943 年第 81 次议会上，

① 山中永之佑『日本近代地方自治制と国家』、弘文堂、1999、517 頁。
② 山中永之佑『日本近代地方自治制と国家』、弘文堂、1999、577 頁。
③ 山中永之佑『日本近代地方自治制と国家』、弘文堂、1999、529 頁。

决定对地方制度进行顺应战时体制的重大改革。改革以市制和町村制为中心。政府对议案进行了说明：

> 市町村乃国家百政聚结之所……特别在近时，市町村顺应时局的进展，作为执行国策的第一线行政机构，对于战时诸政策顺利、灵活、切实、彻底地实行，保障国民生活及安定能发挥重大作用，因而市町村行政顺利与否对战局的发展也有不小的影响。诸如防空、粮食增产、储蓄增加、劳务供给或者生活必需物资的配给等，无论在中央制订怎样卓越的计划，如果不在町村适当地实行，计划最终也只是画饼充饥，此点在时局下应特别重视。然市町村之现状很遗憾地不适应此时局的要求。行政大体上从中央政府到府县即止，不能充分地到达市町村。如果任其发展下去，战时行政有可能变成空话。为了国策的彻底执行和确保国民生活的安定，市町村行政的根本革新和高效乃时局下之急务，对于今后的时局，为了确保战争胜利的国内体制的整备强化，虽然不起眼，却是最紧要的问题。此际对市町村全盘断行必要的修正，使市町村顺应时局的要求，充分发挥其全部的机能。①

此次改革恢复了自 1926 年废除的市町村长选举的认可制，并把所有权力集中到市町村长，市町村议会出现了非民选的议员。经过改革，地方议会几乎起不到任何作用，政府所认可的市町村长、各个组织的负责人和校长等所谓的精英人物占据了重要地位。与此同时，部落会和町内会正式获得法律上的承认，主要发挥消除最基层阶级对立、战争时期进行民众动员的作用。自此，曾经的“自由主义、议会主义的观念”“执行机关和议决机关对立的观念”等全被抛弃②，整个国家形成了一种自上而下、深入基层的行政动员体制，曾经的地方分权与自治虽在法律上还未消失，但实际上已经形骸化了。

---

① 「市制町村制ニ関スル資料」、山中永之佑監修『近代日本地方自治立法資料集成 5　昭和戦前期編』、弘文堂、1999、857 頁。

② 都丸泰助『地方自治制度史論』、新日本出版社、1982、182 頁。

六　近代日本中央集权与地方分权变迁的特点

中央集权和地方分权或曰地方自治是一对对立的概念，但在现代国家建设，特别是迟发展国家的现代化进程中，二者又缺一不可。中央集权是现代民族国家的重要标志之一，强有力的中央集权体制是推动各种现代化改革的有力保障。与此同时，现代国家又需要自下而上、自主支持国家政策的民众。因此，现代国家无不坚持实行地方自治。无论是以托克维尔和布赖斯等为代表的“地方自治是民主的学校”的观点，还是以格奈斯特和莫塞等为代表的站在国家中心角度、保守的“分任国家事务”“培育国民参政素质”的观念，都强调以地方自治为基础的地方制度。因此，日本在经历了明治初期集权与分权的初步博弈后，在 1889 年宪法发布前后发布地方自治法、实行地方自治制度实际上正是缔造现代国民的一种必然反应。

由此，中央集权与地方分权的此消彼长和博弈构成了战前日本历史发展或曰现代化进程的重要内容之一。从日俄战后日本走向帝国主义背景下的加强中央集权，到大正民主时期走向高潮的地方分权，再至最终建立法西斯主义战时体制下的极度中央集权，可谓一起两落。但从总体说来，尽管地方分权几经改革并一度出现高潮，但在把民众视为臣民、主权在君的近代天皇制国家体制下，地方分权始终没有突破地方自治法律颁布初期的基本特质①，总体上表现出保守的特征，总结起来包括四个方面。

第一，中央集权始终居于主导地位，地方分权居于次要地位，即学界常常指出的“官治为主，自治为辅”。即便在地方分权的高潮期，也只是保守性的监督的放宽，而缺乏权力的大幅度扩大。

第二，为了保障中央集权，中央政府构建了依靠有财产的“地方名望家”进行统治的体制，在战争时期则进一步把中农阶层拉入统治队伍。

第三，在财政方面，通过垄断主要财源和实行附加税政策以及后来导入地方财政调整政策，弱化地方自治体的财政基础，这导致地方分权无法真正

① 大石嘉一郎『近代日本の地方自治』、東京大学出版会、1990、3 頁。

同中央集权抗衡。

第四，在一定程度上利用日本的传统，日俄战后对传统的中间团体进行重新组织，法西斯体制构筑和对外侵略时期则复活了日本传统的基层共同体部落会和町内会，加强对地方国民的统制。

总之，尽管战前日本开始实行地方自治，并一度露出了民主和分权的曙光，但在近代天皇制国家体制下，地方自治始终发育不良，最终夭折在法西斯体制的暗流中。这恐怕不仅是战前日本地方自治的特征，也是战前日本现代化的特征。

七　对战后日本中央与地方关系的影响

日本战败后，在美国占领军的主导下，日本开展了一系列民主化改革。在地方自治领域，1946 年发布的《日本国宪法》专门设了第八章“地方自治”一章，明确了实行民主的地方自治原则。1947 年，根据《日本国宪法》制定的《地方自治法》发布，与此同时战前的自治制度相关法律被废止，战前受官僚监督的大本营内务省也被废止。此后，《教育基本法》《警察法》《公务员法》《选举法》《地方财政法》等一系列法律的发布和实施，标志着战后日本真正走向了民主的地方分权与自治道路。

然而，不能否认的是，战前的中央集权的地方自治制度对战后日本的影响依然存在，主要表现在以下两个方面。其一，战前的机关委任事务制度在战后保留下来，府县和市町村既是地方自治体，也是国家的下级行政官厅，依然要承担中央政府委派的事务，受主管大臣的监督；其二，在地方财政方面，“财政转移支付”即一般财源地方交付税和特定财源国库补助金“规模过于庞大”①，使地方自治体在财政上仍依附于中央，因此战后日本的中央与地方关系一直被诟病为“三成自治”，这不能不说是战前日本地方自治制度的惯性使然。尽管以村松岐夫为代表的学者认为，在已经实现了主权在民的现代日本，不应该仅仅从行政方面“关注事务及权限的分配、中央政府对自

① 〔日〕西尾胜：《日本地方分权改革》，张青松、刁榴译，社会科学文献出版社，2013，第 6 页。

治体的干预及统治等”，还要从“政治性关联”方面“重视战后得到保障的自治体的政治主导性”，因而持有“战前战后断续论”观点。[①] 但不能否认的是，在战后相当长的时期内，相较于其他发达国家实行的地方自治，日本仍然是分权不足，长期以来被认为是“相对集权的体系”。[②]

到了20世纪90年代，随着国际和日本国内形势的变化，地方分权的呼声开始高涨起来。1993～2000年，日本实行了第一次地方分权改革，彻底废除了机关委任事务制度，府县和市町村自治体与中央的关系从原来的从属变为平等，实现了日本历史上史无前例的地方分权。加上财政领域实行的“三位一体”改革，以及正在推进的第二次、第三次地方分权改革，明治地方自治实行以来所具有的以中央集权为主、以地方分权为辅的特征对战后日本的影响自此彻底改变。进入21世纪，日本迎来了崭新的地方分权时代。

然而，不能否认的是，日本的地方分权改革并未因此凯歌高奏，伴随日本经济“失去的20年”，地方分权改革在未来还将面临复杂的局面。与此同时，在地方分权改革的呼声中，不乏“强调现代广域政治的必要性的新中央集权论”。[③] 从国际社会层面来看，一方面，存在强调地方分权的新治理呼声；另一方面，福利国家背景下的“分权化与集权化同时进行”，构建“中央政府和自治体相互依存关系”的见解也开始登场。[④] 在发展中国家，如何构建合理的中央集权与地方分权关系依然是需要解决的重要问题之一。

总之，重新回顾与梳理近代以来日本中央集权与地方分权变迁历史，探讨近代日本地方自治制度的特征及其对战后的影响，不仅对我们理解日本现代化的特征具有重要意义，而且对于探索和思考现实的中央与地方关系亦不乏一定的参考及借鉴意义。

---

① 〔日〕礒崎初仁、金井利之、伊藤正次：《日本地方自治》，张青松译，社会科学文献出版社，2010，第23页。

② 〔日〕西尾胜：《日本地方分权改革》，张青松、刁榴译，社会科学文献出版社，2013，第2页。

③ 杉原泰雄［ほか］編『資料現代地方自治—「充実した地方自治」を求めて—』、勁草書房、2003年、6頁。

④ 西尾勝『行政学』(新版)、有斐閣、2001、69頁。

日本海军的内部矛盾及其“华南政策”的演进（1936～1945年）*

吴佩军**

【内容提要】20世纪30年代中期开始，日本海军的舰队派和航空派围绕侵略中国华南地区的所谓“华南政策”产生了分歧。前者认为“华南政策”本质上就是日本和欧美列强对抗的问题，政策重点是夺取中国华南沿海岛屿作为“南进”基地以抗衡英美；后者则认为应该将“华南政策”限制在中日关系和“大陆政策”范围之内，避免与英、美发生冲突。舰队派在斗争中逐渐占据上风，掌握了海军战略决策权，“华南政策”最终被融入“南进战略”。日本海军“华南政策”的演进是舰队派和航空派势力斗争的结果，也体现了日本海军海洋扩张战略的转变，更与日本海军和陆军争夺国家决策话语权的需求等有关。

【关 键 词】日本海军 “华南政策” “南进战略” 舰队派 航空派

中国华南地区①包括广东、广西、福建、海南岛以及南海诸岛，该地区

* 本文是吉林省社会科学规划项目“伪满时期日本的殖民宣传研究”（编号：2020J76）、国家社会科学基金重大项目“华南抗战历史文献的整理与研究”（编号：16ZDA137）的阶段性成果之一。

** 吴佩军，历史学博士，华南师范大学外文学院副教授，华南师范大学华南抗战历史研究中心研究员，主要研究方向为日本近现代史、抗战史。

① 侵华时期，日本军方和学界从地缘政治关系角度出发，一度将中国云、贵两省以及法属印度支那纳入“华南”的地理范围之内，参见台湾总督府官房调查课编《台湾与南支南洋》，1935。

海域辽阔，海岸线漫长，岛屿众多，战略地位非常重要。同时，该地区与中南半岛陆路相连，与菲律宾、印度尼西亚、马来西亚等国隔海相望，是联系中国和东南亚各国的纽带。近代日本海军成立以后就一直觊觎中国华南地区，将其作为侵略的重点区域。1895 年甲午中日战争之后，日本海军以台湾为基地实施所谓“对岸政策”，1898 年将福建划为日本的势力范围，并不断向广东等地进行渗透。1936 年“北海事件”发生后，日本海军表现出强烈的南侵欲望。1937 年全面侵华战争爆发后，为了切断中国获取外援的通道、策应长江流域的作战，日本海军配合陆军大举侵略华南地区，占领了大片土地。此后，又以华南沿海地区为前进基地和战略支点，侵入法属印度支那，并最终发动太平洋战争。太平洋战争时期，日本更是将华南地区作为连接南洋战场和中国战场的枢纽，在广州、香港、厦门等华南沿海城市、海南岛、南海岛屿上修建军用机场、水面舰艇和潜艇基地、物资补给基地，构建了严密的纵深防御和进攻体系，进而建立了以海南岛为中心，包括华南沿海主要港口和岛屿在内，控制东海和南海以及部分太平洋海域的华南基地群。日本战败投降前，日本海军在华南的驻军达到 5.23 万余人，占整个日军中国方面舰队总人数 72929 人的 72%①，其中海南警备府所辖官兵 4.9 万人②、驻华南沿海的第二遣华舰队 3300 人，日本海军对华南的重视程度可见一斑。

长期以来，日本海军“华南政策”的研究并未得到中日两国学界的重视。中国学界虽不乏关于日本海军史③和日本侵略华南历史的研究成

① 防衛庁防衛研修所戦史室編『戦史叢書　中国方面海軍作戦 2　昭和十三年四月以降』、朝雲新聞社、1975、141 頁。

② 防衛庁防衛研修所戦史室編『戦史叢書　昭和二十年中国派遣軍』、朝雲新聞社、1972、312 頁。

③ 中国关于近代日本海军研究的代表性成果方面，宋德玲：《日本海军的近代化》，《世界历史》1993 年第 2 期；吕晓勇：《日本近代海防思想与海军近代化》，《军事历史研究》2004 年第 1 期；黄力民：《二战时期日本海军的编制结构与指挥关系述略》，《军事历史研究》2011 年第 1 期；刘景瑜：《日本海军与国防方针的修订及外交政策选择（1922—1936）》，《北华大学学报》2011 年第 5 期；陈秀武：《文明视角下幕末维新期日本列岛的空间整合与海军建设》，《安徽史学》2016 年第 4 期；冯昭奎：《战前日本海军的“大舰巨炮主义”及其终结》，《日本研究》2016 年第 4 期；孙雪梅：《海军军歌与日本的海上帝国梦想》，《东北师大学报》2017 年第 5 期；徐志民：《近代日本海军与侵华战争》，《军事历史研究》2018 年第 1 期。

果[①]，但前者多关注日本海军的整体战略和战术思想，后者则侧重于研究日本陆军和外务省的"华南政策"以及在侵略战争中的主导作用。日本学界关于日本海军侵略政策的研究成果虽然很多[②]，但大多关注日本海军对华中和华北的侵略。

可以说，目前学界的研究存在以下问题：第一，忽视了日本海军在侵略中国华南过程中发挥的主导作用；第二，未深入分析日本海军内部派系在侵略中国华南问题上的分歧；第三，对"华南政策"与"南进战略"之间的联系尚缺扩展性的考察，研究难以深入。日本帝国主义侵略华南的政策本身也是其总体侵华策略和"南进战略"的重要组成部分，因而对两者之间的关联性展开进一步的考察亦十分必要。

基于以上考虑，本文拟解决两个问题：第一，梳理日本海军"华南政策"的演进，进而重新思考中国华南在日本侵略战争布局当中战略地位的变化；第二，通过考察日本海军内部的舰队派与航空派，以及陆军与海军当局在侵略中国华南过程中展开的博弈、斗争与妥协，重新审视日军战略决策体系变化及其基本构造。

一　日本海军舰队派和航空派之间的派系斗争

20 世纪 30 年代中期，日本海军内部出现了舰队派和航空派的斗争，前

① 例如，左双文的《华南抗战史稿》（广东高等教育出版社，2004）研究了日军的侵粤行动、国民党当局的应变措施及社会各界的反应，粤北会战和桂南会战，中共领导的敌后抗日活动，日伪在华南沦陷区的殖民统治、资源掠夺，对华南抗战史做了初步梳理。黄菊艳在《抗战时期广东经济损失研究》（广东人民出版社，2005）中分析了日军的经济掠夺方式，认为其在珠三角地区主要掠夺工厂的先进设备，在海南岛以掠夺矿产资源为主。王键在《日据时期台湾总督府经济政策研究》（社会科学文献出版社，2009）中指出，"台湾总督府"是日本对华南进行经济侵略的主体。张兴吉的《论海南沦陷时期的日本占领政策》（《日本学论坛》2002 年第 2 期）则从整体上分析了日军对海南岛的军事侵略、经济掠夺与殖民统治。臧运祜的《20 世纪 30 年代前半期日本的华南政策》（《近代史研究》2003 年第 3 期）探讨了日本发动全面侵华战争前的"华南政策"。

② 日本学界有关日本海军华南政策的代表性研究有：日本国際政治学会太平洋戦争原因研究部編『太平洋戦争への道：開戦外交史 3　日中戦争　上』、朝日新聞社、1962；相泽淳『戦間期日本海軍の対外認識と戦略』、博士論文、上智大学、1999；樋口秀实『日本海軍から見た日中関係史研究』、芙蓉書房、2002；蕭明禮「日中戦争前期における日本軍の華南沿岸に対する海運封鎖—珠江デルタを中心に（1938—1941 年—）」、『華南研究』第 3 号、2017；笠原十九司『海軍の日中戦争—アジア太平洋戦争への自滅のシナリオ—』、平凡社、2015；笠原十九司『日中全面戦争と海軍—パナイ号事件の真相—』、青木書店、1997。

者大多属于舰队军官和军令部官员组成的“军令派”系统，后者则多属于由航空兵部队军官和海军省行政官员组成的“军政派”系统，双方在海战主力、海军军费分配、“南进”以及对欧美外交关系等问题上出现分歧。这种派系斗争不仅引发日本海军的内部分裂，也在一定程度上影响到日本“华南政策”的走向。

（一）日本海军舰队派的形成

日本海军高层一直信奉“舰炮决胜论”和“舰队决战”思想，主张将战列舰、巡洋舰、驱逐舰等军舰的建设置于优先位置，凭大舰巨炮与敌海军决战，控制制海权。这种战术思想的出现与马汉的“海权论”思想在日本海军内部的盛行、对马海战的影响、舰艇技术的发展以及列强的海军军备竞赛等有很大关系。

19 世纪末 20 世纪初，美国军事理论家马汉提出的“海权论”思想及一系列海战原则[①]被介绍到日本，刺激了日本海军对外侵略扩张的野心，进攻主义、炮舰火力至上主义和“舰队决战”思想被海军高层奉为经典作战原则。[②] 日本联合舰队参谋长秋山真之与海军高级参谋小笠原长生、佐藤铁太郎等都是马汉“海权论”的推崇者，特别是小笠原长生在日本海军大学担任教官时出版了《日本帝国海权史讲义》[③]，更为系统地介绍了马汉的“海权论”。

1905 年，日本海军集中优势兵力在对马海战中歼灭了沙俄第二太平洋舰队，这一战役的胜利证明了马汉“海权论”及其战略战术是正确的，也证明了战列舰在海战中无可替代的霸主地位，并深刻影响了世界海军技术的发

① 马汉在 1890～1905 年相继完成了被后人称为“马汉三部曲”的《海权对历史的影响（1660～1783 年）》、《海权对法国大革命和帝国的影响（1793～1812 年）》和《海权对 1812 年战争的关系》，提出：“海军的目的在于会战，而最终的目的则为取得制海权以控制海洋，因此舰队所需要的不是速度，而是强力的攻击火力，拥有优势的海军，才能控制海洋”，以及集中优势兵力原则、摧毁敌人交通线原则、“舰队决战”原则和中央位置原则等“战争法则”。参见〔美〕阿尔弗雷德·塞耶·马汉《海权论》，熊显华译，中国社会出版社，2019。

② 防衛庁防衛研修所戦史室編『戦史叢書　海軍軍戦備 1』、朝雲新聞社、1969、125－129 頁。

③ 小笠原長生『日本帝国海上権力史講義』、春陽堂、1904、3 頁。

展。英国于 1907 年和 1908 年率先装备了新一代的“无畏号”战列舰和战列巡洋舰，引起了世界列强的军备竞赛，将“大舰巨炮主义”推向巅峰。

日俄战争之后，日美围绕中国东北问题产生矛盾，两国海军在太平洋地区对峙，并开始海军军备竞赛。1907 年日本政府制定《日本帝国国防方针》，决定以日本陆军对俄军占据兵力优势的“北进战略”为主，以日本海军对美国海军在太平洋地区占有优势的“南进战略”为辅，甚至制定了“九段渐减邀击战术”①，同时提出“八八舰队”计划，开始大规模扩充海军军备。②

除了扩充海军军备外，日本海军当局还将马汉的主动进攻、集中兵力决战等战略战术思想写入 1910 年编纂的《海战要务令》，并在 20 世纪 30 年代将其作为海军核心战略思想。③ 海军战略专家佐藤铁太郎甚至改造了马汉的“海权论”，出版了《帝国国防史论》，提出“海主陆从”的战略思想，主张优先发展海军。④

但一战的爆发以及日美两国竞争的加剧使日本海军高层对“大舰巨炮主义”的认识产生了分歧。一战的旷日持久说明了这场战争是一场总体战，1916 年 5 月爆发的日德兰海战则表明仅凭日本主力舰的决战难以消灭对方。日美之间的军备竞赛则使日本不断加大海军预算，引发了日本严重的财政危机。海军大臣加藤友三郎，海军省要员山梨胜之进、堀悌吉、左近司政三和寺岛健等人认识到海军军备扩张的弊害，指出：“国防不再完全是军事的专利，扩充军备应优先考虑外交和财政情况，通过提高舰只的作战能力来加强海军力量。”⑤ 而以军令部长加藤宽治和高级参谋大角岑生为首的将领则没有

① 所谓“渐减”，就是逐步削弱敌人，“邀击”就是拦截的意思。日本海军决定采取后发制人的策略，即将决战时机推迟，隐藏主力，尽力以辅助兵力和其他手段消耗美国海军，待到将其消耗至日本海军所期望的程度，再伺机与其展开主力舰队决战。具体而言，日本海军先一步摧毁美国海军的亚洲分舰队，并夺取吕宋岛、关岛等地，然后在美军主力舰队向日本进发时，采取潜艇、鱼雷艇、驱逐舰、水雷、航空兵和航空母舰等多种手段予以打击，让美国海军舰队主力减少到低于日本海军或与日本海军相当的数量，然后再由日本海军主力舰队迎敌，以逸待劳，一举摧毁美国海军主力舰队。

② 「日本帝国の国防方針」、アジア歴史資料センター、文献番号：C14061024400。

③ 防衛庁防衛研修所戦史室編『戦史叢書　海軍軍戦備 1』、朝雲新聞社、1969、139 頁。

④ 佐藤鉄太郎『明治百年史叢書　帝国国防史論　上』、原書房、1979、23 頁。

⑤ 防衛庁防衛研修所戦史室編『戦史叢書　海軍軍戦備 1』、朝雲新聞社、1969、146 頁。

认识到海战中出现的革命性变化[①]，仍然坚持“大舰巨炮主义”，主张通过舰队决战一举击溃美国海军[②]。

一战期间，日本独占中国的企图威胁到美国的在华利益，导致两国关系进一步紧张。一战结束后，日本海军高层意识到凭借自己的经济实力和工业生产能力难以与美国相抗衡，遂与之妥协，停止军备竞赛，同意与其在军舰吨位上保持6∶10的比例。作为交换条件，美国则撤出驻扎在菲律宾和关岛的舰队。1922年签订的《华盛顿海军条约》和1930年签订的《伦敦海军条约》以书面形式规定，美、英、日三国军舰吨位的比例为10∶10∶6。这两个条约的签订标志着日美两国海军之间的紧张关系暂时得到缓和。

但日本海军内部对条约产生了两种截然不同的看法，以加藤友三郎为首的官员认为应该遵守条约，而以加藤宽治为首的官员则反对缔结条约，前者被称为“条约派”，后者被称为“舰队派”。两派斗争不断，势力此消彼长。但1933年末，舰队派领袖大角岑生就任斋藤实内阁海军大臣后对条约派的高级军官进行了大规模清洗，大部分条约派军官被解除军职并编入预备役。在舰队派的推动下，日本政府于1934年12月30日宣布废弃《华盛顿条约》，且于1936年1月15日主动退出第二次伦敦海军会议。1936年12月31日，《华盛顿海军条约》和《伦敦海军条约》正式失效，宣告“海军假日”时代结束，世界海军军备竞赛进入无条约时代。

（二）日本海军航空派的出现

一战中，飞机初露锋芒，成为重要的攻击武器，铺设飞行甲板的航空母

① 1916年5月爆发的日德兰海战是战列舰时代规模最大也是最后一次舰队决战。在这次海战中，“大舰巨炮主义”遭到失败。此后，德国和其他海上强国开始研发争夺制海权的新型力量和探索新的战法。二战中出现的潜艇破袭战和航母海空决战正是这一探索的产物。从这个意义上说，日德兰海战送走了人类海战史上一个旧的时代，同时翻开了人类海战史上的新篇章。现代军事技术的发展使作战力量结构日趋复杂，单凭一两件新式兵器并不能决定作战力量的优势，而需要各种参战力量紧密协调配合，形成整体作战能力，才能最大限度地发挥主战兵器的作战效能。这场海战充分说明，若没有其他作战力量的密切配合，装备先进的战列舰就成了浮在海上的巨大靶子。

② 加藤寛治大将伝記編纂会『加藤寛治大将伝』、1941、233頁。

舰也开始出现。1924年，美国著名的空军理论家威廉·米切尔出版《空中国防论》一书，提出以飞机攻击战舰的新型战术和争夺制空权的战略思想。[①]受这一思想影响，日本海军航空部队的将领和一些海军省官员开始强调海军航空力量的重要性，代表人物有山本五十六、井上成美、大西泷治郎和源田实等，这些军官在1933年之后形成了航空派，逐渐填补了大角岑生清洗条约派成员之后出现的权力真空。

山本五十六最早提出“航空主力论”，认为在“大舰巨炮主义”的指导思想之下，花费巨额财力建造和维持的战列舰对战局几乎没有实质贡献，将这些经费用于建设航空战力，更有利于增强总体战力。[②]井上成美则提出了“制空权就是制海权”的口号，主张以舰载机攻击敌方舰艇和海军基地。源田实则主张“决战的主要力量应是航空兵，战列舰应被束之高阁”。[③]

除了“航空主力论”外，“战略轰炸”思想[④]也被提出来。山本五十六第一心腹大西泷治郎认为战争的胜负取决于军事生产力、经济实力、军队实力、国民战斗意愿等综合国力，战争一旦爆发就会演变成一场总体战。在这样的战争形态之下，航空兵力对敌国城市、产业、铁路、车站、港口、桥梁进行轰炸、破坏的战略轰炸将成为行之有效的作战手段。[⑤]

概而言之，航空派主张在军备计划中优先考虑增加航空战的主力兵器轰炸机、战斗机、航空母舰的数量，在实战中依靠航母和航空兵争夺制空权，进而获取战场主导权。

1936年，日本海军退出裁军条约后重启造舰计划，开始建造“大和级”战舰，1938年开始建造“大和级”战舰的二号舰“武藏号”，并计划建造比“大和级”战舰更大的“超大和级”战舰（这项计划在二战期间被迫中止）。

① 〔美〕米切尔：《空中国防论》，华人杰译，解放军出版社，2005，第5页。

② 防衛庁防衛研修所戦史室編『戦史叢書　ハワイ作戦』、朝雲新聞社、1967、73－74頁。

③ 『源田実語録』、善本社、1973、31頁。

④ 轰炸分为战术轰炸和战略轰炸两种，前者指以轰炸机对敌方军队、军事基地、军事设施等军事目标的轰炸；后者则指对敌方军事目标、生产设施、交通部门、政府机关、居民区、文教单位等进行无差别轰炸，其目的是摧毁国家发动与持续进行战争的各种能力。

⑤ 故大西滝治郎海軍中将伝刊行会『大西滝治郎』、1957、56頁。

而航空派的海军高官则批判这种造舰计划落后于时代，大西泷治郎也表示了抗议，认为“‘大和级’战舰的成本可以建造一千架一流飞机和数艘航母”[①]，主张将海军有限的军费用于制造飞机和航母。

在航空派军官的推动下，日本也开始出现制造航母和研制新型飞机的热潮。1936年，日本海军拥有4艘航母，至1941年太平洋战争爆发前夕增加到8艘。虽然从航母拥有总量上看，日本海军逊于英、美海军，但在太平洋地区占据绝对优势，美国在此地区只有3艘航母，英国则没有航母。[②] 与此同时，根据山本五十六在担任海军航空技术部长期间制定的陆基远程攻击机开发战略，三菱重工加紧了研制新型飞机的工作，1936年研制出世界级水准的单座战斗机九六式舰载战斗机。太平洋战争期间，日本海军一共生产了32377架飞机，损耗了26285架飞机。[③] 除了新装备的开发，日本海军还非常重视飞行员的训练，截至1941年12月，日本飞行员的平均飞行时间高达700小时，而美国飞行员只有305个小时。[④] 可以说，日本通过航母和海军航空兵部队的建设跻身世界海军强国行列，在与美军围绕太平洋地区的争霸中占有巨大优势。

（三）舰队派与航空派在“南进”问题上的分歧

随着“华盛顿－伦敦海军裁军体系”解体，日本和欧美列强的矛盾升级，通过获取南洋丰富的资源以壮大日本实力的“南进战略”受到重视，中国华南地区的重要性也被重新认识。但舰队派和航空派在“南进”问题上产生了分歧。

首先，舰队派和航空派在“南进”方式上产生了分歧。

1935年7月，日本海军方面成立了以军令部次长岛田繁太郎为首的对南洋方策研究委员会，第一次系统地研究南洋等地区石油资源问题和应对日美冲突的方法。该委员会的设立标志着海军新的“南进”政策即对南洋

① 麻田貞雄『両大戦間の日米関係：海軍と政策決定過程』、東京大学出版会、1993、76頁。

② 松村劭『新・戦争学』、文芸春秋、2000、49頁。

③ 防衛庁防衛研修所戦史室編『戦史叢書　海軍航空概史』、朝雲新聞社、1976、付表第四（戦時中の海軍機概況）。

④ 麻田貞雄『両大戦間の日米関係：海軍と政策決定過程』、東京大学出版会、1993、58頁。

政策的确立。翌年 3 月，日本海军又增设 3 个委员会以“制定一项具体而有力的南进方针”①。其中第一委员会由号称“南洋之王”的舰队派少壮军官、军令部第一部直属部员中原义正大佐领导，该委员会制定了具体的“南进”方针，即以武力清除美国、英国、荷兰的阻碍，积极向南洋扩张。②

航空派和海军省官员则主张在承认欧美主导的南洋殖民体系的前提下，使用经济手段“南进”。1936 年 4 月，海军省制定了《国策要纲》，强调：“从殖民、经济等两方面向南洋渐进渗透……面对必然而至的英、美、荷等国的压迫阻碍，需时常慎重对待，并且加强实力以应对万一”，“谋求向南方海洋方面发展我民族之经济，努力避免刺激他国，同时采用渐进的和平手段谋求我势力的进入。”③

同年 4 月，日本“五相会议”确立了《国策基准》，明确了在东亚大陆“维持”现状的同时向南洋发展的“北守南进”方针，但回避了“南进”的方式和具体计划等问题。④ 可以说，这一模糊方针的确立表明日本海军舰队派和航空派的分歧并没有解决，也表明掌握“大陆政策”主导权的陆军不希望日本将过多的力量投入“南进战略”。

其次，双方在如何处理“南进”导致的日英矛盾升级等问题上也有分歧。

舰队派认为日本“南进”必将威胁英国在南洋的利益，引发与英国的冲突，所以必须将英国作为假想敌，制订相关作战计划。例如，海军元帅军令部总长伏见宫博恭王认为，“随着帝国在南方的发展，和英国的利害冲突将很难避免”。⑤ 军令部的高级军官也认为：“日本采取南进政策进入荷兰殖民地时，荷兰必将依靠英国，其对日态度转向强硬在预想之中”，“在一直以来

---

① 防衛庁防衛研修所戦史室編『戦史叢書　大本営陸軍部第 1　昭和十五年五月まで』、朝雲新聞社、1967、381 頁。

② 日本国際政治学会太平洋戦争原因研究部編『太平洋戦争への道：開戦外交史 3　日中戦争上』、朝日新聞社、1962、354 頁。

③ 島田俊彦・稲葉正夫編『現代史資料 8　日中戦争 1』、みすず書房、2004、354 – 355 頁。

④ 「国策ノ基準」、アジア歴史資料センター、文献番号：B02030157900。

⑤ 嶋田繁太郎『海軍大将嶋田繁太郎備忘録　日記　四』、錦正社、2017、310 頁。

的美、苏、中三个假想敌的基础上，必须开始考虑同在东亚有复杂利害关系的英、荷两国的敌对。”① 1936年2月13日，海军军令部与陆军参谋本部围绕“南进战略”问题进行了第一次秘密会谈，双方达成共识：“最为妨碍帝国在东亚之经略的即为英国”，“英国必将采取狡猾多变的政策，利用帝国与他国的争端以及日美相争之机，扩充其在东亚的现有势力。”② 同年5月1日，军令部又与参谋本部达成内部协定，将英国作为假想敌。此后，军令部又提出了对英作战要领，规定与英国开战时“迅速将敌之东洋舰队消灭”，“占领英属马来、英属婆罗洲岛的要地，进攻香港与新加坡的敌之海军基地，捕捉战机消灭敌之前来支援东洋的舰队”。③

针对舰队派将英国作为假想敌的战略转变，以山本五十六为首的航空派和海军省高层提出了异议。山本五十六认为，虽然老牌殖民帝国英国与新兴的美国之间在军事战略、政治利益等方面存在分歧和矛盾，但两国在对抗日本的战略上存在一致性，如果英美两国在日本“南进”的压力下开展军事合作，那么日本的对手将不再是英国，而是美国，远东国际关系中的对抗主体亦将由英日变为美日，而鉴于海军军备目前的状态，特别是海军航空兵的状态，日本在今后一段时间内不可能赢得对美国的战争。④

但山本五十六等人的意见并未被日本最高决策层采纳。1936年6月3日天皇批准的《帝国军队用兵纲领》将英国正式列为日本海军的假想敌。⑤ 同年9月3日，海军军令部制定《昭和12年度帝国海军作战计划》，再一次以文件形式明确将英国列为假想敌。⑥

综上所述，日本海军内部关于“南进”和对欧美外交政策出现了分歧，这使日本的“南进”政策并不明朗。舰队派坚持“炮舰决胜论”，主张与英国海军决战，宣扬武力“南进”；航空派则认识到英美将联手对抗日本，所

① 福留繁「反古に帰した『帝国国防方針』」、『別冊　知性』1956年12月号、176頁；中澤佑刊行会編『海軍中将中澤佑—作戦部長・人事局長の回想—』、原書房、1979、14頁。
② 「昭和11年2月13日第1次会合（2）」、アジア歴史資料センター、文献番号：C14121168200。
③ 「帝国軍ノ用兵綱領改訂案」、アジア歴史資料センター、文献番号：C14121166700。
④ 半藤一利『山本五十六：聯合艦隊司令長官』、文藝春秋、2014、51頁。
⑤ 「帝国軍ノ用兵綱領御親裁」、アジア歴史資料センター、文献番号：C14121166700。
⑥ 「英国に対する作戦」、アジア歴史資料センター、文献番号：C14121175600。

以在一定程度上继承了加藤友三郎的温和路线，主张避免与英美之间的战争，以和平方式实施经济层面的“南进”。

但也有很多决定性因素推动着“南进战略”不断发展演变。例如，日本的海洋扩张战略、海军获取石油等国防资源的需求以及海军与坚持“北进”的陆军争锋的企图。

二　日本海军“华南政策”的演变

日本海军舰队派和航空派之间的博弈影响到日本“华南政策”演进的方向，也使“华南政策”在全面侵华战争和太平洋战争爆发前后表现出不同的特点。两派的博弈背后实际上又是两种逻辑的交锋，即“华南政策”属于日英关系范畴还是中日关系范畴，是“南进”政策的组成部分还是“大陆政策”的一部分；其重点是夺取中国华南沿海岛屿作为前进基地以对抗英美，还是压制和侵略中国。

（一）“北海事件”与日本海军占领海南岛的企图

因为中国华南大部分地区特别是两广地区属于欧美势力范围，所以日本海军在侵略华南的问题上长期保持克制[①]。但1936年9月3日发生的“北海事件”[②]加快了日本海军侵略华南的步伐，该事件也成为日本海军“华南政策”融入“南进战略”的起点，同时也使舰队派与航空派在“华南政策”上的矛盾公开化。

“北海事件”发生后，以中原义正为代表的舰队派军官认识到可以借此事件攫取中国的岛屿作为“南进基地”来对抗英国。海南岛扼守南海门户，

---

① 1933年9月25日，日本海军省曾制定“海军对支时局处理方针”，“鉴于西南方面的反蒋运动将会起到缓解国民政府排日政策的效果，除了有抗日倾向的部分外，应该采取放任态度，并对其加以利用，同时要积极应对列强向华南的军事渗透”。这份文件显示了日本海军“华南政策”的两个方面：一方面，暗中支持中国西南地区的反蒋势力，培植所谓“亲日”势力；另一方面，阻止其他列强对华南的军事“渗透”。但这一政策仅是一种外交原则，并没有具体实施方案。参见島田俊彦・稲葉正夫編『現代史資料8　日中戦争1』、みすず書房、2004、9-10頁。

② 1936年9月3日下午，有间谍嫌疑的北海“丸一药行”老板、日本人中野顺三在其药店内被愤怒的北海军民杀死，引发了轰动一时的“北海事件”。

既是国际海上交通线的重要节点，也是连接东亚大陆和南洋群岛的战略枢纽，地理位置极其重要，因此认为它是“南进基地”的最佳选项。1936年9月14日，中原义正起草了“北海事件处理方针”，主张借“北海事件”控制海南岛，“在海南岛扶植帝国势力”，并提出“确立事实上的驻兵权”“扩大领事警察权”等12项具体措施。① 军令部第一部长近藤信竹批准了这一计划，制定了《军令部北海事件处理方针策定》（1936年9月15日），准备“对海南岛或青岛实施保障性占领”。② 此后，海军军令部向第三舰队发出《官房机密第597号电》，要求该舰队“从警备以及对中交涉有利的角度出发，在海口方面（海南岛）部署足够的兵力”。③ 根据这一命令，第三舰队司令官及川古志郎从广东派遣“嵯峨号”炮舰前往海南岛北部的海口待命，同时将在东海海域活动的“夕张号”、“球磨号”巡洋舰及5艘驱逐舰派往海口，准备实施大规模的军事行动。这一系列行动显示舰队派试图将“北海事件”与对英作战联系在一起，从日英对抗的角度审视中日关系问题。

但航空派和海军省高层对军令部的方案提出异议，主张将“北海事件”放在中日关系范畴，避免刺激英、美、法。首先，航空派的领导人主张派遣航空兵对南京、重庆、成都、广州等中国华中、华南地区主要城市实施战略轰炸，让中国政府屈服。海军省高层也提出：“对中警备的重点应为航空兵，要有对主要城市进行空袭的能力”，“舰队任务是防患未然”。④ 1936年9月22日，日本海军航空本部派遣航空兵部队（第一航空战队、第八战队，中型攻击机6架、大型攻击机4架）前往台湾屏东机场，准备对中国大陆进行越洋轰炸。其次，航空派高层坚决反对占领海南岛的计划，担心此举会“刺激英、美、法等国”，“使英、美、法等国携起手来压迫我国”。⑤ 1936年9

① 島田俊彦「川越張群会談の舞台裏（一）」、『アジア研究』第10巻1号、1963、60－61頁。

② 防衛庁防衛研修所戦史室編『戦史叢書　中国方面海軍作戦1』、朝雲新聞社、1974、199頁。

③ 島田俊彦・稲葉正夫編『現代史資料8　日中戦争1』、みすず書房、2004、218頁。

④ 土井章監修『昭和社会経済史料集成　海軍省資料　第二巻』、大東文化大学東洋研究所、1980、418－421頁。

⑤ 土井章監修『昭和社会経済史料集成　海軍省資料　第二巻』、大東文化大学東洋研究所、1980、466頁。

月 26 日，海军省发布《海军中央对华时局处理方针策定》，要求停止实施侵略海南岛的计划。① 10 月 1 日，海军省军务局在《对中实力行使及其国际关系影响的考察》中再次明确表示："如果占领海南岛将会大大地刺激英、美、法，其必将联合向我方施压，我国的国际关系将面临极大困难。"②

与此同时，蒋介石以防止引发重大国际纷争为由，向桂系首领李宗仁、白崇禧频繁施压，驻守北海的十九路军六十一师被迫撤离。1936 年 9 月下旬，外交部驻两广特派员公署又派员会同日方代表到北海进行调查。12 月 30 日，中日双方达成协议，以中方给付中野遗属抚恤费 3 万元了事。③ 在这种背景下，舰队派失去了出兵海南岛的借口，日本陆军对出兵海南岛也表示反对④。此后，舰队派和航空派经过磋商，在侵华问题上逐渐达成一致，停止对海南岛的侵略。但军令部第一课长福留繁仍宣称："眼下虽没有占领海南岛的企图，但为了扶植我方势力，应以此次事件为契机，尽可能地向该方面部署兵力，以促进我方势力的进入。"⑤ 可以说，"北海事件"的发生使海南岛问题正式进入日本海军的战略构图。同年 12 月，日本海军借口镇压日本纱厂罢工出兵青岛，海军省和军令部联合提出《对华时局处理方针备忘录》，要求日本陆军和海军趁机共同占领上海、青岛，封锁华中、华南沿海港口，顺势发动全面侵华战争。⑥ 虽然此后日本海军撤出青岛，但增强了第三舰队的战力，加强了对中国华中、华南沿海的监控。⑦

可以说，20 世纪 30 年代后期日本海军急欲南侵的主要原因，既有海军提高在决策集团发言权的国内政争背景，也是在海军裁军情况下调整太平洋

① 防衛庁防衛研修所戦史室編『戦史叢書　中国方面海軍作戦 1』、朝雲新聞社、1974、205－206 頁。

② 土井章監修『昭和社会経済史料集成　海軍省資料　第二巻』、大東文化大学東洋研究所、1980、466－467 頁。

③ 张宪文主编《中国抗日战争史》，南京大学出版社，2001，第 91 页。

④ 陆军参谋本部发布《对支时局对策》，明确表示陆军在华南地区不打算动武，注意力应集中于华北地区。参谋本部第一课长石原莞尔也亲自向军令部第一课长表示，陆军没有在中国全土进行作战的意向。陆军关注的重点在于北方的苏联，因此希望战略上避免南北两面同时发生冲突。

⑤ 島田俊彦・稲葉正夫編『現代史資料 8　日中戦争 1』、みすず書房、2004、219 頁。

⑥ 秦郁彦『日中戦争史』、河出書房新社、2011、98－99 頁。

⑦ 防衛庁防衛研修所戦史室編『戦史叢書　中国方面海軍作戦 1』、朝雲新聞社、1974、213 頁。

军事战略的需要，以及贯彻海军既定的侵华战略。

(二)封锁和占领华南沿海城市与切断中国国际交通线的企图

日本发动全面侵华战争之后，中日双方在长江中下游地区的主战场投入大量兵力，战争陷入胶着状态。为了切断中国的抗战物资补给线，同时策应主战场的作战，日本海军对华南地区实施战略轰炸和沿海封锁，并配合日本陆军实施登陆作战。海军内部的舰队派和航空派都将侵华战场作为检验战略战术和实战能力的“试验场”，积极参与侵略华南的作战，但舰队派认为侵华战争必然导致日本与英、美的冲突升级，主张做好对英、美作战的准备，而航空派则主张避免与英、美发生冲突，将战争限定在中日之间。

舰队派和航空派都把华南地区作为重要战场，投入大量海空力量。1937年7月，驻上海的日本海军第三舰队制定了《第三舰队作战计划》，强调：“在战事扩大到中国全境的情况下，以全部航空兵力消灭敌方空军。”此后，第三舰队又向军令部发出电报，强调：“空袭第一击为趁敌人不意之机而行果敢行动，需要航空部队采取机敏的行动。”[①] 这份电报宣告第三舰队所属航空兵将对中国实施大规模空袭。在华南地区，日本海军航空兵轰炸的重点地区是机场等军事设施、军政机关、工业设施、交通设施和民用设施以及平民区。日本海军实施战略轰炸的主要目的有三个：第一，摧毁华南地区的飞机场、军事基地和工业设施；第二，封锁战略物资从港澳地区输入中国内地的通道；第三，摧毁华南民众的抗战意志。日本海军航空队向华南战场投入了大量兵力，其中包括第一航空战队（“龙骧号”“凤翔号”航空母舰上的42架舰载机）、第二航空战队（“加贺号”航空母舰上的42架舰载机）、第一联合航空队（辖鹿屋、木更津航空队，50架飞机）以及其他航空兵部队，共150余架飞机。[②] 日本飞机轰炸广州前后14个月，轰炸汕头前后22个月，轰炸韶关前后长达6年之久。从1937年7月至1938年6月，日机袭粤逾

① 防衛庁防衛研修所戦史室編『戦史叢書　中国方面海軍作戦2　昭和十三年四月以降』、朝雲新聞社、1975、43頁。

② 防衛庁防衛研修所戦史室編『戦史叢書　中国方面海軍作戦2　昭和十三年四月以降』、朝雲新聞社、1975、78頁。

2000 次，死亡人数 1703 人，受伤人数 3116 人；从 1937 年 8 月 31 日至 1938 年 8 月 9 日，广州市区被炸地点共 300 多个。[①] 各地的大中小学校、图书馆等文化设施、居民区和商业区，粤汉、广九、广三铁路，广州西村工业区的工厂设施等在空袭中都受到了不同程度的破坏。

在实施战略轰炸和空中封锁的同时，日军水面舰艇部队也实施了海上封锁作战。1937 年 8 月 24 日，为了切断抗战物资输入中国的通道，日本海军发动了"第一次交通切断作战"，开始封锁中国东部和东南沿海。[②] 至 1937 年末，日本海军共实施了 4 次封锁，除香港、澳门和广州湾外，中国 5300 公里的沿海地区皆被封锁。此后，日本海军还出动海军陆战队相继占领东沙群岛、珠海的三灶岛、北部湾的涠洲岛、汕头的南澳岛、东沙群岛、万山群岛等岛屿，将这些岛屿作为进攻大陆的基地。

舰队派和航空派虽然在侵华大方向上是一致的，但在是否侵占广东沿海城市等问题上存在分歧。

虽然日军的中国沿海"交通切断作战"封锁了华中、华南地区的众多港口，但香港至广东的物资输入通道依然通畅，并跃升为中国获取境外战略物资最主要的通道，通过这一路线输入的物资量达到总量的八成。此外，法属印度支那至广西南宁的物资运输线也发挥着重要作用。[③] 因此，为了彻底切断抗战物资进入中国的海上和陆上补给线，同时占领华南大、中城市，将其作为策应华中和中南战场的战略支点，日本海军与陆军相互配合，准备实施登陆作战。

华南地区一直以来是欧美列强的势力范围，且毗邻列强在中南半岛和南洋的殖民地，对日本海军而言，处理与欧美列强的关系尤为重要。全面侵华战争爆发之初的 1937 年，日本海军军令部采取了谨慎态度，作战形式以战略轰炸为主，将登陆作战限定在夺取惠州稔平半岛的"平海作战"等小规模

① 曾庆榴、官丽珍：《侵华战争时期日军轰炸广东罪行述略》，《抗日战争研究》1998 年第 1 期，第 110 页。

② 防衛庁防衛研修所戦史室編『戦史叢書　中国事変陸軍作戦 2』、朝雲新聞社、1975、482 頁。

③ 防衛庁防衛研修所戦史室編『戦史叢書　中国方面海軍作戦 2　昭和十三年四月以降』、朝雲新聞社、1975、54 頁。

战役层面。[①] 航空派和海军省高层则反对侵占广东沿海城市，认为可能会刺激在华南地区拥有巨大权益的英国，并导致其与美国联合压迫日本[②]。此后，经参谋本部反复游说，海军省才勉强同意。但此后情况突变，1937年12月12日，日本海军航空部队轰炸了停泊在长江上的英、美炮舰，引发了严重外交事件，即“巴纳号事件”[③]。为了平息此事，日本全盘接受美国善后条件，并处罚了海军航空部队的相关责任人，“平海作战”计划亦被取消。1938年2月28日，日本外务省、陆军省、海军省三机关的次长召开会议讨论调整日英关系。海军次长山本五十六呼吁改善日英关系，“避免发生纠纷事件”，“公正解决英国关心的重大问题”[④]，外务次长堀内和陆军次长梅津美次郎表示同意。

1938年6月武汉战役爆发后，日本陆军受到中国军队的猛烈反击，损失惨重，中日双方在战场上陷入胶着状态。日本陆军意识到打开局面的唯一方法是切断中国最主要的物资补给线，即从香港经由广州进入内地的路线。于是，“广东作战”重新回到日军的日程表上，而且1938年参谋本部制定的《以秋季作战为中心的战争指导要领》又为日军“广东作战”增添了新的战略意图，即“挫败第三国尤其是英国的援蒋意志”。[⑤] 在这种背景下，主张对英强硬的日本海军舰队派和军令部积极附和发起“广东作战”，并获得天皇和内阁的支持，主张缓和日英紧张关系的航空派也被迫表态支持发动“广东作战”。[⑥] 同年9月19日，军令部下达了有关“广东作战”的“大海令”，下令第5舰队参战，第21军司令官与第5舰队司令官签署了《广东作战陆

---

① 「昭和12年11月・大本営会議及大本営参謀会議の構成に関する件」、アジア歴史資料センター、文献番号：C12120349400。

② 防衛庁防衛研修所戦史室編『戦史叢書　中国方面海軍作戦2　昭和十三年四月以降』、朝雲新聞社、1975、61頁。

③ 1937年12月12日，侵华日军攻陷南京前夕，日军飞机在安徽和县的长江江面上炸沉了美国“巴纳号”炮艇，引发外交纠纷，参见笠原十九司『日中全面戦争と海軍—パナイ号事件の真相—』、青木書店、1997。

④ 『支那事変関係一件　各国ノ態度』、アジア歴史資料センター、文献番号：B02030596900。

⑤ 「秋季作戦ヲ中心トスル戦争指導要領」、アジア歴史資料センター、文献番号：C12120056400。

⑥ 「橋本群中将回想応答録」、臼井勝美・稲葉正夫編『現代史資料9　日中戦争2』、みすず書房、2004、356頁。

海军中央协定》[①]，保障“广东作战”的实施。10月19日登陆大亚湾的作战和虎门作战中，日本海军第5舰队出动200余艘作战舰艇和运输船、1200架次飞机、8000名海军陆战队员参战，担负海上护卫、支援登陆作战和地面作战，阻止中国军队集中兵力，破坏军事设施和交通线，轰炸中国军队后方战略要点的任务。[②]

可以说，占领广东沿海的作战在某种意义上也可以视作日军对英国远东政策的试探。此后，日本海军开始有恃无恐，将侵华战争与“南进战略”结合在一起，其战略目标发生了微妙的变化。

（三）侵占海南岛与日本海军“华南政策”的转向

在谋划“广东作战”的同时，日本海军舰队派和军令部也在积极策动侵占海南岛；而航空派虽然仍主张避免与英国的矛盾升级，但其影响力变得日渐微弱，海军的“华南政策”主导权亦被舰队派所掌握。

日本海军舰队派和军令部为侵略海南岛做了充足的准备。首先，试探了英、美、法干涉日军军事行动的可能性。1937年9月3日，日本海军占领东沙群岛。英、美、法均认为日本有以东沙群岛为基地，占领海南岛、西沙群岛，威胁英、美在南洋的殖民地的企图，但三国均没有针对此事提出外交抗议。[③] 同年9月11日，日本海军舰队集结于广州湾及海南岛附近海域，9月17日对海南岛首府海口进行炮击。[④] 第二天，英、法两国向日本提出抗议，但没有采取任何制裁性行为。[⑤] 此后，英国认识到凭借自己在远东地区的军事实力无法与日本抗衡，遂开始寻求对日妥协。[⑥] 通过一系列试探性行为，海军舰队

① 日本海军在此战中的任务是对第21军进行海上护卫，并支援其完成登陆及攻占广州的军事行动，参见防衛庁防衛研修所戦史室編『戦史叢書　中国方面海軍作戦2　昭和十三年四月以降』、朝雲新聞社、1975、59頁。

② 防衛庁防衛研修所戦史室編『戦史叢書　中国方面海軍作戦2　昭和十三年四月以降』、朝雲新聞社、1975、103頁。

③ 日本国際政治学会編『太平洋戦争への道6　南方進出』、朝日新聞社、1963、3頁。

④ 土井章監修『昭和社会経済史料集成　海軍省資料　第四巻』、大東文化大学東洋研究所、1982、145頁。

⑤ 日本国際政治学会太平洋戦争原因研究部編『太平洋戦争への道：開戦外交史6　南方進出』、朝日新聞社、1963、5－6頁。

⑥ 步平、北冈伸一主编《中日共同历史研究报告》，社会科学文献出版社，2014，第129页。

派和军令部高层认识到英、法、美对远东问题采取绥靖政策，其侵略野心也日益膨胀，航空派避免与欧洲列强发生冲突的主张则变得越来越苍白无力。

其次，日本海军为进攻海南岛做了充分的舆论准备。一方面，海军军令部对内、对外宣称在海南岛修建航空和舰艇基地可以扩大作战半径，进而从海上和空中彻底封锁滇越铁路、桂越公路、广州湾国际通道等援华物资交通线[①]，也就是将占领海南岛与切断中国国际交通线联系起来，掩盖真实的作战意图。另一方面，日本海军又通过否定有关海南岛的国际条约，为侵占海南岛的行动铺平道路。1938年9月，在军令部的策动和支持下，海军省调查课提交报告《占据海南岛和与法国相关的法律问题》，彻底否认了中法《海南岛不割让照会》、《日法协约》、《九国公约》等涉及海南岛的国际协定，并声称“日本帝国对海南岛实施的自卫行动，在条约及国际法上没有任何障碍”。[②] 很明显，日本海军全面否定有关海南岛的国际条约意在否定欧洲列强在海南岛的“特殊利益”，也显示出日本海军在侵占海南岛问题上的态度愈加强硬，已经开始和欧洲列强公开对抗。

为了让海南岛作战计划顺利通过审议，日本海军舰队派和军令部也进行了积极运作。1938年初，军令部第一部长草鹿龙之介制订了海南岛作战计划，并积极向军令部和海军省高层、陆军甚至天皇进行游说，获得了一定支持。同年11月12日，海军省和军令部就海南岛作战问题召开磋商会议，草鹿龙之介的作战计划获得了海军大臣米内光政等人的认可。在11月25日召开的五相会议上，米内光政提出“在必要的情况下攻占海南岛”，并最终促使海南岛作战提案成为会议备案。在海军高层的推动下，11月30日召开的御前会议通过《日中新关系调整方针》，该方针强调日本“在华南沿岸的特定岛屿设立特殊地位”，“在华南沿岸特定岛屿及相关地点驻屯若干舰艇部队”[③]，“华南沿岸的特定岛屿”即海南岛。在翌年1月13日的御前作战会

① 滇越铁路、桂越公路在1940年8月日军侵入法属印度支那北部之后被切断，广州湾国际通道则是在1942年日军侵入广州湾之后失去作用。

② 土井章監修『昭和社会経済史料集成　海軍省資料　第六巻』、大東文化大学東洋研究所、1983、196－198頁。

③ 「日支新関係調整方針ニ付御前会議ニ関スル件」、アジア歴史資料センター、文献番号：B02030543200。

议上，经过军令部总长的游说，海南岛作战计划获得通过。同年 1 月 17 日，陆海军部大本营发布“大陆指第 372 号”和《北部海南岛作战陆海军中央协定》，规定陆军、海军在海口方面的攻击作战称为“甲作战”，海军单独对三亚和榆林的进攻称为“乙作战”，前者由海军第 5 舰队和第 21 军饭田支队共同实施，后者由第 5 舰队所属特别陆战队（横四特、吴六特、佐八特）实施。① 1 月 19 日，参谋总长闲院宫载仁亲王、军令部总长伏见宫博恭王向陆军和海军发出联合指示，“为设立飞行基地，对华南进行空中作战及封锁作战，大本营决定进攻海南岛的重要区域”，明确作战目的是“在海南岛北部修建飞行基地进行空中作战以及封锁作战，同时占领海口附近的重要地区”。②

为了应对有可能出现的英国干涉，军令部也进行了积极准备。1938 年 12 月，军令部内部首次进行了对英作战的军棋推演，推演在南海海域与英国进行舰队决战的过程。该月，军令部又发布了《英国远东预想兵力》报告，详细推算了英日发生冲突时英国可能在远东地区投放的海军、航空兵、陆军的兵力，细致分析了英国海军各类舰船的技术参数，包括正在制造的战舰数据，还计算了英日双方盟友的海军战斗力，预估了“英法对德意”“英法苏对德意”两种战斗态势下各国在远东战场上可能投入的海上兵力情况。③

在 1939 年 2 月 10 日至 24 日的“甲作战”中，日本海军军令部做好了与英国远东舰队开战的准备。开战前，日本海军获知海南岛中国守军人数仅为 4900 余人④，而且武器装备落后，但日军投入了数量庞大的舰队与海军航空兵部队（战舰 30 艘以上，航空队 5 队，飞艇队 1 队），甚至还出动了“赤城号”航空母舰，第一运输梯队运载的陆军兵力也达 1.2 万余人⑤。

---

① 防衛庁防衛研修所戦史室編『戦史叢書　中国方面海軍作戦 2　昭和十三年四月以降』、朝雲新聞社、1975 年、第 92 頁。

② 「大陸指第三百七十二号」、アジア歴史資料センター、文献番号：C14060926900。

③ 「英国極東作戦予想兵力」、アジア歴史資料センター、文献番号：C14121185500。

④ 保安第 5 旅第 1 团 900 人、第 2 团 700 人，新编守备军 1750 人，共产党的独立大队 300 人，秀英炮台部队 250 人，共 3900 人；装备步枪 1800 支、轻机枪 110 支，在重要港湾铺设了水雷。

⑤ 越智春海『華南戦記』、図書出版社、1988、100－101 頁；井本熊男『作戦日誌で綴る支那事変』、芙蓉書房、1978、332 頁。

侵占海南岛的作战结束后，海军军令部发布了《昭和 14 年度帝国海军作战计划》，明确了“对英作战要领和相关策略”，对日本陆军和海军出动的部队番号、战时海军编制、各舰队的作战任务以及攻击和设伏地点（新加坡、婆罗洲、马来西亚、澳大利亚、印度洋等）都一一做了规定。[①] 可见，日本海军占领海南岛之后，进一步加强了对英开战的准备。

可以说，在舰队派和军令部的策动下，日本海军最终实现了攻占海南岛的目标，此后日本海军以海南岛为基地开始威胁英、美、法在中南半岛、马来半岛、菲律宾的殖民地，实施其武力“南进”计划。

（四）日本海军对华南的基地化改造

侵占海南岛之后，日本海军根据华南地区独特的地理条件，将华南沿海港口、岛屿改造为“南进”东南亚的“前哨基地”。第二次世界大战爆发后，特别是 1940 年法国和荷兰被德国征服后，日本海军将中国华南地区作为“南进”基地，先后侵入法属印度支那北部和南部，并最终突袭中国香港、马来半岛和荷属东印度群岛，挑起了太平洋战争。

日本海军对中国华南沿海进行基地化改造的第一步是完善在该地区的军事占领体系。早在 1938 年 2 月 1 日，日本海军就组建了负责控制华南沿海和南海海域的第 5 舰队，翌年 11 月 15 日将该舰队改称“第二遣华舰队”，增设了第十五战队和 1 个水雷战队、3 个陆上特别根据地队（海南岛根据地队、广东方面特别根据地队、厦门方面特别根据地队）。[②] 其中，海南岛根据地队于 1941 年 4 月 10 日升级为“海南岛警备府”。

日本海军实施基地化改造的第二步是在华南沿海港口和岛屿建设了大量的水面舰艇和潜艇基地以及航空基地、兵站、物资补给基地，形成了陆上和海上两条岛链。陆上岛链由厦门、汕头、广州、虎门等港口构成，广州处于中心地位；海上岛链东起台湾，西至西沙群岛，南到南沙群岛，包括南澳

① 「昭和 14 年度帝国海軍作戦計画及同戦時編制に関する御説明」、アジア歴史資料センター、文献番号：C14121205900。

② 防衛庁防衛研修所戦史室編『戦史叢書　中国方面海軍作戦 2　昭和十三年四月以降』、朝雲新聞社、1975、103 頁。

岛、三灶岛、万山群岛、南鹏岛、涠洲岛、南海诸岛等众多岛屿，海南岛是中轴。日本海军通过岛链上的基地进行军事联系，加强对海上交通线的控制，提高对岛链周边地区的打击能力，从而达到封锁中国和进攻南洋的目的。

1940 年西欧战场的形势刺激了日军“南进”的野心，制造了一个夺取英、法、荷在东南亚的殖民地的机会。日军大本营从战略和军备两方面着手进攻东南亚的准备，在这一过程中，日本海军有效利用了在华南地区构筑的岛链。

为了进一步获得进攻东南亚的前进基地和封锁中国物资输入通道，1940 年 7 月日本强迫法属印度支那殖民政府与其签订协议，同意日军分别从陆路和海上进驻其北部地区。1940 年 9 月 21 日，日本海军部队集结于三亚基地，26 日黎明在越南海防附近登陆，实施了“IC 作战”。[①] 此次强行进驻的成功，使日军进一步认识到海南岛的战略价值。

日本海军实施基地化改造的第三步是将华南沿海港口变为其训练登陆作战的试验场。1941 年初，日本陆海军部大本营制订了详细的登陆作战方案和训练计划。[②] 此后，陆海军部大本营又根据参谋本部和训练总监部的意见，分期投入 4 个师团，在日本遣华第二舰队和联合舰队一部的护卫下，发动了香鄙路切断作战、雷州方面切断作战、汕尾方面切断作战、浙东作战、福州作战，以封锁华南沿海中小港口和检验登陆训练的效果。[③] 这五次大规模登陆作战中，日本陆军在厦门、汕头、广州、虎门等地的基地集结，由海军运送至指定作战地点，海军航空兵部队则从华南沿海机场起飞执行护航和轰炸任务。

1941 年 12 月，在日本陆军进攻东南亚的过程中，日本在中国华南地区的海军基地特别是三亚港成为部队集结和登船的地点。驻扎在上海、宁波的日军第 5 师团，驻扎在广州增城的日军第 18 师团在三亚集结，在南遣舰队

① 日本国際政治学会太平洋戦争原因研究部編『太平洋戦争への道：開戦外交史 6　南方進出』、朝日新聞社、1987、31 頁。

② 防衛庁防衛研修所戦史室編『戦史叢書　中国方面海軍作戦 2　昭和十三年四月以降』、朝雲新聞社、1975、121 頁。

③「香鄙路遮断作戦（自昭和 16 年 2 月 3 日至昭和 16 年 2 月 12 日）」、『支那事変に於ける主要作戦の梗概　昭和 16 年』、アジア歴史資料センター、文献番号：C11110447500。

和第三飞行集团的护卫下登陆马来半岛；驻汕头的近卫师团、驻海口的日军第48师团则通过海路运至柬埔寨和泰国，然后再登陆马来半岛。[①]

太平洋战争期间，由于日军迅速推进到南洋地区，其在中国华南地区的基地基本上丧失了“前进基地”的作用，但华南及南海海上交通线依然是日军运输兵员和物资到南洋战场的必经之路，舰艇基地和航空基地仍是舰队和飞机集结与转运之地。此后，驻华南的日本海军更多的任务是负责周边地区的空中和海上警戒及保护日军海上交通线。

1944年之后，盟军在南洋战场逐渐掌握了制空权和制海权，战局对日军日趋不利，日军海上交通线因盟军实施的空袭和潜艇战被切断。为了重新建立日本本土、中国战场和南洋战场之间的联系，日军在1944年6月至12月发动了“豫湘桂战役”，打通了大陆交通线，日本海军在华南地区建立的岛链的战略地位也全面下降。即使在战局不利的情况下，日本海军依然不断强化对华南地区战略要点的占领，将兵力收缩于这些地区。1945年，日本海军获取了有关美军将在华南沿海实施登陆的情报，进一步增强了华南沿海防御力量。[②] 可以说，直到日本战败投降，在华南地区建设防御体系都是日本海军战略布局的重点。

可以说，在太平洋战争爆发前，日本海军内部的舰队派与航空派在进驻法属印度支那、对英美开战等问题上有很大分歧，但侵华战争长期化、日美矛盾尖锐化和德国侵略战争扩大化的世界战略态势使双方的意见趋于一致。在战术问题上，航空派以航母舰载机攻击敌舰的战术成为主要作战方式。在这种背景下，日本海军在华南地区建设了大量舰艇基地和航空基地，形成了战略进攻体系。

结　语

从纵向来看，日本海军的“华南政策”可以分成四个时期。“北海事件”

---

① 防衛庁防衛研修所戦史室編『戦史叢書　中国方面海軍作戦2　昭和十三年四月以降』、朝雲新聞社、1975、148頁。

② 防衛庁防衛研修所戦史室編『戦史叢書　中国方面海軍作戦2　昭和十三年四月以降』、朝雲新聞社、1975、187頁。

爆发后至日本发动全面侵华战争前（1936~1937年）是日本海军“华南政策”的形成阶段，其政策从稳健变为强硬，并在“两广事变”期间企图借“北海事件”侵占海南岛。日本发动全面侵华战争至海南岛沦陷前（1937~1939年）是“华南政策”的发展阶段，日本海军实施了战略轰炸、海上封锁、占领战略要点地区等军事行动，配合陆军开辟广东战场，其目标不仅仅是切断中国物资补给线和策应日军在长江流域的战事，更是为了试探欧美列强的底线。海南岛沦陷后至太平洋战争前期（1939~1943年）是“华南政策”的确立阶段，侵占海南岛标志着日本海军正式开始做“南进”的准备。此后，日本海军在海南岛等华南沿海岛屿和港口修建了航空基地、舰艇基地和物资补给基地，而且把华南作为登陆作战的训练场，针对华南中小港口实施登陆作战，以增加部队实战经验。太平洋战争爆发后，日本海军则以这些“前哨基地”为依托，构建了海上交通线，向南洋战场输送兵员和物资。太平洋战争后期（1944~1945年）是“华南政策”的终结期，盟军掌握了华南地区的制空权和制海权，日本海上交通线被切断，其在中国华南地区所建设的基地的战略地位下降。

从横向来看，日本海军的“华南政策”与20世纪30年代陆军的“满蒙政策”和“华北政策”呼应及配合，并最终从以侵略中国为主要内容的“大陆政策”的组成部分变为“南进”政策的一部分。换言之，日本海军的“华南政策”是其“南进战略”的基础，侵略华南地区是侵入“南洋”的前奏。日本海军的“华南政策”从本质上讲就是夺取中国华南沿海岛屿作为“南进”的基地以抗衡英、美的政策。日本海军在侵略华南和法属印度支那的过程中，一直打着切断中国国际交通线和打压欧美列强援华政策的旗号，但更重要的目的是获取“南进”的基地，特别是占领海南岛之后，这种企图愈加明显。正如美国驻日大使格鲁于1939年2月17日提交给政府的报告中所言：“如此一来，日本获得了一个能够建设航空兵、海军强有力基地的机会，日本对美、英、法以及荷兰领土的作战行动距离缩短为600海里。香港将被轻松占领，马来半岛也将被纳入日军作战半径。这是日本实施的南进政策中最有逻辑性的一次布局。”① 此后战争的发展使格鲁的预言应验。

① 相沢淳『海軍の選択』、中央公論、2002、141頁。

日本海军的“华南政策”从整体上看是不断向对中国和对欧美强硬的方向发展的，但在某些时段又趋向缓和。这种情况的出现既与当时日本国内外的政治环境有关，也与海军内部舰队派和航空派的斗争有关。两派虽然都站在“大海军主义”立场之上鼓吹海军的军备扩充与对外扩张，但在具体的外交政策以及侵华计划上有不同的主张。舰队派主张与欧美列强公开对决，航空派则主张采取隐忍持久的策略。在侵略中国华南地区问题上，舰队派激进急躁，主张迅速夺取华南沿海岛屿作为“南进”的基地以抗衡英、美；航空派则采取谨慎态度，主张避免与欧美列强发生冲突，将“华南政策”局限在中日关系和“大陆政策”的范畴之内。

双方在“华南政策”和“南进战略”上的分歧也反映了其战略战术思想的不同。舰队派信奉“大舰巨炮主义”和决战主义，而且在对马海战中战胜俄国海军的成功经历使其更加坚信这种战术的正确，进而导致其盲目自信和狂妄自大。“华盛顿－伦敦海军裁军体系”解体后，舰队派产生了严重的危机感，认为必须与英国决战才能打破束缚，摆脱危机，而与英国决战就必须夺取南洋的石油等国防资源，当英美联手后，又相信可以通过与德国的合作战胜英、美。航空派推崇航空作战和夺取制空权的新战术，不受旧的作战思想束缚，而且很多军官曾在美国留学，能较为理性地认识到日美两国实力的差距以及英美两国联手的可能性，所以在“南进”问题上表现得较为谨慎。但20世纪30年代的日本海军内部存在两种难以抑制的冲动和欲望，一种是向海洋扩张的欲望，另一种是与陆军争夺决策话语权、向华南和南洋扩张，建立海军控制区的现实需求。在扩张传统和现实需求的双重作用下，舰队派赢得了更多的支持，航空派则日渐式微，甚至部分航空派成员转向支持舰队派，两派最终在侵略华南和实施“南进”战略的过程中逐渐融合。此后，日本海军在侵略的道路上越走越远，并最终失败。

可以说，日本海军的“华南政策”融入“南进”战略之中，并最终发动太平洋战争，这一转变有其必然性。从历史上看，日本是后起的资本主义国家，不仅缺少雄厚的竞争实力，而且背负着种种不平等条约，既不可能像英国那样成为全球性的殖民帝国，也不能像美国那样以金钱开道，在世界范围内扩大势力和影响。在群雄逐鹿，争夺海外市场和殖民地的烽烟四起、炮舰横行的帝国主义时代，日本紧紧跟在欧美后面，将发动战争作为国家发展模式，以武力扩张弥补经济发展不足导致的先天短板，将资本积累和资本掠夺视为一体，首先向贫弱的朝鲜和中国下手，依靠武力抢掠资源、抢占市场，然后在世界范围内与列强争夺霸权和世界市场，以武力维护既得利益。日本统治集团将武力扩张看作后来居上的发展捷径和争夺霸权的法宝，并将其确立为日本的基本国策。[①] 作为国家机器重要的组成部分，日本海军也将战争上升到战略层次加以认识和定位，将积极主动地发动战争作为与欧美列强争夺霸权的主要手段和方式，与欧美列强妥协与合作的主张注定是暂时的非主流的意见。舰队派和航空派的斗争与矛盾亦是暂时的，两派在扩大对外战争的道路上最终走向融合。重新审视侵华战争时期日本海军的内部矛盾，可以更好地理解这种必然性。

① 武寅：《明治维新给世界双重震撼》，载宋志勇主编《南开日本研究》，天津人民出版社，2018，第 7 页。

近代日泰外交合作历程述考（1887～1941年）

王鹏飞*

【内容提要】 1887年日泰两国缔结友好通商条约后，泰国视日本为近代化改革典范，在政治、经济、文化等领域加深对日交流。1932年泰国立宪革命后，銮披汶·颂堪军人政权为确保政权合法性、满足民族资本扩张需要，鼓吹“泛泰主义”，采取亲日、反英法的外交政策，基于地缘政治优势加强与日本的军事合作。1941年太平洋战争爆发后，两国缔结攻守同盟。日本借助泰国支援在东南亚地区迅速扩张，泰国也凭恃日本支持向“泛泰民族”所在地区扩张。最终日本溃败，“泛泰主义”也走向破产。

【关 键 词】 平衡外交 “泛泰主义” 日泰攻守同盟

近代以降,亚洲各国普遍受到“西力东渐”冲击，东亚的日本通过明治维新推翻旧制，打破封建幕藩体制与身份制，在绝对主义天皇制下将全国各阶层人民结合成一个同质、具有共同归属意识的民族国家，举国之力迅速西化，开启近代转型。东南亚的泰国面对英法殖民者的夹击，励精图治，迅速实现本国的近代化改革，同时在外交上斡旋于世界列强之间，在夹缝中求得生存。自拉玛五世起，泰国励精图治实行近代化改革，将日本视为亚洲近代

* 王鹏飞，天津师范大学讲师，主要研究方向为日本外交史、日本政治史。

化的典范。

1887 年日泰两国建交后，基于“亚洲主义”迅速接近，日本和泰国在政治、经济和文化等许多领域加深了相互交流。1932 年泰国立宪革命后，军官集团上台。銮披汶·颂堪军人政权受大资产阶级与地主阶层支持，为确保政权合法性与满足民族资本的扩张需要，刻意鼓吹“泛泰主义”。但是，因自身实力欠缺，泰国利用其地缘政治筹码与轴心国集团接近，采取亲日政策，加深了与日本的军事相互依存关系。1941 年太平洋战争爆发后，日泰两国缔结《日泰攻守同盟》。关于近代日泰外交合作问题，国内学界既往研究并不丰富。张声海①、蒋敬东与杨同富②侧重于阐述太平洋战争时期日泰关系的演变，认为泰国与日本缔结攻守同盟是泰国民族主义兴起与日本“南进”计划共同作用的结果。二战后泰国凭借平衡外交政策得以避免作为战败国遭受惩罚。但对近代日泰外交的历史背景、现实动因、合作历程缺乏系统性梳理，对于泰国长期奉行的平衡外交政策亦缺乏基于其国内政治与国际环境的细致分析，尚有拓展空间。本文利用日本国立公文书馆、国立国会图书馆档案，公文，以及报纸、期刊，综合泰国、苏联、澳大利亚的学术成果，梳理自 1887 年近代日泰两国外交合作的轨迹。

一　近代泰国的殖民地化危机与平衡外交的缘起

泰国，古称暹罗，其国境“东部毗连柬埔寨，东北部与老挝交界，西部和西北部与缅甸为邻，南部与马来西亚接壤，东南部邻泰国湾，西南部濒安达曼海”。③ 泰国地处东南亚之心脏地带，既是通往中南半岛的门户，又是东西方之间文化的交互地，在地缘政治上具有十分重要的战略地位。近代以降，欧洲资本主义国家相继染指东南亚，从早期的西班牙、葡萄牙，紧随其后是英国、荷兰、法国，西方各国为维持和巩固在东方的利益，凭借其跨时代的军事代差对东南亚各地进行武装占领。

① 张声海：《太平洋战争前后的泰日关系》，《东南亚研究》2001 年第 2 期。

② 蒋敬东、杨同富：《二战中“日泰同盟”关系评析》，《苏州大学学报》2003 年第 3 期。

③ 邹春明、罗圣荣：《泰国经济社会地理》，世界图书出版公司，2017，第 1 页。

19世纪，西方列强相继完成工业革命，愈加需要获取海外殖民地。英、法两国列强侵略尤甚，凭恃武力强加奴役性条约给东南亚各国。1824年英国占领马六甲，“1826年英国殖民者把槟榔屿、马六甲、新加坡三地合并为海峡殖民地，隶属于英属印度”①。1824年，英国借口缅甸威胁英属印度安全，发动第一次英缅战争，迫使缅甸签订不平等条约《杨达波条约》。此后，为垄断缅甸对外贸易权，1852年借口缅甸“虐待英商”，发动第二次英缅战争，侵占马来西亚、缅甸。

1862年6月5日，法国迫使越南阮氏王朝签订《第一次西贡条约》；1863年8月11日，法国迫使柬埔寨王国签订《法柬条约》；1867年，法国同暹罗签订《法暹条约》，迫使暹罗承认法国为柬埔寨的“保护国”，法国势力全面渗入中南半岛。至19世纪中叶，以英、法为首的西方势力已进抵泰国边境，开始觊觎这片沃土。

泰国曼谷王朝在东南亚地区虽曾强盛一时，但作为农业国家无力抵挡英、法对东南亚的瓜分之势。1855年，受英国派遣，香港总督鲍林率领使团乘坐兵舰“拉特勒号”，不顾泰国反对，溯湄南河而上直抵曼谷，以强硬姿态要求通商谈判。因敌我力量悬殊，泰国被迫于同年4月18日签订了近代以来第一个不平等条约《英暹条约》（又称《鲍林条约》），共12款。按照该条约：“对英国输入暹罗的商品和从暹罗输出到英国领土的商品征税，都不能超过市场价格的3%；允许对输入暹罗的鸦片免税”。② 次年春又签订补充特别协定，共12条，“其中一条允许不列颠帝国的所有臣民畅行无阻地从欧洲和亚洲地区进入暹罗”。③ 可见，《英暹条约》及其补充协定使得泰国国门洞开，丧失了关税自主权。1856年，美国驻日公使哈里斯率兵舰抵达曼谷，要求权益一体均沾，迫使泰国与美国签订同《英暹条约》类似的条约。

法国方面，1855年法国驻上海领事蒙蒂尼出使泰国，极力劝说拉玛四世国王取得法国外交支持以制衡英国。同年8月15日，法国同泰国签订《法

① 余定邦编著《东南亚近代史》，贵州人民出版社，1996，第78页。

② 〔苏〕尼·瓦·烈勃里科娃：《泰国近代史纲（1768~1917）》，王易今、裘辉、康春林译，商务印书馆，1974，第215~216页。

③ 〔苏〕尼·瓦·烈勃里科娃：《泰国近代史纲（1768~1917）》，王易今、裘辉、康春林译，商务印书馆，1974，第216页。

暹通商友好条约》，攫取与英国同等的权益，并获得了“允许法国臣民在暹罗王国各地自由地传播他们（天主教）的宗教”的特权。[①] 此后，法国采取蚕食政策吞并泰国属国。“1863 年，法国在保护其属国越南‘历史权利’的幌子下，企图把柬埔寨东部兼并到越南，并宣布法国是柬埔寨的保护国。”[②] 泰国在谈判中虽力陈柬埔寨是藩属国的历史事实，但最终屈服于兵威，于 1867 年 7 月 19 日与法国签订《法暹条约》，正式承认法国对柬埔寨的“保护国”地位，泰国与柬埔寨的宗藩关系自此结束。

可见，近代西方列强先后到来，不断对泰国的政治和经济进行渗透，将其纳入世界资本主义经济体系，“暹罗成为资本主义各国迅速发展的工业市场之一”[③]。曼谷王朝软弱无力，外国资本买办横行，泰国面临沦为殖民地的风险。

《暹罗史》中写道：“百年前东南亚一隅之地，独立邦国不下十二。而今硕果仅存者惟暹罗一国而已。姑无论适者生存论者立说之荒谬，然彼辈殆将承认暹人必具有其若干特殊之禀赋，是即所以使其得以维持如此独特之地位也。”[④] “十九世纪五十年代，即暹罗被迫同资本主义列强签订不平等条约的时代，成了暹罗经济发展的转折点，暹罗封建社会发展的转折点。”[⑤]

1851 年，曼谷王朝拉玛三世驾崩之后，拉玛二世的弟弟，蒙固亲王（King Mongkut）继承王位，成为拉玛四世。“他是一个具有改革意识的佛教徒，以僧侣的身份度过了较早的成年时期。”[⑥] 拉玛四世出家期间通过和英、法传教士的沟通，接受了西式教育，习得英文及拉丁文，钻研数学和理学。

---

① 〔苏〕尼·瓦·烈勃里科娃：《泰国近代史纲（1768～1917）》，王易今、裘辉、康春林译，商务印书馆，1974，第 222 页。

② 段立生：《泰国通史》，上海社会科学院出版社，2014，第 173 页。

③ 〔苏〕尼·瓦·烈勃里科娃：《泰国近代史纲（1768～1917）》，王易今、裘辉、康春林译，商务印书馆，1974，第 234 页。

④ 〔英〕吴迪：《暹罗史》，陈礼颂译，商务印书馆，1947，“初版原序”，第 1 页。

⑤ 〔苏〕尼·瓦·烈勃里科娃：《泰国近代史纲（1768～1917）》，王易今、裘辉、康春林译，商务印书馆，1974，第 234 页。

⑥ 〔澳〕米尔顿·奥斯本：《东南亚简史》，杨浩浩、曹耀萍译，华中科技大学出版社，2020，第 98 页。

拉玛四世即位后，面对危局，主张利用西方科学与技术推进泰国自上而下的近代化改革。为赢得改革的时间与空间，泰国选择采取平衡外交策略，利用英、法在东南亚殖民政策的矛盾，将自身定位为英、法势力的缓冲区，尝试以较少的代价获得国家独立。与此同时，泰国积极在亚洲寻找共同抵御西方的盟友。

二　日本的“南进论”与近代泰日外交的展开（1887～1932年）

1868年日本通过明治维新挽救民族危机，实现国家富强。19世纪中后期，日本基于“亚洲主义”概念出现了“亚洲同盟论”外交理念。1880年，兴亚会成立，《兴亚会设立绪言》中写道：“窃惟方今亚细亚全州之大势，国不相依，人不相辅，委靡偷薄，苟且自安。当此之时，全州志士，孰不慨愤者哉。夫欧美诸州之能致隆盛者，皆由于彼此言语相通，情事谙练，故缓急可以互相维持也。呜呼，使我全州诸国若此，则振兴衰颓，而比隆欧美诸州，岂其难哉。”① 日本认为在西方列强欺凌亚洲的大趋势下，自身独木难支，唯有与亚洲国家结盟，支持其独立，才能防止西方列强瓜分亚洲。泰国与日本在亚洲地区寻找盟友的需求两相契合，两国关系迅速拉近。

1868年8月，拉玛四世不幸染上疟疾，次月驾崩，其子朱拉隆功继位。1873年，朱拉隆功正式加冕，成为拉玛五世国王。拉玛五世立志“在暹罗推行以现行的欧洲观念为指导思想，促使暹罗实现近代化的全面改革”。②1885年1月，拥有留学欧洲与驻外使节经历的王族子弟和少壮贵族构成革新派势力，向朱拉隆功呈递《关于国家体制改革的王族及官僚建议书》，认为：“泰国面临被英、法分割殖民的危机，特别是法国侵略泰国尤甚，与其缔结的友好条约毫无裨益，维持独立的唯一方法在于统治形态的欧化”，“当今亚洲诸国中唯日本一国是进行欧化的国家，若主张与欧洲各国享有同等权力，

① 〔日〕狭间直树：《日本早期的亚洲主义》，张雯译，北京大学出版社，2017，第45页。

② 段立生：《泰国通史》，上海社会科学院出版社，2014，第183页。

唯有整备法律制度，同欧洲各国及日本相同，才能修改不平等条约。”[①] 鉴于此，朱拉隆功决定开启对日亲善外交。

1887 年，泰国外交部长泰瓦翁亲王出访英国，参加维多利亚女王登基 50 周年庆典，并在欧洲之行结束后访问日本。伊藤博文内阁借泰国亲王来访之机提出建交请求，两国遂于 1887 年 9 月 26 日在东京共同签署《日本暹罗修好通商条约宣言》[②]，正式建立了外交关系。

同一时期，日本国内掀起了基于“亚洲主义”的“南进论”风潮，其中菅沼贞风与稻垣满次郎的“南进论”最具代表性。1888 年，菅沼贞风出版《新日本的图南之梦》一书，开篇直言：“日本当下之急务在于外交，外交之急务在于修改不平等条约，因此必须以小变大，才能达到目的”[③]，“为不覆前车之辙应迅速组建出国劳务公司，不能错失进军印度尼西亚之机”[④]。竭力鼓吹向东南亚移民，并认为泰国是东南亚唯一没有被西方殖民的国家，日本与泰国并非敌人，应帮助其富国强兵。1892 年，东南亚专家稻垣满次郎撰写《东方策结论草案》，主张：“以台湾为根据地，若能置精锐军舰于太平洋中，则能掌握南北中国的大权，从香港经澳洲、巴拿马、尼加拉瓜、旧金山、日本直达上海的太平洋航海权”[⑤]，“从商业对外政策方面来看，我国是东洋和世界的一大门户”[⑥]，“取澳洲、美国、中国、印度之资源，经制造后贩卖给中国、朝鲜、西伯利亚、东南洋等各市场”。正是在鼓吹日本向东南亚进发拓展国力的“南进论”推动下，1891 年 8 月，由稻垣满次郎出任干事长的“东邦学会”正式成立，致力于东亚及东南亚区域研究，并负责研究日本与暹罗友好通商条约细则。

1894 年 4 月 13 日，日本派遣稻垣满次郎出使泰国，协商签订通商条约事宜。1897 年，日本在曼谷建立外交领馆，任命稻垣满次郎为首任驻泰国公

---

① Krom Sinlapakŏn, Čhamŭm Waiwŏranat thun klao thawai khwam hen rŭang Čhat kan plianplaeng rabiap ratchakan Phaendin Čho, sŏ. 1247, 1967, pp. 47 – 52.

② 『修好通商に関する日本国シャム国間の宣言』、アジア歴史資料センター、文献番号：B13091099700。

③ 菅沼貞風『新日本の図南之夢』、岩波文庫、1942、7 頁。

④ 菅沼貞風『新日本の図南之夢』、岩波文庫、1942、59 頁。

⑤ 稲垣満次郎『東方策結論艸案　上』、哲学書院、1892、95 頁。

⑥ 稲垣満次郎『東方策結論艸案　上』、哲学書院、1892、61 頁。

使。1898年2月25日，两国正式签订《日本暹罗友好通商航海条约》，条约规定："两国互派外交官，日本在泰国享受最惠国待遇，享有单方面的领事裁判权，待泰国法典编纂后改为两国对等享有领事裁判权。"① 泰国之所以给予日本领事裁判权，既是基于"亚洲主义"联合抵御西方的战略，也是对平衡外交的考量。作为后进国的泰国在法律近代化方面相对落后，泰国今后不仅要与特定国家签订条约，还要与其他国家广泛缔约。相较英、法的威逼，泰国以给予日本领事裁判权为条件，尽早与日本缔约有利于树立同亚洲国家合作先例，为今后的亚洲外交奠定基础。

《日本暹罗友好通商航海条约》缔结后，日本全面支持泰国推进近代化改革。在法律领域，法学家政尾藤吉远赴泰国，组建法典起草委员会，帮助泰国编纂近代法典，负责起草新刑法和民商法。在农业领域，1902年日本指导泰国农业部设立养蚕司，派遣农学博士外山龟太郎担任技师长，养蚕技师横田兵之助等人在曼谷等地设立养蚕实验所和养蚕学校。在教育领域，"1904年派遣女子高等师范教授安井哲子，助手中岛富子、河野清子赴泰国，帮助其建立教育王室的皇后女子学校"。② 在宗教领域，日本鼓吹日泰两国在佛教信仰上的共同性，宣传"泛亚细亚"思想。正是在稻垣满次郎的积极活动下，"朱拉隆功雇用大量日本顾问，给予其充分的自由权限，听从日本的意见推进改革"。③ 日泰外交关系随着合作领域的拓宽日趋紧密。

值得注意的是，泰国在推进近代化改革的同时，英、法、德等西方列强咄咄逼人，其殖民危机亦日益加深。拉玛五世朱拉隆功忍辱割让泰国的偏远属地和藩邦。1887年，暹罗将其控制的老挝北部割让给法国，1893年割让老挝中部。1896年，英、法在伦敦签署《关于暹罗王国和其他事项的声明》，规定"湄南河盆地为英国和法国在中南半岛上的殖民统治的缓冲区"。④ 1904年，泰国割让老挝南部给法国。1907年，泰国割让柬埔寨西部

① 『日本国暹羅国間友好通商航海条約ヲ公布ス』、アジア歴史資料センター、文献番号：A02030055600。

② 青山なを『安井てつ伝』、東京女子大学同窓会、1976、10頁。

③ 矢田長之助「暹羅に関する恩出で」、『暹羅協会々報』1937年第9号、77頁。

④ 〔苏〕尼·瓦·烈勃里科娃：《泰国现代史纲（1918～1959）》，中国科学院世界历史研究所翻译小组译，商务印书馆，1973，第4页。

3个省给法国。至此，泰国丧失了对老挝和柬埔寨西部的控制。1909年，泰国将马来半岛4个邦割让给英国。

不过，在1896年英、法两国签订的声明，“几个最强大的殖民主义国家谁也不愿意把暹罗让给对方，它们之间的这种矛盾使暹罗能在形式上保持国家独立”。[①] 反观日本，1895年甲午中日战争和1905年日俄战争的胜利使日本跻身列强行列。怀有收复失地强烈诉求的泰国王室目睹日本崛起的过程，更加倾向于同日本发展更高层次的外交关系。

1914年一战爆发，日本利用英日同盟立即参战。1917年，泰国以修改不平等条约为条件加入协约国阵营参战。一战后，泰国和日本均成为战胜国，泰国在凡尔赛会议上实现了部分修改不平等条约的夙愿。日本则占据了德国在东南亚的利权。此后，日本财界致力于扩展在泰国的经济影响力。“日本帝国主义把暹罗看作扩大日本在东南亚影响的方便基地。”[②] 1920年，拉玛六世正式出访日本。1924年3月，日泰两国修订《日暹友好通商航海条约》。1928年1月，日本与曼谷间的航班正式开通。同年12月，日暹协会成立，“其理事会中有14名日本商人和官吏。领导该协会各个分会的，都是暹罗和日本的亲王”。[③] “这个时期暹罗统治集团的政策方针的显著特点，就是公开地渴望在政治上向日本靠拢。”[④] 至20世纪30年代，东南亚不仅是日本的原材料来源地，也是工业品的主要出口市场。文化上，1926年，日本在东京成立“暹罗协会”，日本皇族秩父宫亲王任总裁，近卫文麿任会长，促进日泰两国各领域交流。

日泰外交关系的迅速发展打乱了法国企图蚕食泰国的计划，“暹罗政府的亲日方针，使法国外交当局陷入了困难的境地。因为法国担心，一旦日本同暹罗结成同盟，法国就很难保持在中南半岛的殖民地。法国外交当局考虑

① 〔苏〕尼·瓦·烈勃里科娃：《泰国现代史纲（1918～1959）》，中国科学院世界历史研究所翻译小组译，商务印书馆，1973，第4～5页。

② 〔苏〕尼·瓦·烈勃里科娃：《泰国现代史纲（1918～1959）》，中国科学院世界历史研究所翻译小组译，商务印书馆，1973，第20页。

③ 〔苏〕尼·瓦·烈勃里科娃：《泰国现代史纲（1918～1959）》，中国科学院世界历史研究所翻译小组译，商务印书馆，1973，第21页。

④ 〔苏〕尼·瓦·烈勃里科娃：《泰国现代史纲（1918～1959）》，中国科学院世界历史研究所翻译小组译，商务印书馆，1973，第20页。

到这一情况，便对暹罗做出了某些让步，1925 年夏天，暹罗同法属中南半岛解决了边界争议问题”。[①] 可见，对泰国而言，日本是其在东南亚制衡英、法两国的重要外援。这也为 1932 年立宪革命后，銮披汶·颂堪军人政权全面加强与日本在军事上的合作并最终缔结日泰军事同盟奠定了基础。

三 泰国军人政权的“泛泰主义”与日泰军事同盟的形成（1932 ~1941 年）

曼谷王朝的“朱拉隆功改革”与平衡外交，虽然维持了泰国形式上的独立，但未能从根本上改变其国力弱小的现实。一方面，泰国经济高度依赖外国资本。“1909 年英国借给暹罗的战前最后一笔贷款是按年利 4% 计算，而 1922 年借给的 200 万英镑的贷款则按年利 7% 计算利息，1924 年借给的 300 万英镑的贷款，年利是 6%。”[②] 泰国政府不得不将国家预算的 1/8 用于偿还外债。另一方面，暹罗工业化进程缓慢。“封建主的国家尽力支持土地贵族上层的代表人物，而对其他等级中任何人提出发展企业的建议，则竭力加以阻挠。外国垄断资本极力利用暹罗的社会经济关系的体系为自己谋利益。暹罗封建主同外国垄断资本之间在经济上建立了相互勾结又相互依赖的关系。外国资本的竞争，国内的封建关系占统治地位和政权当局的恣意横行，这些都严重地阻碍了当地资产阶级的发展。”[③]

曼谷王朝的君主专制体制弊病丛生，泰国的产业结构升级困难重重。海外贸易主要出口稻米、柚木、锡矿等原材料，高度依附于世界市场。1929 ~1932 年世界经济危机波及泰国，世界市场对原材料与粮食出口需求的大幅缩减使泰国整个经济体系遭受重创，生产萎靡，国库日空。拉玛七世面临内外交困，下令增加税收、削减开支、大量裁减公务员和陆军军官，阶级矛盾和

① 〔苏〕尼·瓦·烈勃里科娃：《泰国现代史纲（1918 ~1959）》，中国科学院世界历史研究所翻译小组译，商务印书馆，1973，第 21 页。

② 〔苏〕尼·瓦·烈勃里科娃：《泰国现代史纲（1918 ~1959）》，中国科学院世界历史研究所翻译小组译，商务印书馆，1973，第 26 页。

③ 〔苏〕尼·瓦·烈勃里科娃：《泰国现代史纲（1918 ~1959）》，中国科学院世界历史研究所翻译小组译，商务印书馆，1973，第 13 页。

不同政治集团的矛盾日益尖锐，最终导致 1932 年立宪革命的爆发。

1932 年 6 月 24 日，比里・帕侬荣领导的民党联合以披耶帕凤、銮披汶・颂堪为首的陆军军官集团与以銮信颂堪察为首的海军军官集团发动政变，宣布成立革命政权，要求国王接受立宪政体。6 月 27 日，拉玛七世被迫签署并颁布《暹罗临时宪法》。由泰国民族资产阶级建立的民党成为合法的政党组织，致力于组建民主政府取代君主专制政府。10 月，銮披汶・颂堪挫败了保皇派的复辟活动与叛乱。在此期间，日本作为第一个对立宪革命表示“同情”的国家，赢得了泰国革命政权的好感。

1932 年，泰国立宪革命发生后不久，拉玛七世及贵族势力夺取了政治主导权，拥立与皇室关系密切的保守派领袖披耶・玛奴巴功出任立宪政府首任总理。披耶・玛奴巴功内阁迎合旧势力，被认为背离了立宪革命初衷。1933 年 6 月 19 日，銮披汶・颂堪等人再次发动政变。6 月 25 日，组建由披耶帕凤担任总理的新立宪政府，军官集团开始掌权。

泰国军人政权上台后，“不得不面对和克服一个充满战争的世界和强国政治所带来的危险，再次接受维护暹罗不稳定的独立地位的挑战”。[①]“现代军官集团是一个职业化团体，现代军人也是职业化人员”，“职业内部的成员拥有一种有机体的共同意识，并且分享将自己作为一个群体同外行人相区分的自觉”。[②] 在泰国近代化的进程中，泰国的军官集团具有高度的社会凝聚力，在推动和改变政治发展方面发挥了举足轻重的作用。1934 年 9 月，披耶帕凤内阁改组，銮披汶・颂堪担任国防部长，“公开宣称暹罗必须摆脱对英国的依赖，主张效法日、德法西斯国家的军人专政”。[③]

同时期，1929 年世界范围内资本主义经济大危机爆发后，日美之间频生摩擦，日本协调外交的界限日益显露。为了维护自身利益，日本国内强硬派的陆军和海军表露出对华盛顿体制不满，意图挣脱该体制，主张改造国家、打破现状的思潮在日本社会酝酿着极为凶险的冲动。1931 年，日本陆军少壮

---

① 〔美〕戴维・K. 怀亚特：《泰国史》，郭继光译，东方出版中心，2009，第 237 页。

② 〔美〕塞缪尔・亨廷顿：《军人与国家：军政关系的理论与政治》，中国政法大学出版社，2017，第 7、9 页。

③ 段立生：《泰国通史》，上海社会科学院出版社，2014，第 224 页。

派控制的关东军悍然发动九一八事变，武力占据中国东北地区，扶植伪满洲国傀儡政权，公然撕毁《九国公约》。

1932年9月，日本不顾中国强烈反对和国际舆论的抗议，与伪满洲国傀儡政权签订《日满议定书》，单方面承认伪满洲国。12月7日，国际联盟大会讨论李顿调查团报告。对于日寇侵占中国东北对国际公义的破坏，各国深为担忧和愤慨。1933年2月24日，日内瓦召开国际联盟特别大会，对李顿调查团关于中国东北问题的调查报告进行投票，其中42个成员国赞成，唯日本一国反对，泰国则保留态度投下弃权票。在日本走向国际孤立的道路上，“泰国的中立行为博得了日本政府与国民的好感，视泰国为亚洲唯一的友好国家”。[①]

1934年，在纪念释迦牟尼佛诞辰2800周年期间，日本佛教青年协会主办“第二届泛太平洋佛教青年会”，日本政府借此机会邀请泰国派出代表出席会议，泰国军人政权则派出10名身居要职的年轻官员访问日本。1936年3月，日泰两国签订《日暹新约》，“允许日本人在暹罗长期居住，日本人在暹罗可进行宗教、教育和社会救济等活动，并享有购置和租赁房屋、工厂、仓库和店铺及租用土地的特权”。[②]

1935年，泰国斥巨资向日本购买20艘战舰扩编海军[③]，军方强调只有加强军事力量建设才能推动泰国向前发展，主张与日本在装备采购、军官培训、军事训练等领域开展合作。日本军部也借机派遣军事顾问渗透到泰国各军事部门，对泰国军队施加影响。1937年，泰国与日本签订友好通商航海条约的最后议定书，泰国承认日本在伪满洲国的“特殊权益”。相较于在国际联盟大会上投弃权票，泰国以更积极的方式表达了与日本合作的态度，标志着泰日外交关系的深化。

1938年12月，銮披汶·颂堪出任泰国总理，銮披汶·颂堪政权的上台意味着少壮派军人正式取代元老派军人执政。“在他的32名内阁成员中，参

① 齋藤正雄「タイ国日本語教育小史」、『国際交流基金バンコク日本文化センター日本語教育紀要』2008年第5号、176頁。

② 段立生：《泰国通史》，上海社会科学院出版社，2014，第224~225页。

③ 吉川利治「タイ国ピブーン政権と太平洋戦争」、『東南アジア研究』1982年第4号、366頁。

与发动 1932 年政变的领导成员占了 30 名，其中陆海军军官又占了 12 名。”[①]军官集团实现全面掌权。

1939 年 6 月 24 日，銮披汶·颂堪在立宪革命纪念日 7 周年庆典上发表了著名的“泛泰主义”演说：“今天我国所有行业和职业都由外人把持，同胞屈服于外人膝下，我们不能让子孙后代依旧如此。纯正泰国血统的爱国者们应当一致对外。泰国人民的天性是不屈服于任何人……现在我们必须与外国人竞争，我们必须与他们斗争。”[②] 所谓“泛泰主义”指一种由法西斯思想家銮威集所倡导的积极排外的狭隘民族主义，主张像日耳曼大民族主义一样，把泰国政治势力延伸到境外所有泰族人居住的地方，并让泰族人团结起来，另一个意义是“泰化”边境内的其他民族。[③]

銮披汶·颂堪采取民粹主义路线，推行“泛泰主义”政策。首先，颁布一系列名为“国民条例”的法令。例如，将国家的名称由“暹罗”改为“泰国”，确定国语为“泰语”，民族为“泰族”；在政治和文化观念上宣传“大泰唯国主义”，改造泰国社会。其次，有目的地打压华侨、华人，实行排华政策。通过“振兴国营企业”“经济复兴”实行经济管制政策，侵吞华侨、华人企业。再次，推行民族同化政策。颁布《民校条例》，强行关闭华侨创办的学校，强制推行泰语教育。“泛泰主义”民粹运动镇压了泰国的反日运动，但生活在泰国的日本人将其理解为亲日活动而表示欢迎。

“从 1938 年起在泰国牢固地掌握了政权的大资产阶级中的执政阶层在对外政策问题上开始站在公开的沙文主义立场上。泰国大资产阶级不仅竭力巩固自己在国内的经济地位，而且妄想占领邻邦法属中南半岛的领土，以便扩大自己的国家边界。”[④] 受大资产阶级与地主阶层支持，銮披汶·颂堪军人政权为确保政权合法性以及满足民族资本的扩张需要，刻意鼓吹“泛泰主义”

---

① 段立生：《泰国通史》，上海社会科学院出版社，2014，第 229 页。

② Phanit Ruamsin, Nayobai kanphatthana setthakit samai ratthaban Čhǒmphon pǒ. phibunsongkhram tangtae phǒ, Sǒ. 2481, thǖng phǒ. Sǒ. 2487 (Field Marshal P. Pibul-songgram's Policy of Economic Development from 1938 to 1944), M. A. Thesis, Chula longkorn University, 1978.

③ 刘晚萍：《泰族主义的认识》，《民意》第 126 卷，1940，第 11～12 页。

④ 〔苏〕尼·瓦·烈勃里科娃：《泰国现代史纲（1918～1959）》，中国科学院世界历史研究所翻译小组译，商务印书馆，1973，第 123 页。

政策。銮披汶·颂堪政权实行对内排华与对外反英、法的民族主义扩张政策，尤其是提出“收复失地”的国家目标，以显示其政权合法性。第二次世界大战给予了泰国在中南半岛推行军事扩张政策的可能。

1939 年日本占领了中国海南岛，对英、法、美在东南亚的殖民地形成实质性威胁。同年 9 月，日本军队开始进入法属中南半岛的北部地区。在德国入侵的威胁下，法国政府为防止日本南下法属中南半岛，维护其在东南亚的利益，提议同与法属中南半岛接壤的泰国缔结互不侵犯条约。起初，銮披汶·颂堪政权接受了这一建议。与此同时，泰国也向英国、日本发出缔结互不侵犯条约的要求。

起初日本对缔约并不积极，但进入 20 世纪 40 年代，德国横扫欧洲，法国与荷兰等欧洲传统殖民强国均被攻占，英国也在大规模空袭下蒙受重大损失。欧洲列强在亚洲殖民地的防卫力量空虚，被日本视为夺取东南亚及太平洋地区大米、橡胶、锡、石油等战略资源的良机。日本考虑到泰国地缘政治的重要性，决意在英国之前抢先同泰国缔结军事联盟。1940 年 6 月 12 日，日泰签订《关于继续保持友好关系和相互尊重领土的条约》。①

1940 年 6 月 22 日，德军对法国发动“闪电战”，法国投降，受到德国控制的维希傀儡政权建立。銮披汶·颂堪军人政权看到法国的衰弱，没有批准先前同意与法国签署的互不侵犯条约，要求恢复其在 1887 年、1893 年、1904 年和 1907 年先后割让的湄公河流域的“失地”，并于 1940 年 9 月 10 日要求维希政府归还其所有领土，以换取互不侵犯条约的批准，这一要求遭到法国断然拒绝。1940 年 11 月底，泰国军队越过边境进入法属老挝，“收复失地”运动发展成第二次法泰战争。“英、美、日帝国主义列强看到泰国同法国之间的冲突逐渐尖锐起来，都很高兴。每一个帝国主义国家都想利用泰国的困难处境加强自己在泰国的势力。”② 日本计划利用泰国与法属中南半岛的边界冲突，拉拢泰国加入轴心国阵营，以便将来利用泰国的领土侵入英国殖民地。

1941 年 1 月 17 日，泰军在暹罗湾附近大象岛海战中遭遇惨败，损失一

① 外務省『日本外交年表竝主要文書　上』、原書房、1969、432－433 頁。

② 〔苏〕尼·瓦·烈勃里科娃：《泰国现代史纲（1918～1959）》，中国科学院世界历史研究所翻译小组译，商务印书馆，1973，第 128 页。

艘新的旗舰和两艘炮艇。銮披汶·颂堪对战况日趋胶着感到担忧，秘密请求日本居间调停。1 月 21 日，日本向法国维希政府施压。1 月 28 日，法国在占据战场优势的情况下被迫停止军事行动。1 月 29 日，法泰两国代表在日本海军停泊于西贡港的巡洋舰上举行停战谈判。“在日本的调停下，3 月 12 日，法国以湄公河右岸流域作为非军事区的条件向泰国归还 1904 年和 1907 年割让的领土。”[①] 作为调停法泰冲突、帮助泰国“收复失地”的回报，1941 年 8 月，日泰两国在东京签订了关于安全和政治上互相谅解的议定书。该议定书实际上确定了泰国在日本帝国主义所建立的“东南亚共荣圈”中的政治和经济作用。[②] 1941 年 8 月，日本横滨正金银行和泰国三家主要银行签订协定，规定：“泰国向日本提供 1000 万铢贷款，以便日本购买所需要的泰国商品。”[③] 日本可以购买泰国的全部橡胶、钨和 25% 左右的锡，泰国成为日本重要的战略物资供给地。

日本在东南亚的军事行动与势力扩张最终导致英、美、荷与日本的外交决裂。1941 年 7 月 26 日，美国冻结日本在美全部资产。8 月 1 日，美国联合英国、荷兰加大对日制裁力度，实施了包括石油在内的对日全面禁运。英国同时宣布冻结日本在英资产，并废止《日英通商航海条约》和《日印通商条约》。荷属东印度也宣布冻结日本资产，并废止当时仍有效的与日本的石油合同。日本资源短缺，石油 80% 以上依靠进口，美、英、荷等国采取的石油禁运措施对日本是致命打击。

1941 年 10 月 18 日，东条英机内阁上台。11 月 2 日，日本政府与大本营联合会议决定于 12 月初对英、美发动进攻。11 月 5 日召开的御前会议最后审定了《帝国国策实施要领》，决定：“如日美谈判至 12 月 1 日仍未获得成功，则对英、美开战。”[④] 1941 年 12 月 1 日，日本再次召开御前会议，决定

① 林玉美「アジア・太平洋戦争開戦に至る日タイ関係」、『吉備国際大学社会福祉学部研究紀要』2008 年第 13 号、48 頁。

② 〔苏〕尼·瓦·烈勃里科娃：《泰国现代史纲（1918～1959）》，中国科学院世界历史研究所翻译小组译，商务印书馆，1973，第 128 页。

③ 〔苏〕尼·瓦·烈勃里科娃：《泰国现代史纲（1918～1959）》，中国科学院世界历史研究所翻译小组译，商务印书馆，1973，第 135 页。

④ 「11 月 5 日御前会議決定『帝国国策遂行要領』ニ関連スル対外措置（抜萃）」、アジア歴史資料センター、文献番号：C12120059200

对美、英发起进攻。12 月 2 日，日本驻泰大使坪上贞二会见銮披汶·颂堪总理，要求泰国与日本缔结军事协议，允许日本军队“借道”通过泰国领土，但遭到拒绝。12 月 3 日，日本驻泰大使馆的军事官员田村浩少将会见銮披汶·颂堪，重申泰国与日本缔结军事协议的要求。披汶总理表示，他将允许日本军队在泰国南部领土登陆，但因为一些部长的反对，暂时推迟日军进入泰国中部和东部领土。

同一时期，日美双方虽持续进行外交磋商，但毫无进展。11 月 26 日，美国最终向日本提出了强硬的《赫尔备忘录》，要求日本全面从中国和法属中南半岛地区撤军，放弃独霸中国的企图，废弃三国同盟，同时否认了日本扶植的傀儡政权。面对日美谈判走向破裂，东条英机内阁决定发动对美作战。

12 月 7 日清晨，日本联合舰队司令山本五十六率领的日本联合舰队的 6 艘航母“赤城号”“加贺号”“苍龙号”“飞龙号”“翔鹤号”“瑞鹤号”搭载的 414 架舰载机突袭美国太平洋舰队所在的夏威夷基地珍珠港，重创其主力，拉开太平洋战争的序幕。值得注意的是，战争开始时，日本军队的突击战略是同时攻击珍珠港和英属马来亚。然而，在最后一刻，海军放弃了夜袭珍珠港的想法，将时间改为凌晨 3 点 30 分（夏威夷时间上午 7 点 30 分），这意味着对英属马来亚的突然袭击将提前一个半小时进行。在英属马来亚的哥打巴鲁登陆作战必须与在泰国的辛戈拉登陆作战同时进行，为了成功实施突袭，日本军队侵入了已经宣布中立的泰国。

日本时间 12 月 8 日凌晨 2 点，日军第 25 军第 18 师（负责马来亚地区）在英属马来亚的哥打巴鲁登陆，发动了对英、美的战争。凌晨 4 点，日本第 5 师的先头部队在泰国南部的辛戈拉和巴塔尼登陆，与泰国军队交战，通过泰国与英属马来亚的边界，并向新加坡进发。12 月 8 日早上 6 点 50 分，驻扎在法属中南半岛的日本近卫师团向曼谷进发。同日，日本驻泰大使坪上贞二向泰国政府递交了最后通牒，要求泰国给予日军借道通过的方便。“此时日本已强行把日军开进泰国境内，海军在泰国南部宋卡、北大年以及沿海一些港口登陆，陆军则越过法属中南半岛向泰国中部推进。”①

① 段立生：《泰国通史》，上海社会科学院出版社，2014，第 234 页。

泰国时间上午 6 点 40 分（日本时间上午 8 点 40 分），銮披汶·颂堪总理立即召开了内阁会议，讨论日本提出的“借道”建议，决定只批准日军通过泰国领土，理由是泰国已宣布其严格的中立性，并应向列强表达其坚持这一国家政策的态度，以避免遭受战争的蹂躏。銮披汶·颂堪总理将这一决定通知了待命的坪上贞二，并在早上 7 点 30 分通过无线电广播向与日军交战的泰国军队下达了停火命令。上午 11 点 30 分，坪上贞二和泰国外交部长迪莱克签署了《日本和泰国关于日本军队通过泰国领土的协议》。根据协议，泰国允许日军“借道通过”。

12 月 9 日，銮披汶·颂堪总理批准日军“借道通过”，并采取了与日本合作的态度。他认为，“在这种情况下，最好的出路就是和日本缔结同盟。因为这样就能保证泰国免遭日本军队的占领”。①

12 月 21 日，銮披汶·颂堪与坪上贞二代表两国政府签署《日泰攻守同盟条约》。② 随着这一同盟条约的签署，泰国作为一个独立国家加入了日本阵营。1942 年 1 月 3 日，日泰两国签署《日木和泰国联合行动协议》，日泰两国军队将联合进行军事行动。泰国承诺协助建造供日本军队使用的军事相关组织的设施，并提供军事物资、食品、劳动力和宿舍。1 月 25 日，泰国向美、英宣战，成为日本“大东亚共荣圈”的成员。

借助泰国的支援，1941 年 12 月至 1942 年 5 月，日本相继占领中国香港、马来西亚、菲律宾、印度尼西亚、缅甸以及新几内亚、所罗门群岛等战略要地，在整个东南亚和太平洋西南部肆意扩张。泰国也凭恃日本支持向“泛泰民族”地区扩张。

综上所知，19 世纪末，泰国实行“平衡外交”政策，以避免沦为殖民地。基于寻找亚洲盟友的需求，泰国与日本彼此接近。泰国将对日外交视作对西方外交再平衡的筹码。日本也企图利用泰国，在与西方的博弈中从东南亚地区另辟蹊径缓解华盛顿体制下欧美对日本的战略压迫。1938 年泰国军人政权上台后，泰国政治趋向保守，“泛泰主义”与日本侵略性民族主义相互

---

① 〔苏〕尼·瓦·烈勃里科娃：《泰国现代史纲（1918～1959）》，中国科学院世界历史研究所翻译小组译，商务印书馆，1973，第 138 页。

② 外務省『日本外交年表竝主要文書　上』、原書房、1969、575 頁。

契合。泰国为了摆脱英、法控制，实现“收复失地”的目标，最终将自己绑定在了日本的战车上。值得注意的是，《日泰攻守同盟条约》订立后，泰国虽然表明放弃了“平衡外交”政策加入轴心国，但泰国统治阶层内部以比里·帕侬荣为代表的文官集团展开“自由泰人运动”，暗中协助同盟国。日本败局已定，“1945 年 8 月 16 日，泰国銮披汶·颂堪政府宣布废除《日泰攻守同盟条约》，终止了该同盟”。[①] 得益于“自由泰人运动”的抗日功绩，二战后盟国出于各自的利益考量，最终谅解泰国的战争罪责。

① レイノルズ・E. ブルーズ「帝国陸軍と日泰同盟」、進藤裕之訳、『防衛研究所戦史部年報第 2 巻』、1999、82 頁。

• 社会文化研究 •

日源新词“秒杀”与原语的语义比较分析

——兼论与文化建构的内在关系*

柳晓东**

【内容提要】本文从构词语素的语义分析入手，基于大量实例，对日源新词“秒杀”与原语「秒殺」的典型语义、语义构造及其语用性派生用法进行了对比研究，认为日源新词“秒杀”与原语「秒殺」的典型语义特征基本一致，差异之处在于日源新词“秒杀”的语用性用法更加丰富，并泛化出大量“秒 + V”构式的汉语新词；原语「秒殺」的语素「殺」的语义弱化，仅承担“体”的语法功能，显现出动作行为完结的句法性语义特征，衍生出「秒で」这一副词性流行语。同时，通过考察还发现由“秒杀”泛化出的“秒 + V”与“～杀”构式新词反映出新时代人们对速度、效率这一文化价值观念建构以及青年人对新型情感交流方式建构的内在需求，而这样的需求也逐渐成为文化构建的重要组成部分。

【关 键 词】秒杀　典型语义　语用性派生用法　文化建构

中日两国之间的文化交流可以追溯到 3 ~ 4 世纪，中国的汉字传到日本

* 本文为吉林省社会科学基金一般项目“20 世纪 80 年代以来文化逆传播中的日源外来词研究”（项目编号：2021B212）的阶段性研究成果。

** 柳晓东，文学博士，吉林大学外国语学院日本语言文学系副教授，主要研究方向为日语语言学。

后，日本人据此创造了日本文字。唐宋时期，中国的词汇、文化及律法传到日本后，促使日本构建起律令社会并形成了唐风文化。然而，以 1894 年中日甲午战争为分界线，大量中国留日学生将日本译自西方的词语传回中国，产生了“文化逆传播”现象。这种“文化逆传播”在中国有两次高峰期：一是 19 世纪末至 20 世纪初，即“戊戌变法”至五四运动时期，中国对日本政治、经济、文化、科技方面进行学习之际吸收了大量日语词语；二是在自 20 世纪 80 年代以来的 40 多年间，随着中日经济、社会、文化交流的展开与加深，日语借词又一次进入汉语体系，这些外来词也被称为“日源新词”。

中国学者对日源外来词的研究大致可分为溯源研究、分类整理研究、与原语的比较研究，以及对汉语词汇体系的影响研究等几个方面。笔者认为，对日源外来词与原语在语法、语义和语用色彩方面的比较研究尚有不足之处。同时，日源外来词的“逆传播”与言语主体在文化价值观念建构方面的主观需求有着密切的联系。换句话说，日源外来词在传播过程中语义用法的演变与言语主体在文化价值心理驱动下的主观把握必然存在理论的接点，这方面的研究也存在进一步挖掘的空间。

在这种背景下，本文选取 21 世纪初在中国“逆传播”开来的日源新词“秒杀”作为考察对象，通过对比“秒杀”与原语「秒殺」的典型语义构造以及语用性派生用法，阐明两者的共同点与差异性，并揭示日源新词“秒杀”与言语主体在新时代文化价值观念建构需求方面的内在关联性。

一　日源新词“秒杀”的语义用法

《现代汉语词典》（第 6 版）对日源新词“秒杀”给出如下释义：“①瞬间击杀，指在极短的时间内击败对手（多用于网络游戏中）。②泛指在极短的时间内就结束：~价（在短时间内就结束的优惠价）。”①

① 中国社会科学院语言研究所词典编辑室编《现代汉语词典》（第 6 版），商务印书馆，2014，第 901 页。

“百度百科”对“秒杀”给出如下释义：“以压倒性优势一招致命或在极短时间内（比如一秒钟）解决对手，或者称为瞬秒（瞬间秒杀）”；“网上竞拍的一种新方式。所谓‘秒杀’，就是网络卖家发布一些超低价格的商品，所有买家在同一时间网上抢购的一种销售方式。由于商品价格低廉，往往一上架就被抢购一空，有时只用一秒钟”。①

从释义来看，两者第一义项基本一致，差别在于《现代汉语词典》（第 6 版）中“秒杀”第二个义项的界定更为宽泛，而“百度百科”的定义则做了更多限定，解释为“网上竞拍的一种新方式”。

另外，笔者通过对杨松柠、许秋娟、毕昕、林筠涵、朱文艳和陈小苗、李林艳等人关于“秒杀”一词的研究②进行梳理，发现先行研究中对“秒杀”一词语义界定存在出入。例如，杨松柠认为“秒杀”一词由 4 个义项构成，其中“一秒钟夺取对手生命”为基本义，“迅速淘汰，快速战胜”“快速获得（吸引），迅速取胜”“短时间内完成，迅速取胜”为引申义。③ 毕昕认为“迅速置对手于死地”为“秒杀”一词的基本义，“抢购，快速买到心仪物品的行为及相应事件”，“迅速击败、战胜对方，赢得胜利的行为及相应的事件”，“快速吸引，使其倾心的意义”，“作为编程用语、股市用语等专业术语的语义”为引申义。④ 朱文艳、陈小苗认为“秒杀”的基本义项为“迅速吸引”，衍生出的另外 3 个义项分别为“迅速击败”“短时间内抢购”“完全胜过”。⑤李林艳则完全遵照《现代汉语词典》（第 6 版）的义项内容对“秒杀”进行了

① “秒杀（汉语词语）”，百度百科，https://baike.baidu.com/item/%E7%A7%92%E6%9D%80/5661012?fr=aladdin；“秒杀（网购用语）”，百度百科，https://baike.baidu.com/item/%E7%A7%92%E6%9D%80/5661061?fr=aladdin，最后访问日期：2022 年 1 月 15 日。

② 杨松柠：《从网络中走出的新词语——秒杀》，《现代语文》（语言研究版）2010 年第 2 期；许秋娟：《“秒杀”：从新词语到流行语》，《柳州职业技术学院学报》2011 年第 1 期，第 47、48 页；毕昕：《“秒杀”的意义及其发展》，《语文建设》2012 年第 2 期；林筠涵：《从“秒杀”看“秒 + V”结构的由来》，《现代语文》（语言研究版）2013 年第 8 期；朱文艳、陈小苗：《日源借词“秒杀”探究》，《名作欣赏》2016 年第 12 期；李林艳：《“秒 V”构式研究——以“秒杀”为例》，《现代语文》2019 年第 8 期。

③ 杨松柠：《从网络中走出的新词语——秒杀》，《现代语文》（语言研究版）2010 年第 2 期，第 140 页。

④ 毕昕：《“秒杀”的意义及其发展》，《语文建设》2012 年第 2 期，第 73、74 页。

⑤ 朱文艳、陈小苗：《日源借词“秒杀”探究》，《名作欣赏》2016 年第 12 期，第 167 页。

释义。①

通过以上整理可以发现，除辞书的释义外，“秒杀”的语用义更加丰富，先行研究中关于“秒杀”的语义阐释基本上涵盖了其基本义与语用义。但是，“秒杀”的义项构成、各义项内部构造与义项的语用性派生机制尚待进一步考察。为此，笔者认为有必要对语素“秒”与“杀”的义项进行整理，并以此为出发点对以上问题进行详细考察。“百度百科”②、“百度汉语”③、“在线汉语字典”④ 等网络辞书类资源中关于“秒”与“杀”两个语素的释义基本一致，整理如下（对释义中的基本解释与详细解释进行归纳合并）。

“秒”：①谷物种子壳上的芒；②计算时间、弧和角以及经纬度的最小单位。⑤

“杀”（“秒杀”一词为偏正式构造，“杀”为动词性语素，因此此处只归纳其动词性语义）：①使人或动物失去生命；②战斗，搏斗，攻杀，激战；③消减，败坏；④终止，收束；⑤抑制，压抑；⑥缚紧，勒紧；⑦棋类术语，指围死或击败对方，亦指对弈；⑧药物等刺激身体感觉疼痛；⑨凋落；⑩挤出，取出。⑥

通过对两者的义项进行观察，可以发现“秒杀”中“秒”的“短时，瞬间，迅速”语义主要来自其义项②，即“计算时间的最小单位”之意的引申义。比起语素“秒”，语素“杀”的义项更为复杂，理论上，“杀”的10个动词性义项均可以参与“秒杀”的语义构造，但实际上并非如此。笔者通过对比“秒杀”的用例，发现语素“杀”的义项⑥至义项⑩并未参与

---

① 李林艳：《“秒 V”构式研究——以“秒杀”为例》，《现代语文》2019 年第 8 期，第 100 页。

② 百度百科，https://baike. baidu. com/。

③ 百度汉语，https://hanyu. baidu. com/。

④ 在线汉语字典，http://xh. 5156edu. com/。

⑤ “秒”，百度百科，https://baike. baidu. com/item/% E7% A7% 92/2924586#viewPageContent；“秒”，百度汉语，https://hanyu. baidu. com/s? wd = % E7% A7% 92& device = pc&from = home；“秒”，在线汉语字典，http://xh. 5156edu. com/html3/14322. html，最后访问日期：2022 年 1 月 22 日。

⑥ “杀”，百度百科，https://baike. baidu. com/item/% E6% 9D% 80/64246；“杀”，百度汉语，https://hanyu. baidu. com/s? wd = % E6% 9D% 80&from = zici；“杀”，在线汉语字典，http://xh. 5156edu. com/html3/11415. html，最后访问日期：2022 年 1 月 22 日。

“秒杀”的语义构造，义项⑦可视为“杀”的义项②与义项④的语用性派生，而“杀”的义项①至义项⑤在“秒杀”的语义形成中发挥了重要作用。据此，我们可以将“秒杀”的典型语义进行如下归纳。

（1）“秒杀”的典型语义：在竞争的语境中，瞬间抑制、削弱对方能力发挥，或战胜对方，终止竞争，甚至置对方于死地。

“秒杀”为及物动词，那么可以按照主体的行为作用对象以及行为作用强度对其典型语义进行详细规定。行为作用对象可按照具有客观属性的人、事物与具有主观属性的人的情感进行分类；行为作用强度可以分化为抑制和削弱对方、战胜对方与杀死对方，行为作用强度的分化体现出次第增强的连续性特征。另外，在“秒杀”的典型语义中，“杀”的义项②“战斗，搏斗，攻杀，激战”的过程性未充分体现的原因在于，语素“秒”的瞬时性削弱了“杀”的过程性语义的发挥，仅体现出“杀”的结果性语义，义项②“战斗，搏斗，攻杀，激战”处于潜在状态。

那么，“秒杀”的典型语义是如何在具体语境中结合不同的行为作用对象与行为作用强度来实现其丰富的语用性派生语义的？关于这一点，我们要结合实例进行详细分析。下面是笔者调查归纳的“秒杀”的代表性用例。

（2）在距离目标物30厘米远，就可以“秒杀”新冠病毒和细菌，灭活率分别达99.93%和99.99%，并且无臭氧、无残留、无衍生毒。①

（3）蓝色火焰秒杀魔王怪兽。

（4）我一咬牙，刺杀任务失败，翻身而起，一次七星碎岳斩劈在人群中，秒杀十几人之后离开了对方的弓箭手射击范围，巍然屹立于风中，低头看着魔山。

① 《厦大研发光子消杀新科技，新冠病毒灭活率达99.93%！》，厦门大学微信公众号，2021年12月8日，https://mp.weixin.qq.com/s/tRD4mn87yFC8RZfGHCNIxQ，最后访问日期：2022年1月24日。

(5) 近日里，样貌清纯的杭州酱饼妹秒杀神仙姐姐引起了不少网友的追捧，更惹得英国帅哥“表白”。

(6) 如此强悍的成绩足以秒杀任意一本强推榜上的作品，甚至是一些已经有着神格的作者都望尘莫及。

(7) 日系车有个好处就是不会是“纸面数据王”，实际驾驶起来，动力十足，可以说秒杀了很多轿跑车型。

(8) 爱情保鲜剂：一颗不变真心，三十六计神神秘秘，七十二般变化自己，三百六十五不断惊喜。秒杀审美疲劳，爱情永葆活力。

(9) 刘梓妍被韩在石眼神“秒杀”。

(10) 剧里首先出场的吴卓羲与马国明，一袭飞行服就秒杀了众多观众。

(11) 昨日，“神仙姐姐”刘亦菲以一袭绿色清凉连衣裙出现在现场，看上去仍似二八年华，秒杀菲林无数。①

例（2）至例（4）体现出“秒杀”这一行为作用的最高强度，即杀死对方的语义。例（2）至例（4）的行为作用对象为具有客观属性的物，即“新冠病毒和细菌”、拟人化的物“魔王怪兽”与人（“十几人”）。例（5）至例（7）体现出“秒杀”这一动作行为的中等强度，即在竞争语境中战胜对方。具体来说，例（5）中主体“酱饼妹”战胜“神仙姐姐”，例（6）中特定化的作品战胜其他“任意一本强推榜上的作品”，例（7）中“日系车”战胜其他“轿跑车型”，作用对象的属性依然是具有客观属性的人或物。例（8）至例（11）体现出“秒杀”这一动作行为的低等强度，即在竞争的语境中抑制、削弱对方的语义。这里值得注意的是，“秒杀”表达抑制、削弱对方的语义时，其作用对象一般限定在表示具有主观属性的人类情感上。例（8）中的“审美疲劳”、例（9）中的“刘梓妍”、例（10）中的“众多观众”中，除“审美疲劳”外，“刘梓妍”与“众多观众”看似均为具有客观属性的人，其实质却是人的情感。具体来看，例（9）中“韩在石的眼

① 例（3）至例（11）来自《秒杀造句》，造句网，https://zaojv.com/9283178.html，最后访问日期：2022 年 1 月 24 日。

神”和例（10）中的“一袭飞行服”的吴卓羲与马国明抑制、削弱的恰恰是“刘梓妍”与“众多观众”理性看待事物的情感状态，感情、精神方面的“被吸引”“被征服”并不是被战胜，而只是情感原本的理性状态被抑制、削弱。例（11）中被“秒杀”的对象虽然是“菲林”，但实际上被抑制、削弱的对象是操纵相机的摄影师的理性情感。基于以上分析，如表1所示，可以将“秒杀”的典型语义进行详细界定。

表1 “秒杀”的典型语义

<table>
<tr><th rowspan="2">行为作用强度</th><th colspan="3">行为作用对象</th></tr>
<tr><th>人</th><th>物</th><th>人的情感</th></tr>
<tr><td>高</td><td colspan="2">在竞争语境中瞬间杀死作为对手的人或物，终止竞争</td><td rowspan="2"></td></tr>
<tr><td>中</td><td colspan="2">在竞争语境中瞬间战胜作为对手的人或物，终止竞争</td></tr>
<tr><td>低</td><td colspan="2"></td><td>在竞争语境中抑制、削弱对方情感的理性状态</td></tr>
</table>

这种语义界定的有效性在于能够更好地把握词语的最基本的典型语义特征，在语用的条件下，可以对词语的多种语义用法进行有效的解释，如例（12）至例（15）。

（12）6月16日，记者应邀探访了今年广西普通高考评卷点，了解高考评卷工作进展情况。对大家普遍关心的高考作文评分问题，评卷老师明确表示，高考评卷绝对没有“秒杀”。[①]

（13）他麾下培训机构高手如林，多来自高校兼职教师，分工答题形同秒杀。

（14）上京东买保利的好房子，全场五折等你秒杀。

（15）阿克苏苹果热销后，“海宁购”第二款精品水果甜橘柚一经

① 《广西：高考作文评卷不存在“秒杀”》，中国政府网，2013年6月17日，http://www.gov.cn/govweb/fwxx/wy/2013-06/17/content_2427202.htm，最后访问日期：2022年1月24日。

上线，也是被无数市民秒杀了。[①]

例（12）中的“秒杀”意指高考作文阅卷教师不仔细阅读考生作文内容，短时间内给出与作文实际质量不符的分数。我们可以这样来理解，高考作文阅卷可视为在规定时间内评阅教师与大量答卷进行竞争的环境，评阅教师在短时间内给出分数，“战胜”大量待阅答卷，完成阅卷工作。例（13）中，“秒杀”的实质语义在于表达“作为高校兼职教师的高手”在短时间内分工协作，“战胜”大量试题，完成答题工作，依然可以用典型语义进行解释。例（14）、例（15）中“秒杀”的语义一般释义为“短时间内抢购一空”或“抢购，迅速购买到心仪商品”，在网购语境中使用十分广泛，但此种用法恰恰体现出“秒杀”的语用性复合语义。此种情况下，“秒杀”的语义由两方面构成：其一，指商家在特定时间内降低商品价格，被降低的商品价格瞬间抑制、削弱了消费者的理性购物心理；其二，指特定消费者在短时间内战胜其他具有购买欲望的竞争者，买到低价商品，终止抢购行为。从例（14）来看，“保利”首先在“京东”平台上将房价压低至五折，五折的房价瞬间消减了消费者的理性购房需求，“征服”了消费者，接下来促使消费者战胜其他竞争对手，抢先买到房子，终止竞购行为。

先行研究中，诸如“一秒钟夺取对手生命”“迅速淘汰，快速战胜”“快速获得（吸引），迅速取胜”“短时间内完成，迅速取胜”等基本义与引申义的界定固然没有错误，但忽略了语义界定的逻辑性，没有将语义的典型义与语用引申义进行严格的区分，因而欠缺有效性。

下面，有必要对日源新词“秒杀”的词法属性稍做梳理。通过前面的例句与语义分析也可以得到同样的结论，“秒杀”一词主要具备及物动词与名词两种属性，此处不再赘述。此外，“秒杀”还具有修饰语的属性，即可以做形容词与副词使用，一般承担定语、状语等句法功能。

① 例（13）至例（15）来自《秒杀造句》，造句网，https://zaojv.com/9283178.html，最后访问日期：2022年1月24日。

（16）秒杀价很低，一般是0元秒杀，1元秒杀，不过商品数量很少，也就一两个，是要靠抢的，肯定很多人在抢一个商品，也就一两个人有机会以秒杀价获得这样的商品。①

（17）一些“黄牛”介绍，他们会利用已有身份证件甚至编造虚假身份信息，先将线上号源“秒杀”囤积，找到买家后取消原有预约，再立刻用患者真实姓名补占。②

例（16）中的“秒杀价”是用“秒杀”修饰“价”的用法，意思是吸引消费者抢购欲望的价格，这种形容词性的用法也可以理解为构词法中语素的前缀性用法。例（17）中“秒杀”修饰后面的动词“囤积”，属于表达行为动作方式的副词性用法，意思是以抢购的方式囤积号源。

二　日语「秒殺」的语义用法

日源新词“秒杀”来源于日语「秒殺」，「秒殺」一词在日语中也属于新语、流行语，一般认为「秒殺」一词诞生于1993年，杂志『週刊プロセス』关于格斗赛事的报道中使用了这个词语，后来进入网络游戏，也大量用于表示玩家在游戏中“瞬间战胜对手”之意。③

我们先看一下，日语的辞书类文献是如何对「秒殺」下定义的：

Goo国語辞典、weblio辞書、コトバンク：“［名］（スル）格闘技などで、試合開始直後に相手を倒すこと”。④

Wikipedia：“格闘技その他について、勝負の決着が非常に短時間

---

① 《是不是秒杀价是多少就只要付多少?》，百度知道，https://zhidao.baidu.com/question/1309620712740157659.html，最后访问日期：2022年1月24日。

② 《“黄牛”抢医院挂号：几元专家号卖至上千》，齐齐哈尔新闻网，2016年1月19日，https://qiqihar.dbw.cn/system/2016/01/19/057046326.shtml，最后访问日期：2022年1月24日。

③ 「秒殺」、Wikipedia、https://ja.wikipedia.org/wiki/%E7%A7%92%E6%AE%BA［2022-1-25］。

④ 「秒殺」、Goo国語辞書、https://dictionary.goo.ne.jp/jn/；「秒殺」、weblio辞書、https://www.weblio.jp/content/%E7%A7%92%E6%AE%BA；「秒殺」、コトバンク、https://kotobank.jp/gs/?q=%E7%A7%92%E6%AE%BA［2022-1-25］。

でつくことを言う。”①

翻訳と辞書:“格闘技その他について、勝負の決着が非常に短時間でつくことを言う。(中略)現在では更に波及し、格闘技に限らず他スポーツ、更には勝負事でないジャンルでも圧倒的実力で決着がつくことを示す表現などで使われている。”②

通过以上释义可以看出，辞书中的语义界定与「秒殺」一词最初的使用语境一致，多用于体育竞技，表示瞬间击败对手之意，甚至也可以用于与竞技无关的领域，衍生出“凭借绝对的实力终结事态、解决问题”的语义用法。根据笔者有限的调查，关于日语新语、流行语「秒殺」的先行研究仅限于辞书类的语义记述，并没有发现围绕其语义用法展开的深入研究。辞书类文献中对与「秒殺」的语义阐释也未必全面，因此有必要通过实例，对「秒殺」的语义用法进行考察分析。

下面例（18）至例（20）属于典型的竞技或竞争语境中「秒殺」的用法，表达瞬间战胜或击败对手之意。例（18）是在实际的体育竞技性语境中、例（19）是在游戏竞技性语境中、例（20）是在政治性语境中，表示瞬间战胜对方或被对方瞬间击败的语义。

（18）12年3月にストライクフォース王座を獲得後、8月に行われた初防衛戦ではサラ・カウフマンを54秒で秒殺して防衛に成功した。③

（19）具体的には、プロゲーマーと格闘ゲームをプレイしたら秒殺された、とか、黒帯の彼なら1回戦の相手を秒殺出来る、といった

① 「秒殺」、Wikipedia、https://ja.wikipedia.org/wiki/%E7%A7%92%E6%AE%BA［2022－1－25］。

② 「秒殺」、翻訳と辞書、http://www.kotoba.ne.jp/word?p=%E7%A7%92%E6%AE%BA&d=0［2022－1－25］。

③ 「デイナ社長を動かした“ブロンドの女・三四郎”登場＝UFC展望」、Sportsnavi、2013年2月22日、https://sports.yahoo.co.jp/column/detail/201302220007－spnavi［2022－1－28］。

使い方が可能です。[①]

（20）秒殺された「野田聖子、小池百合子新党」[②]

例（18）至例（20）中行为动作的主体战胜的对手都是真实竞争语境中的人或者游戏竞技语境中拟人化的对手。同时，战胜或击败的对手也可以是同样具有客观化属性的事物，如例（21）中的「英語」与例（22）中的「100 問」都是具有一定挑战难度、需要战胜的对象。因此可以看出，「秒殺」所表达的依然是在竞争的语境中短时间战胜对方的语义。

（21）ここでは英語を秒殺していくスタイルでアドバイスをしていけるようなブログを書いていきたいと思っている。[③]

（22）もっと深い勉強をしている人は、様々な問題を秒殺したり、確実に解けるようになっていきます。[④]

与中文中“秒杀”的语义用法相似，日语的「秒殺」同样存在动作作用强度的分化，例（23）至例（26）中的「秒殺」与汉语一样，仅表现出低程度的作用性，具有抑制、削弱的语义特征，同时动作作用对象变为具有主观属性的人的情感。例（23）中的「仕事の悩み」、例（24）中的「イライラ」、例（25）中的「ネガティブな思考」均为表示人的情感、精神层面语义属性的名词，例（26）中的作用对象表面上看是「ファン」，实际上却是崇拜者的理性情感。因此，日语中的「秒殺」同中文一样，同样具备

① 「『秒殺』と『瞬殺』の違いとは？分かりやすく解釈」、意味解説辞典、https://meaning-dictionary.com/%e3%80%8c%e7%a7%92%e6%ae%ba%e3%80%8d%e3%81%a8%e3%80%8c%e7%9e%ac%e6%ae%ba%e3%80%8d%e3%81%ae%e9%81%95%e3%81%84%e3%81%a8%e3%81%af%ef%bc%9f%e5%88%86%e3%81%8b%e3%82%8a%e3%82%84%e3%81%99%e3%81%8f%e8%a7%a3%e9%87%88/［2022-1-28］。

② 「秒殺された『野田聖子、小池百合子新党』」、PRESIDENT Online、2017 年 9 月 21 日、https://president.jp/articles/-/23147?page=1［2022-1-28］。

③ 「英語は秒殺だ」、@niftyココログ、2014 年 6 月 2 日、http://speedupdown.cocolog-nifty.com/blog/2014/06/post-bd92.html［2022-1-28］。

④ 「冬季無料　特別講座」、PowerPoint、2018 年 12 月、https://s18.shingakukai.or.jp/wp-content/uploads/sites/97/2018/12/h2_winter_lesson_correct.pdf［2022-1-28］。

“瞬间抑制、削弱人的理性情感”的语义特征。

（23）仕事の悩みを秒殺してくれる「最強の教え」8 選。[①]

（24）イライラを秒殺する100の科学的メソッド 。[②]

（25）ネガティブな思考を秒殺する超簡単な方法。[③]

（26）ドライブシーンがセクシーだと話題となった、昨年の『Life Goes On』の終盤では、誘惑するような目つきでファンを秒殺してみせた。[④]

在用例调查中，笔者还发现「秒殺」的少数用例也可以表达“瞬间夺取对方生命、杀死对方”的语义。例如，例（27）中，瞬间杀死的对象是「コロナウイルス」（新冠病毒）。

（27）UVCはコロナウイルスを秒殺します。殺菌作用が強すぎて人もUVCを直接浴びれば危険です。[⑤]

通过以上考察，笔者发现日语原语中的「秒殺」具有与日源新词“秒杀”基本一致的语义特征，这也说明日源新词“秒杀”基本沿用了日语中「秒殺」的语义。我们可以进一步通过分析日语中「秒殺」的语素「秒」与「殺」的语义构成明确这一结论。笔者综合『デジタル大辞泉』[⑥] 与『明鏡

① 「仕事の悩みを秒殺してくれる『最強の教え』8 選」、笑うメディア クレイジー、2021 年 9 月 19 日、https://curazy.com/archives/426973［2022－1－28］。

② 「イライラを秒殺する100の科学的メソッド 」、心が落ち着くカウンセリング動画集、2018 年 5 月 13 日、https://cocorowakuwaku.com/daigo/15536［2022－1－28］。

③ 「ネガティブな思考を秒殺する超簡単な方法」、Hatena Blog 賢人の智慧いいとこ取り事典、2021 年 1 月 9 日、https://ytsuchi55.hatenablog.com/entry/2021/01/09/064511［2022－1－28］。

④ 「1 秒で十分！BTS Vが放つ『秒殺 キラースマイル』」、Ameba、https://ameblo.jp/cxa0829/entry－12653397298.html［2022－1－28］。

⑤ 「空気感染にはUVC！」、小野木医院ホームページ、2021 年 1 月 31 日、https://www.dr-onoki.jp/archives/2030［2022－1－28］。

⑥ 『デジタル大辞泉』、https://www.weblio.jp/cat/dictionary/sgkdj。

国語辞典　初版・携帯版』[①] 两部辞书，对语素「秒」与「殺」的义项进行归纳，整理如下。

「秒」：①時間の単位。②角度・経緯度の単位。③わずかの時間。[②]

「殺」：①生きているもの（特に、人や動物）の生命を絶つ。命を奪う。②不本意ながら人や動物を死なせる。③生理現象や感情を抑える。押し殺す。また、意図的にものの勢いを弱くする。④ある作用が、そのものの持つ能力や特性を損なう。駄目にする。壊す。⑤相手を悩殺する。惚（ほ）れさせて意のままにあやつる。⑥競技やゲームなどで、何かの方法によって相手方が活動できないようにする。⑦動詞の連用形に付いて、いやになるほどその動作をする意を表す。⑧衣服類を質（しち）に入れる。⑨清算取引で、相場の変動のため客が取引員に追加して支払うべき証拠金を納入しなかった際、客の建玉を⑪程度を強める語。[③]

从语素「秒」与「殺」的义项可以看出，辞书中对「秒殺」一词的释义主要是由「秒」的义项③＋「殺」的义项⑥构成，解释为“在竞技性活动或游戏中瞬间使对手失去抵抗能力、击败对手”。同时，「殺」的义项①至⑤也参与了「秒殺」的语义构造。具体来看，义项①和②可合并起来，表示动作作用性最高程度的“杀死对方”之意，作用对象既可以是人也可以是物；义项③和⑤可合并，表示动作作用性低程度的“抑制、削弱对方”之意，作用对象一般为人的情感；义项④和⑥则表示动作作用性中等程度的

① 北原保雄『明鏡国語辞典　初版・携帯版』、大修館書店、2003、608、643、1408 頁。

② 「秒」、『デジタル大辞泉』、https://www.weblio.jp/content/%E7%A7%92；「秒」、北原保雄『明鏡国語辞典　初版・携帯版)』、大修館書店、2003、1408 頁。

③ 「殺」、『デジタル大辞泉』、https://www.weblio.jp/content/%E6%AE%BA；「殺す」、『デジタル大辞泉』、https://www.weblio.jp/content/%E6%AE%BA%E3%81%99；「殺」、北原保雄『明鏡国語辞典　初版・携帯版』、大修館書店、2003、643 頁；「殺す」、北原保雄『明鏡国語辞典　初版・携帯版』、大修館書店、2003、608 頁。

“战胜、击败对方”之意，表示“破坏对方的能力或特性，战胜对方”。

这样一来，对日语「秒殺」一词的典型语义进行归纳，可以得到与汉语“秒杀”典型语义一致的结论（见表2）。

表2 日语「秒殺」的典型语义

行为作用强度	行为作用对象		
	人	物	人的情感
高	在竞争语境中瞬间杀死作为对手的人或物，终止竞争		
中	在竞争语境中瞬间战胜作为对手的人或物，终止竞争		
低			在竞争语境中抑制、削弱对方情感的理性状态

值得注意的是，除典型语义外，「秒殺」还衍生出“凭借绝对的实力终结事情、解决问题”的语义用法，这一点该如何理解呢？首先，通过用例调查，笔者发现一部分「秒殺」的用法的确脱离了典型的竞争性语境，语素「殺」的语义中也没有“抑制、削弱，战胜或杀死对方”的要素，如下面的例（28）至例（33）。

（28）商店街で買い占め、在庫を秒殺して売り切るのは比較的に難しいことです。①

（29）よもぎシフォン、桜バージョン。本日8個のみ、テイクアウト販売。おひとつ550円、お2つまで購入可能。今日も秒殺で完売しましたね。素晴らしい。②

① 「ショッピングモールで秒買いをして在庫オーバーを防ぐ方法」、JPDEBUG、https://jpdebug.com/p/800643［2022-1-28］。

② 「ヒカルン7304のブログ」、Rakuten BLOG、2020年4月9日、https://r.search.yahoo.com/_ylt=AwrxywLWuaZiGnMAWhcj4gt.；_ylu=Y29sbwNzZzMEcG9zAzIEdnRpZAMEc2VjA3Ny/RV=2/RE=1655122519/RO=10/RU=https%3a%2f%2fplaza.rakuten.co.jp%2fpanda4493930%2fdiary%2f202004090000%2f/RK=2/RS=h0DIt_vFfEtxX672p6m2nJ364Y0-［2022-1-28］。

（30）誕生日にあげた赤いプーマサッカーボールが秒殺でボロボロ……①

（31）はじめまして。こちらですが、秒殺で返答があり適用できない場合は、何らかの理由で即時却下されていると推測されます。②

（32）麺が伸びるのはイヤなので、まずはサラダを秒殺してラーメンから。③

（33）多分ですが、作るのも食べるのも秒殺です。「レタスの秒殺サラダ」。めんつゆを使った簡単ドレッシングでレタスがスナック菓子のようにバリバリ食べられます。④

仔细观察这些例句，可以发现，除例（28）、例（32）外，其他例句中使用的是「秒殺」的名词词性，而且有 3 个例句中以「秒殺」后续格助词「で」的形式修饰谓语，「秒殺で」整体上具有样态副词的属性。从语义角度来考虑，以上例句中语素「殺」的语义被弱化、被漂白，取而代之的是语法化功能得到增强。也就是说，语素「殺」所表示的“抑制、削弱、战胜、杀死”等语义弱化，仅承担相当于日语中“体”的语法功能，显现出动作行为完结的句法性语义特征，而具体的动作行为往往体现在后接谓语中。此时，语素「秒」所表达的“瞬间”“快速”语义发挥主要作用，「秒殺」的语义可以界定为“瞬间（完成……）”“快速（做好）……”。结合上面例句来看，例（28）中的「秒殺」虽然是动词，但实为副词性修饰成分，真正的谓语是后续的「売り切る」，此时「秒殺」仅表达“瞬间”“快速”这一语义，具体的动作作用内容体现在后续动词「売り切る」上。例（29）、例

① 少納言『現代日本語書き言葉均衡コーパス』、https://shonagon. ninjal. ac. jp/［2022 - 1 - 28］。

② 「Jun KOBAYASHI ダイヤモンド プロダクト エキスパート Live Long and Prosper」、マップヘルプ、2020 年 5 月 25 日、https://support. google. com/maps/thread/48800392/［2022 - 1 - 28］。

③ 「築館のお店に似てますね」、食べログ、https://tabelog. com/miyagi/A0401/A040102/4012136/dtlrvwlst/B113700795/［2022 - 1 - 28］。

④ 「レタスの秒殺サラダ」、バズレシピ . com、2020 年 5 月 13 日、https://www. youtube. com/watch? v = fULOfsVB9L4［2022 - 1 - 28］。

(30)、例（31）虽然都使用「秒殺で」的形态，但语素「殺」所表达的动作作用性语义均由后接的「完売する」「ボロボロ（に壊される）」「返答がある」承担，「殺」的语义被漂白。例（32）中「秒殺する」的语义可以解释为“快速完成（‘吃沙拉’这一行为)”或“瞬间解决掉（沙拉)”，不管是哪种解释，语素「殺」的实质性语义都被进行了模糊化处理。例（33）中，两处「秒殺」一处做名词谓语，一处做名词修饰语（定语），两者语义都表示“瞬间完成”“快速做好”。

另外，从语法性方面考虑，日语「秒殺」具备他动词、名词、副词的词性，在句中可以承担谓语、主语、宾语、连体修饰语（定语）与连用修饰语（状语）的句法功能。这一点从上面的语义分析中也能得出同样的结论，此处不再赘述。

三　日源新词“秒杀”与原语「秒殺」的语义对比与语用性派生用法

通过第一节与第二节的考察分析可以知道，日源新词“秒杀”与原语「秒殺」的典型语义与语义构造几乎完全一致，这也符合作为日语构词语素的汉字来源于中国、其基本义项与中文大致相同这一特征。日语中用汉字组成的新语、流行语对于中国日语学习者来说在理解上没有太大障碍，而且这部分新语、流行语作为日源新词在中国容易传播，典型语义一般也不会发生根本性变化。

但不能忽视的一点是，日语「秒殺」一词中语素「殺」出现了语义弱化的现象，即语素「殺」仅表现出动作行为性语义特征，其实质性语义成分消失，消失的义项由后项谓语或语境内容补充。这一特点是日源新词“秒杀”所不具备的，这主要是由中、日两国语言的自身特点决定的。

汉语中，“秒杀”一词的主要语义是由语素“杀”决定的，语义相对固定，即使在语用条件下语境内容可对语义进行适度补充，其语义的扩张也是有限的。与语素“杀”不同，语素“秒”表达的“瞬间”“快速”的义项则具备丰富的造词能力，“秒”可以与其他动词结合，派生出大量新词，这也与作为孤立语的汉语的汉字强大构词能力密切相关。因此，“秒杀”作为日源新词进入汉语后，语素“秒”摆脱语素“杀”的束缚，通过“秒+V”这一构式派生出大量新词，先行研究中也对这一构词现象多有提及①。笔者通过粗略调查，发现有如下较为常用的“秒+V”结构的新词出现。

（34）秒回、秒赞、秒送、秒懂、秒删、秒开、秒拍、秒退、秒赚、秒购、秒转、秒败、秒变……

这些“秒+V”构式的新词是伴随日源新词“秒杀”一词的出现、流行与广泛传播，在短时间内仿照“秒杀”的构词形式涌现出来的，凡具备动作行为在短时间内完成或事态在短时间内发生变化的语义特征，都可以用语素“秒”搭配恰当的动词，形成“秒+V”结构的新词。但是，从动词的属性来看，及物动词的使用比例要远远高于不及物动词，可以参见下面例句。

（35）不回你信息的人，不一定是不尊重你，但是秒回你信息的人，一定很在乎你。②

（36）明确表达主题，让人秒懂你的意思。③

（37）我国风云四号气象卫星发射成功　可秒拍500张图“捕捉”

---

① 例如，贾锦锦：《从“秒”到“秒X”现象分析》，《现代语文》2012年第1期，第30、31、32页；林小径：《网络用语“秒V”研究》，《阜阳师范学院学报》（社会科学版）2016年第6期，第48、49、50页；刘天爱：《词语模“秒X”的形成过程及类推机制》，《语言文字修辞》2016年第7期，第54、55页；刘银姣：《新闻标题中的网络新词“秒X”》，《内江师范学院学报》2019年第7期，第60、61、62、63页；许红晴、杨奔：《今天你“秒”到了吗？——网络新词“秒”小探》，《语文月刊》2012年第11期，第91、92页；张淑敏：《“秒”的用法新探》，《晋城职业技术学院学报》2021年第3期，第79、80、81、85页。

② 林熙：《秒回你信息的人，一定很在乎你》，快资讯，2017年7月10日，https://www.360kuai.com/pc/925ae6b392060de72?cota=4&tj_url=so_rec&sign=360_57c3bbd1&refer_scene=so_1，最后访问日期：2022年1月29日。

③ Stella：《明确表达主题，让别人秒懂你的意思》，人人都是产品经理，2020年2月10日，http://www.woshipm.com/zhichang/3227531.html，最后访问日期：2022年2月15日。

闪电。①

(38) 一个人有情绪的时候，不管是高兴还是难过，都喜欢发朋友圈让人来评论点赞。你知道一发就会被秒赞的句子怎么写吗？今天小编在这给大家整理了一些一发就会被秒赞的句子，我们一起来看看吧！②

(39) 我们每天都要面对形形色色的人处理很多事情，难免有时会遇到纠结与不快。这时一定要让自己学会秒转。那么秒转是什么意思呢？所谓的秒转就是三秒之内转变情绪，不要让自己陷在情绪内，变愤怒为平和，如果能成为快乐那就更好啦。③

另外，“秒”除了可以和单音节动词组合外，还可以和双音节动词组合，如“秒反应”“秒回复”“秒接单”“秒拒绝”等，都是表示“短时间内”或“瞬间”完成某种动作行为或某种事态发生变化。与“秒杀”比较，其他“秒 + V”的词语组合性和语义透明性都较明显，意思相对单一、明了，例（35）至例（39）中的“秒 + V”构式分别表达“在极短时间内回复”“立刻懂得”“瞬间拍摄”“瞬间点赞”“立刻做出转变”之意。

在“秒杀”发展传播的过程中，在语言经济性原则的驱动下，充当核心谓语成分的语素“杀”出现了语形消失的现象，其语义转移到充当状语性成分的语素“秒”中，语素“秒”独自担当起“秒杀”的语义角色，具有相当于“秒杀”的独立动词性用法和词义，如例（40）至例（42）。

---

① 《我国风云四号气象卫星发射成功　可秒拍 500 张图“捕捉”闪电》，中国政府网，2016 年 12 月 11 日，http://www.gov.cn/xinwen/2016-12/11/content_5146299.htm，最后访问日期：2022 年 1 月 29 日。

② 《一发就会被秒赞的句子》，知识学习啦，2022 年 2 月 1 日，https://baijiahao.baidu.com/s?id=1721001606398548794&wfr=spider&for=pc，最后访问日期：2022 年 2 月 15 日。

③ 《秒转》，简书，2018 年 8 月 14 日，https://www.jianshu.com/p/61e583f487a3?utm_campaign=maleskine&utm_content=note&utm_medium=seo_notes&utm_source=recommendation，最后访问日期：2022 年 2 月 1 日。

（40）电影红辣椒中的大 boss 为什么一下就被秒了？[①]

（41）李俊峰坦言对于此次“一元秒房”成功感到十分意外，“工作人员打电话来时完全不敢相信”。[②]

（42）饿狼初次展露实力，秒了一群人，潇洒离场很帅气。[③]

与汉语语素“秒”相比，日语中「秒」并不具备强大的构词能力，因而没有出现如汉语一样的“秒 + V”构式的新词，同时「秒」也没有独立成为动词。但一个有意思的现象是，在日语中，作为年轻人流行语诞生了一个副词「秒で」。文献中对「秒で」的语源没有给出明确的说法，在 IT 网络工程领域赫赫有名的“Ameba”发布的 2014 年流行语排行榜中，「秒で」居第 7 位[④]。从时间来看，「秒で」的诞生晚于「秒殺」，笔者猜测有可能来源于流行语「秒殺」一词，由「秒殺」的谓语性中心语素「殺」语义弱化、脱落而来。因为「秒で」具有「すぐに」「数秒で」「一瞬で」等语义特征，与「秒殺」中语素「秒」的语义具有一致性。一般可以组成如（43）所列的表达方式。

（43）秒で考えた名前
秒で好きになった
秒でフラれた
秒で秘密をバラされた
秒で画像を保存した

---

① 《电影红辣椒中大 boss 为什么一下就被秒了?》，知乎，2017 年 5 月 16 日，https://www.zhihu.com/tardis/landing/360/ans/170383185?query=%E8%A2%AB%E7%A7%92%E4%BA%86&guid=15484592.3119847977320457700.1636151825013.882&mid=c0dce5d30ae8857faa75014aed685532，最后访问日期：2022 年 1 月 29 日。

② 《武汉青年一元“秒房”夺冠　获 30 万住房一套》，中国新闻网，2010 年 4 月 19 日，https://www.chinanews.com.cn/estate/news/2010/04-19/2233169.shtml，最后访问日期：2022 年 1 月 29 日。

③ 《一拳超人 2：饿狼初次展露实力，秒了一群人，潇洒离场很帅气!》，搜狐网，2019 年 4 月 20 日，https://www.sohu.com/a/308864563_10003925，最后访问日期：2022 年 1 月 29 日。

④ 「秒で」、元ネタ・由来を集めるサイト タネタン、2018 年 7 月 22 日、https://moto-neta.com/net/byoude/［2022-1-29］。

秒で寝る
秒で風呂に入ってくる
秒で帰宅する
秒で食い終わった①

从语法功能方面考虑,「秒で」属于样态副词,一般修饰后续谓语动词,语义上具有“瞬间”“极短时间内”之意,与汉语中“秒 + V”构式中的语素“秒”的语法功能和语义特征一致。日语虽然与汉语一样也使用汉字,但作为黏着语的日语中的汉字不再具备与汉语同等水平的构词能力,因而会采用「秒で」这一独立副词形式来表达同样的语义功能。

通过以上考察,我们可以得出这样的结论:第一,汉语中“秒杀”与日语中「秒殺」的典型语义基本一致,这主要缘于语素“秒”与“杀”在汉、日两语中的语义一致性;第二,随着汉语中“秒杀”一词的流行传播,得益于汉字强大的构词能力,语素“秒”的语义进一步独立出来,与其他动词结合,泛化出大量具备“秒 + V”构式的汉语新词;第三,日语中「秒殺」一词的语素「殺」语义弱化,「秒殺」可以表达“瞬间完成”“短时间内做好”等语义,语素「殺」进一步脱落,语素「秒」后续助词「で」,形成「秒で」一词,其语义特征与汉语“秒 + V”构式中语素“秒”一致;第四,汉语中“秒”由语素升格为动词,独立表达“秒杀”语义的派生性用法是日语中没有的,这可以由日语语素的单独构词能力弱于汉语这一特征得到解释。

四　“秒杀”的传播、泛化与新时代文化价值观念建构的内在关联

日源新词“秒杀”进入汉语中广泛传播,并泛化出“秒 + V”构式新词,以及“秒”的动词性派生现象,这其中除汉语强大的语素构词能力作为

① 「秒で」、元ネタ・由来を集めるサイト タネタン、2018 年 7 月 22 日、https://moto-neta.com/net/byoude/［2022 - 1 - 29］。

语言本体的强有力支撑外，笔者认为新时代中国文化价值观念建构的内因驱动亦是不能忽视的重要条件。

首先，我们回顾一下日源新词“秒杀”一词进入中国后是如何传播并沉淀下来的。① 2002年，“秒杀”一词最早作为网络游戏用语出现，2007年出现在《中国语言生活状况报告（2006）》列出的171条新词中，2010年被选入《咬文嚼字》公布的“2009年十大流行语”，2012年“秒杀”被《现代汉语词典》（第6版）正式收录。可以说，进入21世纪以来，中国经济高速发展、国家软硬实力显著提高、国民物质文化生活极大丰富为日源新词“秒杀”的传播、“秒+V”构式新词的出现和使用提供了必要条件。仔细分析秒变、秒懂、秒购、秒拍、秒抢、秒删、秒售、秒停、秒赞、秒转等词语，我们不难发现，这类“秒+V”构式的新词应用于国民生活的衣、食、住、行方面，特别是经济、政治、文化生活，商业行为，网络通信领域硬件的改善，为“秒杀”以及“秒+V”构式新词的传播与沉淀提供了充分的物质基础。这恰恰反映了人们对速度的追求与对效率的崇尚，是人们对快速、高效这一文化价值观念建构的内在需求。在这样的背景下，“秒杀”一词一经出现，就迅速得到对新兴外来文化极其敏感的年轻人的关注，加之官方媒体报道中也频繁使用，逐渐成为文化价值观念建构的重要组成部分。在人们对“秒”文化建构需求与对“秒”价值观念形成社会认同的背景下，社会、经济、政治、文化生活的各个方面又以“秒”价值观念的实现为目标，不断追求高效、便捷的行为达成手段，给整个社会的快速、高效发展带来了质的飞跃。

为对“秒+V”构式新词的使用情况进行测试，笔者在“中国政府网”②以“秒”为关键词进行搜索（2002年1月1日至2022年1月30日），得到如下用例：

（44）浙江：“浙里办”106个事项“智能<u>秒办</u>”（2021年11月7

① 《“秒”是怎样从时间量词变为动词“秒杀”的》，搜狐网，2019年5月10日，https://www.sohu.com/a/313179618_99992021，最后访问日期：2022年1月29日。

② 中国政府网，http://www.gov.cn/index.htm，检索日期：2022年1月30日。

日，括号内时间为发布日期，下同）

福州上线行政审批智能“秒报”服务（2021 年 4 月 5 日）

重庆：支持区县探索“免证办”“秒办”（2021 年 1 月 30 日）

甘肃出口企业申领原产地证书通过智能审核迈入“秒通”模式（2020 年 12 月 27 日）

海关总署：“智能审核”全国推广　原产地证书“秒批”全面开启（2020 年 12 月 21 日）

诚信企业用票免检“秒办”　海南试点增值税发票“白名单”制度（2020 年 12 月 20 日）

云南出口企业原产地证书申领实现“秒通”（2020 年 12 月 20 日）

“秒报秒批一体化”推动深圳数字政府再提速（2020 年 12 月 15 日）

太原实现新开办企业线上“秒批秒办”（2020 年 11 月 2 日）

“秒批”新企业　呵护“困难户”——吉林省助企见闻（2020 年 10 月 30 日）

营业执照能“秒批”——吉林长春推进智能审批激活市场活力（2020 年 8 月 5 日）

部分跨省游产品“秒光”，恢复中的旅游业正发生哪些变化？（2020 年 7 月 29 日）

广西北海：企业开办实现一网通办、一键秒批（2020 年 6 月 23 日）

广东：执照“秒换秒领”　变更“最多跑一次”（2020 年 1 月 17 日）

通宵排队　线上“秒光”——首批冬奥吉祥物特许商品销售火爆（2019 年 10 月 5 日）

深圳“秒批”企业登记（2019 年 9 月 20 日）

济南：资质数据“秒用”让建筑企业招投标报名“零跑腿”（2019 年 8 月 18 日）

山东省首次“秒批”企业营业执照（2019 年 8 月 15 日）

青岛上线智能登记系统　企业设立进入“秒批”时代（2019 年 8 月 13 日）

秒懂国务院　TA 们为什么“元气满满”？（2019 年 8 月 7 日）

秒产超30吨　钢产量连创新高为哪般？（2019年8月1日）

广东：首推“秒批”政务服务　民生事项“指尖办理”（2019年7月15日）

广州推出“手机秒办公证”（2019年6月29日）

深圳市市场监管局在全国率先开展个体工商户“秒批”服务（2019年3月26日）

深圳推进个体工商户“秒批”改革（2019年3月21日）

深圳开出首张“秒批”的个体户营业执照！审批只需几十秒（2019年3月20日）

深圳落户“秒批”扩大至4种人才（2019年2月16日）

深圳引才再升级　4类在职人才落户月底实现“秒批”（2019年2月15日）

长沙宁乡“智慧园区”创新服务“贷款秒批”解中小微企业融资难（2018年11月27日）

广州：“秒批”跑出商事登记加速度（2018年11月1日）

深圳：落户“秒批”引进7.6万毕业生（2018年10月19日）

【经验做法】深圳应届毕业生引进入户实行“秒批”办理，“互联网+政务”为来深人才提供更便捷服务（2018年7月2日）

漳州简化行政审批试水“秒批”（2018年5月18日）

湖南：出入境货物检验检疫最快可“秒放”（2017年12月8日）

【优化服务】广西推进政务审批智能化　“秒批”群众申请（2017年11月17日）

湖北检验检疫通关“秒放行”（2017年11月4日）

云南：原产地证书进入“秒签”时代（2017年10月16日）

秒懂国务院　医保异地结算，一分钟看懂到底怎么办（2017年10月1日）

109秒快闪　带你秒懂政府工作报告九大民生亮点（2017年3月14日）

我国风云四号气象卫星发射成功　可秒拍500张图“捕捉”闪电（2016年12月11日）

秒拍成国内最大短视频播放平台——移动视频或成下一个风口（2016 年 11 月 23 日）

李克强点赞河南“秒通关”新模式（2016 年 7 月 4 日）

抢号软件“秒杀”号源 医院挂号“黄牛”猖獗（2016 年 1 月 18 日）

证监会就新股首日交易出现“秒停”现象等答记者问（2014 年 2 月 14 日）

车价将被推涨？——各方驳斥“三包规定秒杀车市”论（2013 年 8 月 8 日）

广西：高考作文评卷不存在“秒杀”（2013 年 6 月 17 日）

警方提醒：网络“秒杀”陷阱多（2012 年 12 月 11 日）

海南航空推出 99 元特价机票秒杀活动（2010 年 9 月 14 日）

中国政府网是官方媒体网站，报道书写用词谨慎，即便这样，我们还是得到包括“秒杀”在内的“秒 + V”构式用例 48 个。这大概是因为“秒杀”一词 2010 年进入《咬文嚼字》公布的“2009 年十大流行语”之列，2012 年“秒杀”才被《现代汉语词典（第 6 版）》正式收录，因此在 2010 之前的政府新闻报道并未使用“秒杀”一词或“秒 + V”构式的新词。但从 2010 年开始，“秒 + V”构式新词出现在中国政府网上公布的报道中，使用频率呈逐年递增趋势。从中我们可以看出，使用最多的“秒 + V”构式新词就是“秒批”“秒办”“秒签”“秒通”等。中国政府网报道的多是各级政府相关工作内容，政府的工作涉及国计民生的诸多方面，但这些“秒 + V”构式新词的共同点是出现在各级政府部门、企事业单位提高办公效率、为民众提供便捷服务的语境中。这充分体现出新时代人们对高效、快捷生活的向往，对快速、高效文化价值观念构建的迫切需求。同时，“秒 + V”构式新词的广泛应用也势必对快速、高效这一文化价值观念建构的实现提供内在动力。例（44）中“秒批”一词出现了 21 次，通过“秒批”一词的广泛使用，民众形成对政府部门“快速审批”价值观念的认同，促使政府部门更好地提高服务意识、改进服务手段，为国民提供更为高效、便捷的服务。

另外，进入 21 世纪以来，青年人在情感领域的需求与外显出来的倾向也在发生变化。一方面，青年人在情感方面征服、吸引他人的欲望增强；另一方面，青年人的情感变化更为迅速、突然。在这种背景下，日源新词“秒杀”中语素“杀”所表达的“对人的情感的抑制、削弱”语义进一步引申为“对人情感上的吸引、征服”之意。随着语素“杀”演变为兼有动词性与名词性的词缀，衍生了大量“～杀”构式的新词，“～”部分既可以是动宾词组也可以是名词，如例（45）。

（45）回忆杀、捧脸杀、摸头杀、壁咚杀、背影杀、回头杀、侧脸杀、露肩杀、怀中抱妹杀、直男按头杀……

这类新词在很大程度上受到日本二次元文化（ACG 文化）与网络流行小说、影视剧的影响，表达出行为主体在极短时间内通过肢体行为使对方的情感、心理发生变化，从而达到迅速吸引对方、在情感上征服对方这一目的。当然，“～杀”构式新词也可以理解为“秒杀”一词以具体肢体行为为手段，在情感领域中的语用性语义泛化的产物。这些新词迎合了青年人的情感心理需求，得以迅速传播，同时在一定程度上也会左右未成年人情感价值观念的形成，这一点也应引起我们足够的重视。

另外，语素“杀”在游戏娱乐领域还会形成诸如“狼人杀”“三国杀”“剧本杀”等新词，此处的“杀”表达的是“在竞争的语境中战胜对方”之意，依然属于语素“杀”的语用性派生用法。

结　语

日源新词“秒杀”一词于 21 世纪初随着网络游戏传入中国，并迅速在文化生活的各个领域传播开来。很多人认为日源新词“秒杀”与日语原语在语义用法方面存在较大出入，带有明显的本土化特征。本文从构词语素的语义分析入手，基于大量实例，对日源新词“秒杀”与原语「秒殺」的典型语义、语义构造及其语用性派生用法进行了对比研究。认为日源新词“秒杀”与原语「秒殺」的典型语义特征基本一致，这主要缘于语素“秒”与

“杀”在汉、日两语中的语义一致性。同时，本文按照主体的行为作用对象以及行为作用强度对日源新词“秒杀”与原语「秒殺」的语义构造进行了较为详细的分析。两者的差异之处在于日源新词“秒杀”的语用性用法更加丰富，并泛化出大量“秒 + V”构式与“～杀”构式的汉语新词，甚至“秒”由语素升格为动词，独立表达“秒杀”语义；原语「秒殺」的语素「殺」的语义弱化，可以仅承担“体”的语法功能，显现出动作行为完结的句法性语义特征，衍生出「秒で」这一副词性流行语。

日源新词“秒杀”与由“秒杀”泛化出的“秒 + V”新词在汉语中的“逆传播”反映出新时代人们对速度的追求与对效率的崇尚，对速度、效率这一文化价值观念建构的内在需求。同时，高效、快速这一文化概念也会成为新时代文化价值观念建构的重要组成部分。在人们对“秒”文化建构需求与对“秒”价值观念形成社会认同的背景下，社会、经济、政治、文化生活的各个方面又以“秒”价值观念的实现为目标，不断追求高效、便捷的行为达成手段，使整个社会的快速、高效发展实现质的飞跃。由“秒杀”泛化出的“～杀”构式新词则表达出行为主体在极短时间内通过肢体行为使对方的情感、心理发生变化，从而达到迅速吸引对方、在情感上征服对方这一目的，体现了青年人对新型情感交流方式建构的内在需求。

柳父章“宝匣效应”视域下的翻译语“自然”和原语“nature”

徐　青*

【内容提要】日本近代形形色色的翻译语以特定的形式反映了日本接纳西方思潮的脉搏和历史发展的轨迹。本文以“自然”为例，探讨了原语“nature”和传统日语“自然”的内涵。研究发现，原语“nature”与传统日语“自然”的含义虽有部分内容重合，例如“非人为”的解释，但仍有不同之处。“nature”与“自然”原本各自属于不同的语言体系，但在使用翻译语“自然”的过程中，忽视了二者属于不同语系以及它们的不同点。二者最大的不同点在于形式，“自然”可以作为副词使用，而“nature”是名词，其形容词是“natural”，副词是“naturally”，含义与日语“自然”互不相容，特别是“物体界与其诸现象”的解释，这些都影响着对“nature”含义的正确理解。由此，在柳父章所指摘的“宝匣效应”的影响下，翻译语“自然”体现出三层含义。

【关 键 词】日本　翻译语　柳父章　宝匣效应　自然

一　日本翻译理论家柳父章

2018 年日本翻译学会名誉会员柳父章去世。柳父章在翻译、比较文化领

* 徐青，浙江理工大学外国语学院日语系副教授，主要研究方向为国际文化关系学。

域具有较高的威望，为了表彰柳父章的贡献，1987 年，授予柳父章第十四届山崎奖[①]。从柳父章的《翻译语论理：从语言来看日本文化的构造》[②]、《文体论理：小林秀雄思考的构造》[③]、《何谓翻译：日本语与翻译文化》[④] 以及《翻译的思想：自然与 nature》[⑤] 等著作中，可以发现柳父章最关心的问题有两个：一是“翻译语”[⑥]，二是“翻译文体”。

柳父章虽然提出日本是个翻译文化国家，“翻译文化”是日本学术思想的基础，但是日本学者对翻译的研究并不热衷。日本不仅没有“翻译”学科，而且连“翻译家”的称谓都没有。柳父章曾指出：“在日本，基本没有人研究翻译理论。在西方，翻译学却很兴旺。西方的翻译学东渡日本后，并没有激发日本人研究翻译的热情。令人不可思议的是，如果要论出版数量的话，那日本在翻译出版领域绝对是世界第一大国。”柳父章又指摘道：“即便是从事翻译实践工作的也不关心翻译研究。大学里虽然有翻译研究者，但他们与实际从事翻译工作的人之间是乖离的……我把日本的翻译和翻译理论同西方的翻译学进行了对比，发现翻译学在日本起不了作用。因为翻译学的很多研究是围绕英语展开的，对于第三世界的研究者来说，英译才是中心课题。但是，除西方文化圈以外，像日本这样热衷于引入西方文化的国家很少，如果要研究日本的翻译，理应从日本人为何热衷于引入西方文化开始谈起。”[⑦]

---

① 该奖项由日本哲学家山崎正一创立，奖项专门授予在日本学术研究领域具有突出成就的学者，日本天文学家吉田春夫、民俗学家赤坂宪雄等都曾获得该奖。

② 柳父章『翻訳語の論理：言語にみる日本文化の構造』、法政大学出版局、1972。

③ 柳父章『文体の論理：小林秀雄の思考の構造』、法政大学出版局、1976。

④ 柳父章『翻訳とはなにか：日本語と翻訳文化』、法政大学出版局、1976。

⑤ 柳父章『翻訳の思想：自然と nature』、平凡社、1977。

⑥ 对于“翻译语”的概念，柳父章指出：“翻译语是进入母语语境中具有异质身份、异质含义的词语”（柳父章『翻訳語成立事情』、岩波新書、1982、186 頁），“是从创造、孕育它们的语境中分离出来的失去原有语境含义的词语”（柳父章『翻訳語の論理：言語にみる日本文化の構造』、法政大学出版局、1992、206 頁），“对于大多数日本人而言，翻译语就是新出现的汉字词”（柳父章『翻訳とはなにか：日本語と翻訳文化』、法政大学出版局、1976、20 頁）。

⑦ 「柳父章アーカイヴス：ホームページ コラム集」、JAITS、2008 年 11 月 10 日、https://honyakukenkyu. sakura. ne. jp/shotai_ vol21/No_21 – 009 – Yanabu_ Archives. pdf［2022 – 6 – 8］。

二　日本翻译文化的兴起

1868 年，日本首都迁移到东京，日本也由一个封建国家转变为近代资本主义国家。在明治政府“殖产兴业”“富国强兵”的号召下，日本开始全面向西方学习，随之引入了大量的新事物和新概念。这些新事物和新概念通过翻译成为新的词语融入日语，给日语带来了巨大的变化。对日本的“国语”进行真正意义上的整理和统一可以说正是始于这个时期。统一前的日语在方言和阶级语言方面存在巨大的差异，不同社会阶层交流时存在一定的困难。在国家的主导下，日本只用了一个世纪就强制性地完成了日语由“自然状态”到“标准国语”的转变。日本国语政策中最主要的争论就是“汉字废除”和“汉字限制”，相关观点大致可分成三类：一是废除汉字，使用假名和罗马字，使用新体字；二是限制汉字的数量；三是尊重汉字，使用不做限制。①

1873 年 1 月，政治家森有礼（1847～1889 年）出版了《日本的教育》②一书。森有礼在该书的序文里展开了著名的“把英语作为国语”的讨论，提出：“因为日语不是抽象的语言，所以仅凭借日语无法将西方文明融会贯通，不如借此机会使用英语。”自由民权斗士、思想家马场辰猪（1850～1888 年）对森有礼的言论进行了反驳。他在《日本文典初步》的序文中谈道：“如果使用英语，日本将会怎样？恐怕上流阶层与底层民众的语言就完全不同了。”③ 马场辰猪最担忧的是，如果语言不统一，不仅无法使国家形成凝聚力，而且人口占多数的底层阶级将无法参与国事。总之，在日本普及英语实际上是很困难的事情。如果普通民众与社会精英使用两种不同的语言，在处理国家大事上都使用英语，那国家事务只能由懂英语的精英来承担了，普通

---

① 徐青：《日本国语政策中的“废除和限制汉字”现象》，《浙江理工大学学报》（社会科学版）2014 年第 5 期，第 421～422 页。

② Arinori Mori, *Education in Japan: A Series of Letters Addressed by Prominent Americans to Arinori Mori*, New York: D. Appleton, 1873，转引自丸山真男・加藤周一『翻訳と日本の近代』、岩波書店、1998、45 頁。

③ 丸山真男・加藤周一『翻訳と日本の近代』、岩波書店、1998、46 頁。

民众将被排除在外。到了明治21年（1888），日本人已经非常明确地知道英语不可能作为国语，因此，日本的翻译文化比想象中来得快，其影响也更大。

日本政治人士矢野文雄（1851~1931年）曾查阅内务省图书局交纳的新书样本《译书目录》，得知当时日本翻译了数千册西方图书。矢野文雄在《译书读法》中写道：“说当时译了数万卷有些夸张，但确实已经进入翻译文化的时代。”① 该书的序文中指出：“现如今，译书出版盛行，其数万卷，非只汗牛充栋，实可谓好事。然则难免利弊相伴，随译书量的增加，世人苦于选择，又或只闻书名而未详其内容。有所求时该读何书，何书最为有益，有此能力者实属难矣……今年，与南丰鹤谷（大分县佐伯郡的别称）人士策划创建译书周览社，故将图书寄给矢野先生，托他挑选有益之译书。”此外，矢野举例，“所列译书书目为内务省图书局交纳新书的所有目录，及明治初及之后的版权书目，乃吾对数千图书一一详查，且认为有益之书。译书则一一翻阅后再决定是否收录，无只阅其名便载入之书。”② 总而言之，当时日本社会上出现了前所未有的翻译浪潮，引入的外文图书又以当时日本社会急需且经过严格筛选为要。

三　近代日本的翻译语

日本人在翻译上是否一蹴而就呢？潘钧曾言：“从幕末到明治大正时代产生了大量新的汉语词，主要由译词构成，不少是日本人造的汉语词，被称为‘新汉语词’。来源有几个渠道，一个是来自汉译西书及英华字典，另外一个是日本人自己翻译的译词。《和译英字汇》出版于明治21年，此时新汉语词超过了旧汉语词的数量，《和英语林集成》第3版也证明了这一点。《和英语林集成》从初版到第3版仅仅经历了20年，可见当时词语更新换代的

① 矢野文雄『訳書読法』、報知社、1883，转引自丸山真男・加藤周一『翻訳と日本の近代』、岩波書店、1998、53-56頁。

② 原文来自《明治文化全集》的内容简介。

速度非常之快。"[①] 从幸德秋水（1871～1911年）的《翻译的苦恼》一文可以了解到明治初期日本人斟酌、推敲并决定一个翻译语时的困难。

> 一般来说，译文中使用的单词熟语有定译的话没有问题，但翻译专门用语、术语等没有定译的词语则颇费心血。纵然我已翻译过两三本社会主义著作，还是会碰到令我困扰之处。比如，社会主义者常用"资产阶级"（bourgeoisie）一词，之前我试着将该词译为"中等市民"，或译为"资本家""富豪""绅商"等，但都不能把社会主义者所谓"资产阶级"的含义完全译出来。几年前我与堺枯川一同翻译《共产党宣言》时，我们经过激烈讨论，最终相互妥协，把"资产阶级"译为"绅士阀"。当然，这里的绅士并非指像"gentleman"一样仪表堂堂。因为在日语中"绅士"就是"老爷们"的意思，所以我认为这个词可以很好地代表与劳动人民相对的中等阶级以上的阶层。此外，还有很多在社会主义语境下使用就会产生特殊含义的词语，如 class consciousness（阶级意识）、proletarian（无产阶级）、exploitation（资本家对劳动人民的剥削）、expropriate（征用土地）。至今为止，guild（协会）、trade union（职业工会）、industrial union（产业工会）、labour union（劳工协会）、syndicate（企业联合组织）等词全部被译为"工会"，但它们各有不同含义，所以必须有各自的译词。类似的情况不胜枚举。为此，明治初期以来，箕作麟祥、福泽谕吉、中村正直等几位先生为了定译"权利""义务"，以及哲学、物理学、化学、医学等领域的术语，可谓煞费苦心。[②]

据手岛邦夫的调查可知，当时的翻译语大致可分为三种，即转用词、借用词和新造词。[③] 手岛特又以汉籍、佛经和日本图书中有无出处为基准，将

---

① 潘钧：《日本汉字的确立及其历史演变》，商务印书馆，2013，第96页。

② 幸德秋水「翻訳の苦心」、『幸德秋水全集　第六巻』、明治文献、1968。

③ 参见手岛邦夫《日本明治初期英语日译研究：启蒙思想家西周的汉字新造词》，刘家鑫编译，中央编译出版社，2013，第8～9页。

翻译语分成四种。一是在汉籍和佛经里有出处，在近世以及之前的日本图书里也曾经使用过的词语。二是在汉籍和佛经里有出处，但到幕末明治初期以后才使用的词语。三是在汉籍、佛经中的出处不明，主要是近世以后的日本图书里提到用例的词语。四是在汉籍、佛经或近世以及之前的日本图书里没有用例，有可能是幕末明治初期出现的新造词语。

手岛邦夫又进一步解释道，第一类指在汉籍和佛经里有出处，日本自古就沿用下来的词语。可以理解为，原有的意思没有太大变化的词语以及意思发生变化的词语（转用词）。第二类指在日本没有使用的词语，从汉籍和佛经中选出，将其作为翻译词语来使用。可以认为，词语原有的意思有可能已发生很大变化，许多转用词包括在第二类里面。这样的词语何时、由谁、如何改变意思来使用，探明这些问题乃今后的课题之一。第三类就是所谓的日式汉语词语，近世以前的词语也混杂其中，但可以认为，其中包含了许多由日本兰学家创造的新造词。第四类指幕末明治初期以来使用的词语，有些当是包括西周在内的日本启蒙思想家创作的新造词，有些则是出自清末中国的西方学术著作和英华字典的借用词。

四　“nature”与“自然”

英语“nature”的翻译语“自然”也非新造词，而是转用词。虽然柳父章在《翻译的思想》和《翻译语的确立》中都指出，翻译语“自然”早在1796年就出现在《波留麻和解》（はるまわげ），荷兰语“natuur”翻译为“自然”。实际上，在“nature”进入日本前，日语中已经有“自然”一词。日本平安末期的词典《聚类名义抄》[①] 中就有“自然，自然而然”的表述，这应该是日本最早的“自然”用例。此外，日本佛教用语里也有“自然”，但不读为“しぜん”（shi zen），而是读作“じねん”（ji nen）。两个词语的词形相同，但发音不同，意思也不尽相同。读作“じねん”时，意为“远离人为，成为法的本性”。也就是说，万物是以当下的姿态存在的，而非因

① 诞生于11世纪末至12世纪，是查找汉字的词典。

果所引起，不受外界的影响，原本就有的一种状态。因此，当“自然”读作“じねん”时，指“自然而然形成”的世界，是以当下的姿态存在的意思。

“自然”在中国出现得更早，最早出现在老子的“无为自然”的表述中。例如，老子《道德经》的第十七章、第二十三章、第二十五章、第五十一章和第六十四章都出现了“自然”。[①] 其中，第二十五章的“人法地，地法天，天法道，道法自然”，翻译过来就是，人以地为法则而效法之，地以天为法则而效法之，天以道为法则而效法之，道以自然为法则而效法之。

既然日语中已有汉字词“自然”，那么在明治维新后进入日本的“nature”能否翻译成“自然”?“自然”等同于“nature”吗?

对此，柳父章对“nature”进入日本的年代和词性进行了梳理[②]。1796年，稻村三伯以荷兰人F. 哈尔马（F. Halma）编著的《兰法词典》为底本，翻译了日本最早的兰和词典《波留麻和解》，在该词典中荷兰语“natuur”被翻译成“自然”。同样的，以F. 哈尔马编著的《兰法词典》为底本，1833年，H. 道富（H. Doeff）等人编著了《道译法尔马》（*Doeff-Halma Dictionary*），在这部词典中，“natuur”翻译语中没有“自然”这项。1858年推出了《道译法尔马》的增补修订版，即桂川甫周的《和兰字汇》，在这部字典中，“natuur”翻译语里也没有“自然”一项，引用实例中有关“自然”的有三例，译文基本上也与《道译法尔马》相同。虽然名词“natuur”的译词中没有“自然”，但其形容词、副词用法 natuurlijk 的翻译有“自然”一词。1862年版《英和对译袖珍词典》中，对应 natural 的是“自然、天造”，对应 nature 的是“天地。万物。宇宙。本体。造物者。性质。天然、自然的道理。品种。”显而易见，翻译语“自然”不是作为名词，而是作为形容词出现的。1867年，

① 第十七章：“功成事遂，百姓皆谓我自然。”第二十三章：“希言自然，故飘风不终朝，骤雨不终日。孰为此者？天地。天地尚不能久，而况于人乎?”第二十五章：“道大，天大，地大，王亦大。域中有四大，而王居其一焉。人法地，地法天，天法道，道法自然。”第五十一章：“道之尊，德之贵，夫莫之命而常自然。”第六十四章：“是以圣人欲不欲，不贵难得之货；学不学，复众人之所过。以辅万物之自然，而不敢为。”以上出现在《道德经》中的五个用例，皆有“自然”。参见《道德经》，黄善卓译注，江西人民出版社，2016。

② 参见柳父章『翻訳語成立事情』、岩波新書、1982、132－137頁；柳父章『翻訳の思想：自然とnature』、筑摩書房、1995、63－74頁。

J. C. 赫伯恩（J. C. Hepburn）的《和英语林集成》（初版）中，对应“nature”的，虽然有“天然”但没有“自然”（しぜん）。1873 年，由柴田昌吉和子安峻共同编著的《英和字汇》是当时比较普遍使用的字典，“自然”也作为名词 nature 的翻译语使用。在 1887 年高桥五郎编著的《汉英对照いろは辞典》中“自然”作为“nature”的形容词和副词的翻译语在使用。总之，在日语中，最初“自然”对应于 nature 是作为形容词来使用的。而“自然”作为名词出现在 1864 年版村上英俊的《法语明要》中：“nature，n. 自然、性质”，但这仅仅是个例外。日本人真正把“nature”的翻译语“自然”作为名词来使用是在明治 20 年（1887 年）以后。例如，1891 年由大槻文彦编著的《言海》中出现了“しぜん”。1894 年物集高见的《日本大辞林》中有“しぜん，ナ，自然”，这里的“ナ”就是指名词。

在文学上初次使用“自然”并进行介绍的是大文豪森鸥外（1862～1922 年）。1889 年 1 月，森鸥外发表《小说论》一文，其中写道：“读者诸君已经知道左拉的名字了。左拉是法国的普罗旺斯人，现在所谓的自然派就出自左拉之手。”[①] 1880 年 4 月，具有自然主义宣言性质的中篇小说集《梅塘晚会》在巴黎出版。以左拉（1840～1902 年）为首的 6 个奉行自然主义的文人倡导自然主义文学的方法。[②] 对左拉而言，“自然”是观察、实验的对象，是客体而已。小说家是观察家，是运用“看”的方法的实验家。

明治 22 年（1889），森鸥外与严本善治围绕文学、艺术展开了激烈的争论，其中也涉及有关“自然”含义的争论。两人对“自然”一词有不同的理解，谁也说服不了谁。[③]

严本善治对“自然”的认识可以说来自爱默生。爱默生是神秘的“自然”崇拜者，他在著作《论自然》[④] 的序言中写道：“从哲学意义上考虑，宇宙是由自然和心灵构成的。所以，严格说来，一切独立于我们之外的，所

---

① 柳父章『翻訳語成立事情』、岩波新書、1982、142－143 頁。

② 《莫泊桑中短篇小说选（上）》，郝运、赵少侯译，人民文学出版社，1991，译本序，第 1～19 页。左拉的好友、法国后印象派画家塞尚也曾说过：“自然不是表面，而是有它的深度”，“色彩丰富，画面自然充实”，“人们无须再现自然，而是代表着自然”。

③ 柳父章『翻訳の思想：自然と nature』、筑摩書房、1995、23－25 頁。

④ 〔美〕拉尔夫·瓦尔多·爱默生：《论自然》，吴瑞楠译，中国对外翻译出版公司，2010。

有哲学意义上的非我，即自然和艺术、他人，以及我自身都属于这一范畴。在细数自然的价值并计算其总和时，我指的是这个词的两层意义——通常意义和哲学含义。我们正在进行的探究非常宽泛，两种意义上的差别没有什么影响，并不会造成思想上的混乱。一般意义上讲，自然指的是未经人类改变的物质，如太空、空气、河流、树叶等。艺术则是人类的意愿与这些物质混合后的产物，比如一座房屋、一条运河、一尊雕像或是一幅画。但是，人类的参与总体而言是微不足道的，仅仅是修修补补烘烤洗刷，并不能改变世界给予人的宏伟印象。”但是，严本善治的“自然”与爱默生的“nature”之间存在重要的差异，这也是严本善治与森鸥外论争的核心。

爱默生的“自然”是与“灵魂”、“自我”和“人工”的含义正好相反的语言。诗人爱默生赞美“自然”，歌颂“自然”，这个概念自始至终没有分崩离析。严本善治的文章里没有这样的前提，他对“自然”下的定义正好与爱默生的相反。例如，“知识来源于自然，道德由自然养成，美也来自自然”的思考，认为“自然”与由“灵魂”“自我”“人工”所产出的“知识”“德”“美”之间归根结底是没有区别的。严本善治认为，无论是文学还是美学，都主张“自然地描绘自然”。

严本善治的主张主要有两点：第一，最伟大的文学是“自然的写照”；第二，究极的美术绝对不会与不道德相伴①。严本善治所说的“自然的写照”指《本草纲目》、《宇宙》（『コスモス』）等我们现在所说的自然科学等领域的图书。与此相反，像《论语》《纯粹理性批判》之类的图书不是描述“自然”，而是描述“精神”的。“精神”和“自然”是相对立的不同的世界。

对此，森鸥外提出反论：“文学有两种，一种是科学的文学，另一种是美术的文学”。如果“自然的写照”是作为科学的文学，“科文学”是能够成立的；如果是作为艺术的文学，“美文学”事实上不是对自然的描述，因为艺术家只有通过“想”重新捕捉“自然”才能再创造。当“自然”如“想”般燃烧，除去尘埃的瞬间，“美”才会显现。对于“想”一词，森鸥外还特意在汉字上加了注音“イデー”，意即理念或者观念。森鸥外所理解

---

① 柳父章『翻訳の思想：自然とnature』、筑摩書房、1995、16 頁。

的“自然”是德语的“natur”，因为“natur”与知性相对立。因此，森鸥外认为，“自然”是与“精神”相对立的另一个世界。

显而易见，严本善治对“文学”的观点以及对“美术”的观点，与森鸥外观点的最大不同点是对“自然”的理解。严本善治提出“自然的写照”，这里的“自然”包含“神韵”等含义，也就是“自然最美是神韵”。因此，严本善治提出“自然的写照”不是“机械地描述运动和声音”，而是描述其“神韵”。描绘“自然”“神韵”的作品才是美。而森鸥外所认为的“自然”就是“自然科学”的“自然”，也指“nature”翻译语所对应的“自然”。“nature”是客观的存在，与人类的“精神”相对立。另外，严本善治所说的“自然”是日本传统意义上的“自然”，简单而言，指客观世界与内在精神是相同的。严本善治所使用的“自然”和森鸥外所理解的“自然”在日语中都存在，而提出相反意见的森鸥外没有认识到这一层。严本善治所使用的“自然”并非翻译语的“自然”，是翻译语成立之前的传统日语中的“自然”。森鸥外没有意识到这一点，所以他提出了与严本善治不同的意见。森鸥外一方面认为意思正确，一方面又认为不正确，可以说在无意识中，森鸥外的思考摇摆不定。①

“nature”被翻译成“自然”后，“自然”同“nature”成了有着同样含义的语言。但严本善治的“自然”并非如此。应该说，森鸥外周围人使用的“自然”应该都与森鸥外不同，他们使用传统的日语“自然”的含义。当然，森鸥外使用的“自然”与传统的日语“自然”并不矛盾。严本善治的“自然”观也可以说是大多数日本人的“自然”观，从1889年至今基本上没有任何变化。但在更广泛的日本社会文化的脉络中，森鸥外所使用的“自然”到底还是矛盾的，并且森鸥外并未察觉到这一点。传统的日语“自然”与英语“nature”之间确实有意思相同的部分，例如“非人为”的解释，但是两者之间也有意思完全不能吻合的部分。两者最大的不同点在于形式，“自然”可以作为副词使用，而“nature”是名词，其形容词是“natural”，其副词是naturally，含义与日语“自然”互不相容，这将影响到对该词含义的正确理

① 柳父章『翻訳の思想：自然とnature』、筑摩書房、1995、17-21頁；柳父章『翻訳語成立事情』、岩波新書、1982、129-131頁。

解。特别是对“物体界与其诸现象”的解释，森鸥外把它作为前提来思考，而严本善治却不以为然，因此这也成为两人争论的焦点所在。原本“自然”与“nature”属于不同的语言体系，但在把“自然”作为翻译语使用的过程中忽视了这是两个不同语系的词语。“自然”与“nature”有共性，因此，“nature”由翻译语“自然”来表述，但对大多数日本人而言，这并不意味着能完整地理解 nature 的含义。

柳父章认为，严本善治与森鸥外对“自然”的理解完全是不同的。森鸥外理解的“自然”就是“nature”。森鸥外所言“自然”是作为“nature”的翻译语来使用的，而严本善治所说的“自然”是传入日本的汉籍中使用的“自然”。柳父章又指出，更为关键的问题是，当“自然”作为“natur”或者“nature”等西方语言的翻译语开始使用很久以前，日本人已经使用并理解“自然”了。从汉籍传入日语的“自然”包含神韵、精神、思想等含义。总而言之，严本善治的理解可以说是正确的。而森鸥外把“自然”作为“nature”的翻译语，其理解也是正确的。问题是，提出与严本善治相反意见的森鸥外没有意识到从汉籍传入日语的“自然”的存在，从而引发了两人的争执不休和意见对立。

“自然”作为“nature”的翻译语，由形容词变成了名词，同时“自然”也反映出翻译语所特有的“宝匣效应”①。翻译语“自然”的问题是，原语的意思与日语的意思混杂在一起，而混杂的事实被柳父章所提出的“宝匣效应”所掩盖。

在日本近代化的过程中，各种各样的“主义”也流入日本文学界。除了“浪漫主义”至今仍旧还是音译以外，大部分西方词语的翻译是取其意，如“写实主义”（Realism）、“自然主义”（Naturalisme）、“象征主义”（Symbolism）等。在二叶亭四迷（1864～1909年）的“言文一致”文体以及坪内逍遥的《小

① “宝匣效应”是柳父章提出的翻译理论，指原本含义不明确的语言所拥有的特殊“效果”。柳父章认为，有些词语虽缺乏含义，却有效果。事实是，语言的含义不明确、变得乏味的时候，其“宝匣效应”反而会增强。柳父章又指出，对词语的意思并未真正理解，但又认定其中包含重要的意思，并不间断地使用该词，像这样的语言，真可谓“从天而降”，可以导出演绎的深远意思和理论。参见柳父章『翻訳とはなにか：日本語と翻訳文化』、法政大学出版局、1976、53－58頁。

说神髓》[①] 文学理论的基础上，加上欧洲大陆的写实小说等理论，田山花袋、正宗白鸟等小说家创作了“自然主义”的“私小说”。[②]

对此，柳父章在《翻译语成立事情》中指出，“从西方引入的‘自然’的含义是非意识的，而‘描述’是具有很强意识性的行为”。[③] 因此，“自然的写照”是否矛盾？再则，“自然主义”也是矛盾的语言。“主义”指倡导、行动，与“自然”的态度正好相反。更为重要的是，这些矛盾使日本传统的“自然”的含义也随之发生变化。“nature”中的部分内容与日本传统的“自然”意思重叠但又有不同之处，对“nature”的翻译使“自然”又多了一层新的含义。[④]

结　语

柳父章在论述“nature”与翻译语“自然”的源流时，以《广辞苑》《大汉和词典》《世界大百科事典》《大英百科全书》《拉鲁斯法语词典》为主，还参考了《波留麻和解》《和兰字汇》《英和对译袖珍词典》《和英语林集成》《和译英词典》《和英字典》《法语明要》《双解英和大词典》《汉英对照いろは辞典》《日本大辞林》，并调查了井上操《性法讲义抄》、石川千代松《百工开源》、伊藤笃太郎《博物学杂志的发刊祝词》和加藤弘之《人权新说》等先行研究成果。在众多的翻译语中，本文围绕“自然”与原语“nature”在形式和含义上的区别进行论述。翻译语“自然”包含了“nature”的意思和传统的日语“自然”的意思，其结果是两个意思混杂共存，无法简单地区分，从而产生了翻译语所具有的“宝匣效应”以及出现了第三层含义。虽然所有的翻译词都是相似的，但是，即便相似，其误差也可能小到忽略不计，也有可能偏差很大。柳父章认为，即便乍一看二词之间的差异很小，但是只要仔细思考，一定会发现意义上的巨大差异。

---

① 〔日〕坪内逍遥：《小说神髓》，刘振瀛译，上海译文出版社，2010。

② 〔日〕加藤周一：《日本文学史序说》（下），叶渭渠、唐月梅译，外语教学与研究出版社，2011，第302页。

③ 柳父章『翻訳語成立事情』、岩波新書、1982、146頁。

④ 柳父章『翻訳語成立事情』、岩波新書、1982、146－148頁。

综上所述，从幕末到明治初期，日本人创造了大量的翻译语，把近代西方的事物、制度、思想、概念等引入日本。从另一个侧面来看，明治时期，日本的翻译家煞费苦心地对翻译语反复试验的过程是对西方语言的“哲学检证”。

就如柳父章所言，明治时期，日本出现了翻译盛况，其中一个最主要的原因是，西方人的言论、思想都出现于同一个语族。日本人涉及的是与西方完全不同的语言、文化之间的翻译问题。19 世纪下半叶，日本尚未受到西方的侵略，当时，英、法、俄之间爆发克里米亚战争，法国正经历普法战争，美国爆发南北战争，西洋列强都无暇顾及日本，在这期间日本则迅速实现了近代化。当时日本人需要获取各类信息，所以翻译随之成为要务，开始注重翻译，这就是原因，也是当时的时代背景。“翻译主义”对日本的近代化发展功不可没，但是，西方人的言论、思想都出现在同一个语族之间，而日本人涉及的是与西方完全不同的语言、文化之间的翻译问题。语言首先通过音声，然后使用文字来体现，学问、思想也是由语言文字来体现，如果对外来的新概念、新思潮的理解不够正确或者理解错误，所带来的后果将会如何？这正是柳父章所言“这是日本人必须思考”的问题。

战后初期日本社会转型的多重矛盾与影响（1945～1952年）*

冯 帅**

【内容提要】战后初期，日本国内呈现出四方面的社会失序。社会心理层面，普通民众的“虚脱感”成为当时的普遍现象；物资供应方面，食物短缺与黑市繁荣同时存在；社会生活方面，“潘潘”的出现对社会各界造成极大震荡；文化潮流方面，新出现的“粕取文化”构成一种特殊的亚文化圈。与此同时，随着美国占领军到来和各项改革的开展，日本逐步摆脱社会失序状态，寻求转型发展。政治改革使日本在一定程度上从战时军国主义体制转向政治民主制；经济改革促使日本摆脱战时以军需为主的经济体制；宗教与文化方面的改革奠定了战后日本文化与教育发展的基础；司法改革则旨在督促日本完善各项法律法规。美国在日本推行的诸多改革措施在一定程度上推动日本朝非军事化和民主化方向发展，但其后期政策的急速转变则阻碍了这一进程。

【关 键 词】日本 社会失序 社会转型 民主化进程 非军事化

* 2021年吉林省高教科研重点（自筹）课题“西方制裁背景下高校加强国际交流合作应对战略研究——基于吉林大学的实证分析”（编号：JGJX2021C5）。

** 冯帅，吉林大学文学院世界史专业博士研究生，主要研究方向为世界近现代史、国际关系理论。

1945年8月15日，日本裕仁天皇宣读《终战诏书》，宣布日本投降。同年9月2日，日本代表与同盟国代表在东京湾美国“密苏里”号军舰上正式签署投降协议，开启了战后日本被美国单独占领的历史。“在一个毁灭的世界里重新开始，到底意味着什么”[①]，这个问题不仅是战后日本统治者和社会上层精英分子不断思考的，也是日本普通民众关心的，更是众多研究战后日本历史的学者所探求的。本文考察1945～1952年盟军占领时期日本社会存在的诸多矛盾，以及日本逐渐摆脱社会失序转向民主化的进程，分析战后初期的社会转型对日本发展与政治走向造成的深远影响。

一　战后初期日本社会失序的表现

二战结束后，日本呈现出一定的社会失序状况，主要表现在四个方面。第一，战败后民众的“虚脱感”是战后初期日本社会的一个典型特征。群众性的“历史触感”是了解战争结束后社会影响的一个窗口，具体而言指日本民众对战败的直观感受与切身体验。美国著名日本研究学者约翰·道尔（John W. Dower）在《拥抱战败：第二次世界大战后的日本》中考察了战败初期日本社会各阶层的定位失序与价值转向，“试图‘从内部’传达一些对于日本战败经验的认识，不仅仅是借助于聚焦社会和文化的发展，更有赖于关注这一进程中最难以捕捉的现象——‘民众意识’”。[②] 当日本民众在广播中听到天皇宣布日本投降并劝谕民众“忍所不能忍，受所不能受”时，[③] 群众的情绪并非因战败而悲伤，更多地表现为一种复杂且麻木的解脱感，“苦恼、悔恨、丧亲之痛、蒙受欺骗的愤怒、突然的空虚和目标丧失，甚至单纯因为不幸和死亡的意外终止而感到喜

① 〔美〕约翰·W. 道尔：《拥抱战败：第二次世界大战后的日本》，胡博译，生活·读书·新知三联书店，2008，序言，第6页。

② 〔美〕约翰·W. 道尔：《拥抱战败：第二次世界大战后的日本》，胡博译，生活·读书·新知三联书店，2008，序言，第6页。

③ 关于日本民众聆听天皇宣读《终战诏书》的内容，参见『毎日新聞』1945年8月15日。

悦”。[①] 但这种感觉十分短暂，紧随而来的是一种持续且普遍的疲惫和绝望，即“虚脱感”。日本一本名为《战后新语解说》的词典对“虚脱感”做出解释：“虚脱是医学上的一个临床用语，本指病人精神或情感上疲惫不堪的状态，在战后则特指日本民众群体性的精疲力竭、萎靡不振与意志消沉。”[②] 美国一位驻日海军中尉在一封信中针对这一情况写道：“东京是我第一个目睹的战争受难者，这座雍容华贵的城市如今毁于一旦，但最让我震撼的还是这里的死寂，没有汽车喇叭声，没有人的叫喊声，没有金属碰撞声……所有人在死一般的静默中相互凝视。”[③]

日本社会还存在严重的食物短缺问题，“粮食短缺问题成了凌驾于所有问题之上的首要问题”，“粮食缺乏所带来的混乱席卷了日本所有大型城市”。[④] 饥饿与食品匮乏困扰着每个日本普通民众的生活。据统计，日本战前的恩格尔系数（国民平均收入中用于购买食物的支出比例）约为 30%，战后两三年间超过了 60%，民众每日摄入的热量不足 2000 卡路里。[⑤] 由于缺乏直接的物资供应，城市居民成群结队前往乡下换取食物，这一社会现象被称为“笋式生活”或“洋葱式生活”[⑥]。当时大阪地方政府推出了一份紧急食谱，鼓励日本百姓吃橡子、谷糠、花生壳和锯末来补充淀粉，吃沏过的茶、玫瑰种子、花和叶子来补充矿物质，食用蚯蚓、蚂蚱、家鼠、田鼠、蜗牛来

① 〔美〕约翰·W. 道尔：《拥抱战败：第二次世界大战后的日本》，胡博译，生活·读书·新知三联书店，2008，序言，第 7 页。亦可参见中村隆英『昭和史 1945—1989』、東洋経済新報社、1993、337－378 頁；粟屋憲太郎「戦敗と国民」、「戦後日本史と 現代課題」、1996、286。

② 『戦後の新語解説』、出版社不明、1946、71 頁。此书现藏于美国马里兰大学 Mckeldin 图书馆 Gordon Prange 文库。

③ 虽然这封信的内容存在一定的文学想象和夸张成分，但在一定程度上反映出战后初期日本民众的一种普遍精神状态，参见 Otis Cary, ed., *From a Ruined Empire: Letters — Japan, China, Korea, 1945－46*, Kodansha International, 1984, p. 15。

④ 〔日〕鹤见俊辅：《战后日本大众文化史（1945～1980）》，张心言译，四川教育出版社，2016，第 15～16 页。

⑤ 当时日本人每天卡路里摄入量最多不过 1400 克，民众普遍面临慢性饥饿与营养不良问题，转引自〔日〕吉田茂《激荡的百年史》，赵晓丹、赵一乔译，北方文艺出版社，2019，第 54 页；王仲涛、汤重南《日本史》，人民出版社，2014，第 371～372 页。

⑥ 前者也称为“剥笋衣生活”，意为就像竹笋可以层层剥开一样，城里人也脱下他们的层层衣物和财物来换取稀缺的食物；后者意为就像切洋葱时眼睛会流泪一样，城里人用珍贵的财物换取食物时也会流泪。参见日本家政学会編『日本人の生活「50 年の軌跡と 21 世紀の展望」』、建帛社、1998。

补充必要的蛋白质。[①] 战后日本国内最大的保守出版社讲谈社出版的第一本杂志《妇人俱乐部》第1期也用大量篇幅来介绍家庭主妇如何种植蔬菜和利用有限的食物做出有营养的饭菜。[②] 物资的极度匮乏与食物的严重短缺成为战后初期日本民众不得不面临的严重危机，也成为社会失序与犯罪事件层出不穷的重要原因。

第二，黑市贸易构成战后初期日本社会失序的另一重要方面。黑市几乎是与日本投降同时出现的。1945年8月18日，东京黑市出现盛大的“开业庆典”，各大报纸纷纷刊载题为《致转型工厂和企业家的紧急通告》的巨幅广告。[③] 战后黑市被冠以“露天市场”或“青空市场”的名称，其出现与形成往往是一种自发现象，并非由政府主导。战后初期，由于物资严重短缺，众多日本民众被迫变卖自己所剩不多的财物以维持生活，一些退役军人和失业工人因生计所迫前往乡下换取货物，然后就地叫卖。据统计，到1945年10月，日本全国各大城市大约有17000个露天市场，主要集中在火车站周围。[④] 到1946年7月，大约有10万人以黑市买卖谋生，其中约80%是复员军人和失业工人，黑市的经营主体中60%是男性、30%是女性，还有10%为儿童。[⑤] 黑市上不仅出售日常生活消费品，还出售大量生产资料，包括煤、焦炭、汽油、木材、水泥、平板玻璃、生铁、钢材、铝、电线、农机具、化学药品、机油、橡胶轮胎、纺织品、纸张等。黑市上生活用品的来源主要包括两条途径：一是日本农村地区；二是战时军队的军需储备。大多数生产资料并非来自普通民众，而是来自旧时军队，来自盗出军需物资并藏匿的军阀、官僚与政客。[⑥] 日本战后初期，一方面物资匮乏、通货膨胀严重、工业萎靡不振、百姓生活困苦，另一方面黑市欣欣向荣、不断壮大，这种尖锐的对立暴露出战后初期日本社会的

① 转引自〔美〕约翰·W. 道尔《拥抱战败：第二次世界大战后的日本》，胡博译，生活·读书·新知三联书店，2008，第63页。

② 講談社社史編纂委員会編『講談社の歩んだ五十年　昭和編』、講談社、1959、560－562頁。

③ 参见東京焼け跡ヤミ市を記録する会編『東京闇市兴亡史』、草風社、1978。

④ 转引自〔美〕约翰·W. 道尔《拥抱战败：第二次世界大战后的日本》，胡博译，生活·读书·新知三联书店，2008，第110页。

⑤ 読売新聞大阪社会部編『終戦前後』、角川書店、1984、132－139頁。

⑥〔美〕约翰·W. 道尔：《拥抱战败：第二次世界大战后的日本》，胡博译，生活·读书·新知三联书店，2008，第85、112～117页。

动荡与失序，也迫使每个人反省自己所处的社会位置与国家命运。

第三，日本社会失序的第三方面体现在被称作“潘潘”的专门接待占领军士兵的女招待。“潘潘”的出现及存在具有象征含义与影射作用。战败后，日本官方随即成立了 RAA（特殊慰安设施协会），以较为优渥的物质条件吸引普通日本女性加入，被招募的妇女被称为“昭和时代的阿吉”。[①] 这一机构解体后，日本社会出现了被称为“潘潘”的女招待。[②] “潘潘”对占领军的欢迎和被社会集体忽略轻视的遭遇使其成为战后日本社会的异端存在，也成为战后日本历史无法抹去的沉重印记。事实上，“潘潘”更多的是作为特定时代的缩影与日本国家象征出现的，她们以令人尴尬的方式践行着战败者与战胜者之间的所谓“亲善外交”，同时这一时期日本女性的悲惨命运也隐喻着战后日本在国际社会中的尴尬地位。正是在这一层意义上，“潘潘”的形象具有多重意义。约翰·道尔认为，“潘潘”这一符号反映出日美两国在国际地位上与国家关系上的性别化转变。日本似乎转瞬间“从一个野蛮、残忍的民族弱化成易于操纵与以备享用的可接受的民族”。[③] 因此，在某种意义上，“潘潘”现象是战后日美关系的一种映射。

第四，战后初期日本社会失序的最后一个方面是以粕取烧酒和“粕取分子”为代表的亚文化圈“粕取文化”（Kasutori Culture）。一般而言，文化思潮的出现都受其内在的文化诉求与外在的社会环境影响，“社会形态的变革、精神结构的变化并由此而产生新思潮的要求，都足以成为各种文学思潮诞生和存在的客观基础”。[④] “粕取文化”产生于战后初期日本社会失序的特定历史背景下，呈现出特殊的历史复杂性与时代性，它的出现也是对前三个社会失序方面的集中反映与再现。按构成因素来说，“粕取文化”主要包括两个方面。第一，战后市场上售卖的廉价粕取烧酒构成了混乱无序的亚文化圈“粕取文化”的首

---

① 東京焼け跡ヤミ市を記録する会編『東京闇市兴亡史』、草風社、1978、200－201 頁。

② “潘潘”在当时日本国内有很多委婉的称呼，比如“夜之女”“街之女”“黑暗之女”，这些称呼在一定程度上真实反映了战后初期日本民众对美国以及占领行为本身的真实观感，参见粟屋憲太郎『日本現代史「敗戦直后の政治と社会」』、大月書店、1980、219－220 頁。

③ 胡博：《解读道尔的“拥抱战败”》，《世界知识》2009 年第 3 期，第 61 页。

④ 叶渭渠：《日本文学研究方法论——以文学思潮史为中心》，《日本学刊》1994 年第 4 期，第 7 页。

要因素。粕取烧酒是一种用米酒酒糟生产的劣质酒，在当时日本社会广为流行。第二，与粕取烧酒一同产生的还有名为“粕取分子”的特殊知识分子群体，他们成为战后“粕取文化”的主导力量。这一群体代表的是一种强行赋予颓废生活意义和哲学意味的倾向，荒诞、颓废成为“粕取分子”作品中的主基调和关键词。① 战后日本著名的“无赖派”作家坂口安吾在其小说《堕落论》中对此有大量论述，他认为正是在极端疯狂与颓废之中，透过人类最原始的欲望与贪婪，日本人才能找到早已丧失的被称为“人性”的东西。② 另一位日本著名文学家太宰治的生活、工作乃至死亡都是“粕取文化”的缩影与印证，其三部代表作《人间失格》、《斜阳》与《维扬的妻子》生动再现了战后初期日本普通民众在前所未有的社会转型面前的真实观感与历史体验。③ 可以说，正是战后初期日本社会的复杂局面与失序状态才孕育出“粕取文化”这一特殊的文化现象，“粕取文化”凭借极度写实的表现风格也潜移默化地影响着战后初期日本民众的日常生活与社会态度，其独特的文学理念与塑造的“无赖特质”人物形象反映出战后初期日本的社会、政治、经济状况与极度不安的社会心理。

虽然日本社会在战后初期面临一系列深重危机与严峻挑战，呈现出复杂多样的失序状态，但这种情况并未维持很长时间，随着美国占领军的到来以及一系列社会改革的实施，日本社会发生了强烈转型与深刻变动。

二　民主化改革与战后初期日本社会转型

战后日本社会转型是与美国占领军实行的民主化改革紧密相连的，由于美国对日实行单独占领，“战后美国的对日政策成为左右日本战后政治、经济及社会所有领域改革的关键所在”。④ 可以说，美国在日本实行的一系列改

① 〔美〕约翰·W. 道尔：《拥抱战败：第二次世界大战后的日本》，胡博译，生活·读书·新知三联书店，2008，第 117～131 页。

② 参见坂口安吾『堕落論』、角川文庫、1957。

③ 与坂口安吾与太宰治同属“粕取文化”圈子的还有石川淳、织田作之助、田中英光、石上玄一郎等人。他们满怀危机感和幻灭感，怀疑和否定日本传统的价值观念，希望通过文学作品来反映战后日本的混乱状态，寻求新的精神寄托。

④ 宋志勇：《美国对日政策与东京审判》，《南开学报》（哲学社会科学版）2003 年第 4 期，第 87 页。

革标志着日本战后社会转型的开始。在 1945 年 8 月到 1952 年 4 月的占领期间，美国占领军当局在推动日本社会改革、使其摆脱军国主义统治以及实现国家体制的和平转型方面发挥主导作用。美国的最终目标是根除日本国内的军国主义根源和极端民族主义专制体制，将混乱无序的旧日本改造成一个现代意义上“和平”“民主”“自由”的新国家，[①] 而日本在“见证了领袖狂妄自大的迷梦化为泡影后，也心甘情愿地接受了战胜一方的盟国占领军软硬兼施塞给他们的变革了”。[②] 具体而言是重建日本的政治、经济、文化和司法结构，并逐步改变日本民众的思维方式，倡导自由表达的国民意志，同盟军占领军当局称之为“非军事化”“民主化”。[③]

第一，实行政治改革，使日本从战时军国主义体制转向以西方国家为蓝本的政治民主制度。1945 年 10 月，占领军当局颁布《关于政治、民事、宗教自由的指令》（“人权指令”），日本开始实行民主化改革。按照“人权指令”，占领军当局宣布废除政治言论限制，日本政府关于公民集会和演讲的限制开始松动，一大批政治犯被释放，民众可以自由表达个人对国家的意见。[④] 此后，盟军最高司令部又要求日本政府赋予女性选举权，促进劳工运动自由化。战时秘密警察团体特别高等警察组织[⑤]、统管战时警察政治的内务省被撤销，战前的《一九二五年治安维持法》被废止。1946 年 1 月，日本政府颁布《公职追放令》，禁止与军国主义分子有关系的人士及其亲属担任政府公职和民间企业要职，时限为 10 年，包括战争罪犯、海陆军职业军

---

① The United States Initial Post - Surrender Policy for Japan（SWNCC 150/4），September 6，1945，https://www.ndl.go.jp/constitution/e/shiryo/01/022/022tx.html，accessed June 9，2022.

② 〔荷〕伊恩·布鲁玛：《零年：1945 现代世界诞生的时刻》，倪韬译，广西师范大学出版社，2015，序言，第 9 页。

③ 〔美〕约翰·W. 道尔：《拥抱战败：第二次世界大战后的日本》，胡博译，生活·读书·新知三联书店，2008，第 47 页。

④ 这一点主要体现为战后日本出现了许多面向民众的出版读物，也表现为蓬勃发展的政党运动、工会运动和农会运动。据统计，1946 年日本大选时共有 363 个政党报名参选；到 1946 年 6 月末，日本工会与农会的数量为 126000 个，成员达到 368 万人。参见大蔵省財政史室『昭和財政史「終戦から講和まで」　第 17 巻』、東洋経済新報社、1981、23 - 24 頁。

⑤ 1911 年在日本警视厅首先成立，1928 年“三一五事件”后日本全国各府县均建立起相关组织，主要通过《治安警察法》《治安维持法》等来控制民众的思想与言论，镇压社会主义运动和工农运动。

人、超国家主义团体的主要人员、大政翼赞会等右翼团体人员等。[①] 据统计，经过一系列清查，最终禁止大约 20 万人担任公职，其中多数是前军事官员。[②] 总体而言，政治改革旨在打破日本战时严密、恐怖的政治氛围与言论限制，为随后落实其他方面的改革营造宽松的社会氛围。

第二，实行经济改革，日本的经济体制开始由战时以军需为主转向以满足国内生产生活所需为主的市场经济体制，主要是通过改变“产业垄断控制”来实行经济民主化。1943 年，美国国务院针对战后日本经济体制起草名为《战后日本经济考察》的文件，指出战后日本经济发展的大致方向是：拆除现代工业设施，限制日本对外贸易；保留轻工业，适时恢复对外贸易，拆除重工业设施；拆除军事设施，限制飞机制造业与造船业发展。[③] 到 1945 年，《波茨坦宣言》再次重申和确认上述内容。1945 年 8 月 28 日，首批美国海军陆战队在横须贺登陆，标志着美国对日单独占领时期正式开始。仅一天后，美国国务院便起草了《日本投降后初期美国的对日政策》，提出了 9 项对日经济政策，包括经济上的非军事化、发展民主力量、恢复和平经济活动、战争赔偿等。[④] 美国占领军当局据此开始实施具体的经济改革。1946 年 9 月初，盟军最高司令部开始对日本财阀集团进行大规模整顿。先是解散三井、三菱、住友和安田四大财阀，随后强行解散了 83 家财阀集团及其各类公司组织。日本政府颁布《禁止垄断法》和《经济力量过度集中排除法》，据此财阀集团的数百个大型公司被指定分割。另外日本政府陆续通过并颁布了保障劳动者集会权、罢工权、团体交涉权的《工会法》，调整劳资关系和解决劳资纠纷的《劳动关系调整法》和《劳动基准法》，保护工人阶级的权益与安全。[⑤] 与此同时，日本农村开始实行土地改革。日本政府首先提出改革目标及实施步骤，占领军当局给予支持。但占领军当局提出更为深入的土

① 陈杰：《战后日本——废墟中的崛起》，陕西人民出版社，2015，第 57～58 页。

② 转引自〔美〕约翰·W. 道尔：《拥抱战败：第二次世界大战后的日本》，胡博译，生活·读书·新知三联书店，2008，第 51 页。

③ 三和良一『日本占領の経済政策史的研究』、日本経済評論社、2002、24 頁。

④ The United States Initial Post-Surrender Policy for Japan (SWNCC 150/4), September 6, 1945, https://www.ndl.go.jp/constitution/e/shiryo/01/022/022tx.html, accessed June 9, 2022.

⑤ 王新生：《战后日本史》，江苏人民出版社，2013，第 33～35 页。

地改革计划，实施了更加彻底的改革。[①] 日本农村地主阶级的特权全部被取消，寄生地主制度也被彻底废除，取而代之的是大量拥有小块土地的自耕农阶层和以自耕农为中心的新型农业体制。据统计，1941 年自耕农与佃农在日本农业经济中的占比分别为 53.8% 和 46.2%，经过农业改革，到 1949 年则分别为 86.9% 和 13.1%。[②] 经济民主化政策作为铲除日本军国主义经济要素的关键举措，一方面符合日本非军事化改造以及战后和平发展的需要，另一方面清除了日本经济中的封建落后内容，从而客观上促使日本经济体制实现了从战时统制到有一定政府干预的自由市场经济体制的转变。

第三，宗教文化方面的改革奠定了战后日本文化与教育发展的基石。“占领早期，‘封建主义’成了概括日本文化一切弊病的关键词。”[③] 战后，在宗教方面，日本开始实行政教分离的宗教政策。1945 年 12 月 15 日，盟军最高司令部总部发布《废除政府对国家神道的资助、支持、维护、控制与传播》（也称“神道指令”），受到军国主义分子庇护和利用的神道教正式与国家政权分离。该指令明确禁止对神道或神社进行任何形式的官方支持或财政援助，禁止国家或地方官员以公职身份参拜神社或代表政府参加神社的仪式和典礼；禁止通过神道或其他任何宗教的教义和活动宣传散播军国主义意识形态；关闭所有研究和传播神道或训练神道神职人员的公共教育机构；禁止在全部或部分由公共基金资助的学校以任何形式、任何手段传播神道教义等。[④] 1946 年元旦，昭和天皇发表《人间宣言》，否定了天皇的“现御神”身份，从根本上消除神道教的影响。[⑤]

在教育方面，占领军当局陆续颁布了 4 项指令和 1 项法律，积极促进日本

---

① 〔日〕吉田茂：《激荡的百年史》，赵晓丹、赵一乔译，北方文艺出版社，2019，第 71～72 页。

② 小学館編『日本 20 世紀館』、小学館、1999、558 頁。

③ 〔荷〕伊恩·布鲁玛：《创造日本：1853—1964》，倪韬译，四川人民出版社，2018，第 119 页。

④ 参见 Wilhelmus H. M. Creemers, *Shrine Shinto after World War II*, Leiden: N. J. Brill, 1968, pp. 219－222；亦可参见 Helen Hardacre, *Shintō and the State, 1868－1988*, Princeton University Press, 1991, pp. 167－170；王新生《战后日本史》，江苏人民出版社，2013，第 29～30 页。

⑤ 《人间宣言》的前半部分引用了《五条御誓文》并提出战后日本如何建设发展，故而也被称为《关于新日本建设诏书》或《年初：国运振兴诏书》。后半部分则以百余字否定了天皇作为“现御神”的地位。关于《人间宣言》的内容与研究，可参见木下道雄『身辺日誌』、文芸春秋、1990、89－91 頁；U. S. Department of States, *Foreign Relations of the United States 1946*, Vol. 8, pp. 134－135。

教育自由化和民主化。首先，盟军最高司令部于 1945 年 10 月 22 日颁布《有关日本教育制度管理政策》指令，明确要求日本全国的大、中、小学教育禁止传播军国主义与极端民族主义意识形态，取消所有形式的军事教育和军事训练，鼓励学校讲授与代议制政府、国家和平、基本人权等相关的内容，鼓励师生参与对政治、公民以及宗教自由等问题的自由讨论等。① 10 月 30 日，颁布《关于教师及教育官员的调查、免职、认可》指令，审查教师及教育官员 56 万余人，解除 5211 人教职。12 月 15 日颁布《废除政府对国家神道的资助、支持、维护、控制与传播》指令，12 月 31 日颁布《关于停止修身、日本历史、地理课程》指令，彻底清除神道教、军国主义以及极端民族主义对国民教育的侵害。到 1946 年 3 月底，在一份提交给麦克阿瑟的教育报告书中，针对日本教育提出了更为详细的改革措施，涉及教育目的、日语改革、学校行政管理、教学改革与教师培养、成人教育以及保障教育自由六个方面。② 1947 年 3 月 31 日，日本政府颁布《教育基本法》，从法律层面上确认和肯定了教育民主化。③ 宗教和教育改革促使教育界和文化界对战时的军国主义教育体系进行深刻反省，清除战时军国主义教育和极端民族主义教育，调整国民教育与文化的发展方向。

第四，司法改革在推动日本社会转型过程中也发挥了重要作用。在日本民主化改革期间，占领军当局推动日本政府出台了时至今日仍在发挥效力的新宪法。1946 年 2 月，盟军最高司令部提出日本新的国民宪章提案，9 个月后由裕仁天皇正式颁布，自 1947 年 5 月 3 日起正式实施。④ 新宪法颁布之

---

① GHQ/SCAP, *History of the Non-Military Activities of the Occupation of Japan, 1945 - 1951*, Vol. 20 "Education", Appendix IV, SCAPIN - 178, Administration of the Education System of Japan, October 22, 1945.

② Report of the United States Education Mission to Japan, Submitted to the Supreme Commander for the Allied Power, Tokyo, March 30, 1946; Mitsuo Kodama, ed., *Education in Japan: Educational Documents of Occupied Japan*, Vol. 1, Meisei University Press, 1986.

③ 有关《教育基本法》的研究，可参见宗像誠也『教育基本法「その意義と本質」』、新評論、1975；久保義三『昭和教育史　下巻』、三一書房、1994。

④ 宪法制定前后经历十分复杂的过程，在此不加论述，更多内容可参见佐藤達夫『日本国憲法成立史』、有斐閣、1962；高柳賢三『日本国憲法制定の過程』、有斐閣、1972；田中英夫『憲法制定過程覺え書』、有斐閣、1979；渡辺治『日本国憲法「改正」史』、日本評論社、1987；古関彰一『新憲法の诞生』、中央公論社、1989；江藤淳『占领史录 3：宪法制定过程』、講談社、1982；冯玮：《日本通史》，上海社会科学院出版社，2012，第 612 ~ 616 页；Theodre Cohen, *Remaking Japan: The American Occupation as New Deal*, Free Press, 1987。

前，占领军当局与日本政府多番较量，在国会和公众中也引起了广泛讨论。新宪法最终保留了天皇制，同时确立了国家主权在民的原则，保障广泛的人权。根据新宪法，天皇没有干预行政的权力，仅是日本国的象征，天皇往昔的臣民成为现代意义上的国民；国家最高权力机关和立法机关是由国民选举产生的国会，原先只对天皇负责的内阁以后只对国会负责。“从形式上看，日本的议会制度是英国式的，但吸收了美国资产阶级民主的精神，使日本议会制民主能保持较长期的稳定。”[①] 新宪法不仅将民主理念编订成文，而且宪法第九条的“非战条款”规定日本不得以武力参与解决国际争端，并自愿放弃交战权和拥有战略武器的权力。“非战条款”的最初倡议者是时任日本首相币原喜重郎。[②] 另外，为避免军部势力再次掌权后破坏宪法第9条，宪法第66条规定内阁成员必须由文职人员担任。自此，日本迈入和平历史进程。新宪法的民主与和平观念得到日本国民的广泛支持。根据1946年5月27日发布的《每日新闻》针对宪法第9条所做的专项调查，69.8%的日本国民支持放弃战争，只有28.4%的民众认为不必要。[③]

此后两年，司法改革扩展到民法和刑法领域，废除了旧时的家族制度、普遍实行警察分权、制定保障工人工作条件的进步法令、革新选举制度以及促进地方自治等。[④]《地方自治法》《公职选举法》《警察法》《民法》《国会法》《内阁法》《法院法》《财政法》《监察厅法》等多部法规先后出台，基本构建了战后日本的政治制度体系。[⑤]

---

① 吴于廑、齐世荣主编《世界史·现代史编》（下卷），高等教育出版社，2011，第85页。

② 〔美〕道格拉斯·麦克阿瑟：《麦克阿瑟回忆录》，上海师范学院历史系翻译组译，上海译文出版社，1984，第9页。

③ 参见通口陽一・大須賀明『日本国憲法資料集』、三省堂、1995、10頁。

④ 关于其他方面的改革措施可参见歴史学研究会編『日本同時代史1：戦敗と占領』、青木書店、1990；大門正克『日本の歴史：戦争と戦後を生きる　第15巻』、小学館出版社、2009；雨宮昭一『シリーズ日本近代史7：占領と改革』、岩波書店、2008；福永文丈『戦後日本の再生（1945—1964）』、丸善株式会社、2004；小学館編『日本20世紀館』、小学館、1999；五十嵐武士『戦後の日本：占領と戦後改革』、岩波書店、1995；東京大学社会科学研究所編『戦後の改革』、東京大学出版会、1975；〔美〕安德鲁·戈登《日本的起起落落：从德川幕府到现代》，李朝津译，广西师范大学出版社，2008；王仲涛、汤重南《日本史》，人民出版社，2014。

⑤ 王新生：《战后日本史》，江苏人民出版社，2013，第39～44页；亦可参见刘世龙《美日关系（1791～2001）》，世界知识出版社，2003。

美国占领军当局实行的各项改革逐步清除了日本社会旧时专制统治的残余，构建了战后日本民主政治体制的雏形。可以说，“战后初期日本的政治经济民主化改革是一次从思想意识到政治、经济诸制度方面较为彻底的变革。从一定意义上说，它完成了资产阶级革命的任务，为战后日本经济高速发展铺平了道路”。[①]

三　战后初期日本社会转型的双重影响

与战时日本军国主义的虚假宣传相比，美国占领军推行的这场“不流血的革命”[②] 开始推动日本迈入和平时代，和平成为当时日本社会的集体呼声与民生关切。同时，占领军当局推行的各项民主化改革也不断推动着日本的社会重构。在日本战后的社会转型过程中，二战结束初期的占领经历为日本此后的社会发展、政治走向以及国际关系埋下了重要线索，也产生了深远影响。

第一，占领期间日本完成制度重建，在一定程度上维持了国家政权的稳定，避免发生大的社会动荡，这是日本社会转型的积极影响。日本的国家体制由战时狂热的军国主义体制转型为非军事化体制，美国占领军民主化改革的首要目标完成。战后美国对日本实施单独占领的政策，根据 1945 年 8 月 29 日美国国务院提出的《日本投降后初期美国的对日政策》文件，美国对日占领期间的首要目标是：“确保日本今后不再成为美国的威胁，不再成为世界和平与安全的威胁。”[③] 具体而言就是实现日本的非军事化，铲除日本的战争机器及其社会基础，推动日本开展从上到下的制度革命。美国推行的一系列民主化改革措施，如制定并颁布新的《日本国宪法》、依法清除和整肃各类支持及鼓吹侵略战争的社会团体与人员、实行政教分离的宗教政策、颁行新的《教育敕谕》、整顿财阀等，都是针对战时日本军国主义体制进行的

---

① 吴于廑、齐世荣主编《世界史·现代史编》（下卷），高等教育出版社，2011，第 123 页。

② “不流血的革命”这一说法出自前日本首相吉田茂，参见〔美〕吉田茂《激荡的百年史》，赵晓丹、赵一乔译，北方文艺出版社，2019，第 67 页。

③ The United States Initial Post-Surrender Policy for Japan (SWNCC 150/4), September 6, 1945, https://www.ndl.go.jp/constitution/e/shiryo/01/022/022tx.html, accessed June 9, 2022.

清算与制度重建。由此日本完成了战后国家体制重建的初步工作。

第二，美国式改革的第二个目标即日本社会的民主化并未彻底完成，这成为战后初期日本社会转型的主要消极影响。[①] 战后日本社会的民主化进程一方面受到美国占领军当局的政策影响，另一方面受到日本国内复杂的政治局势影响，因此推行并不顺畅。首先，美国对日政策的前后变化致使民主化改革未能一以贯之地推行下去。占领早期，美国对日政策是彻底消除日本的军事威胁，使其不再具备发动战争的直接能力；占领后期，因为美苏冷战，加之朝鲜战争的爆发与僵持，美国基于自身战略利益的特定需求，开始重视日本在亚洲的特殊战略位置，将其视为支持朝鲜战争的军工厂和物资供应地，其对日占领目标也相应发生转变，即将日本塑造成美国在远东及太平洋地区反共产主义的“桥头堡”与“前沿阵地”。[②] 美国政策的转变给予日本重新武装军队的机会与可能，也使民主化进程重新陷入“泥潭”。其次，由于美国政府对日政策的反复，日本原军部势力得以重新抬头，这也加剧了日本推动民主化进程的难度。占领早期，美国对日本国情不甚了解，采取间接统治的方式有计划地利用日本原政府官员进行管理，“日本原本的官僚机构被原封不动地保存了下来”，[③] 但这一举措大体上维护了民主化进程。比如，对日本财阀的整顿、对日本政界人士的整肃、和平宪法的制定等都表明美国支持日本的民主化发展进程。[④] 随着冷战局势愈演愈烈，为加强对苏情报工作，以查尔斯·威洛比少将为首的美国驻日盟军总司令部下的参谋2科开始利用日本军队原情报部门人员，成立专门针对苏联的秘密谍报机构。比如，

① 根据《日本投降后初期美国的对日政策》文件，美国对日占领的第二个目标是“最终建立一个和平与负责的政府，尊重其他国家的权利，支持联合国宪章的理想和原则中所体现的美国目标。美国希望这个政府尽可能地符合民主自治的原则，但盟国没有责任将任何不受人民自由表达意愿支持的政府形式强加于日本。”The United States Initial Post-Surrender Policy for Japan（SWNCC 150/4），September 6，1945，https://www.ndl.go.jp/constitution/e/shiryo/01/022/022tx.html，accessed June 9，2022.

② 〔日〕鹤见俊辅：《战后日本大众文化史（1945～1980）》，张心言译，四川教育出版社，2016，第13页。

③ 〔日〕鹤见俊辅：《战后日本大众文化史（1945～1980）》，张心言译，四川教育出版社，2016，第6页。

④ 关于美国占领方式与战后日本政治生态间的关系研究，可参见郑毅《论占领方式与被占领国政治生态形成之间的关系——以美国对日占领史为中心》，《日本研究》2013年第3期，第71～78页。

设立以日本驻莫斯科大使馆原武官河边虎四郎中将为核心的“河边机关”，负责对苏秘密情报的收集工作，对战犯嫌疑人开展调查、对日本国内共产党和大众运动动向开展调查等。该谍报机构的规模不断扩大，并在日本的近畿、中国、关东、东北、九州五个地区相继设立分支机构，成员多达上百人，形成了一套遍布日本、专门针对苏联秘密情报的谍报组织。类似的谍报机构还有以重整军备为主要任务的吉田英三小组、以海军少将中村胜平为首的“中村机关”等①。这些原军部势力重新抬头，在日本重整军备过程中发挥主导作用。此外，土地改革中受益最多的农民也成为日本保守党的拥护者，而日本天皇制度的保留、“东京审判”的不彻底、保守政党政治的延续、财阀集团的卷土重来以及此起彼伏的修宪运动产生了消极的叠加效应，极大地妨碍了日本的民主化进程。

结　语

战后日本国内经济凋敝，民众衣食无着、居无定所，社会种种衰颓现象层出不穷，如黑市贸易、“潘潘”现象、“粕取文化”等，多重矛盾和无序状态反映出战后日本社会的疲态。与此同时，日本社会也出现一些转变。美国占领军当局大力实施的改革措施推动了日本的民主化进程与社会转型。但日本的社会转型存在复杂性与曲折性，并且受到诸多国内外因素的交互影响。一方面，日本国内各界渴望摆脱过去军国主义的束缚与限制，渴望和平与民主；另一方面，日本的社会转型呈现出国家间政治的复杂与国家利益的妥协，国际局势的风云变幻与美国利益优先的原则影响着日本大政方针的制定、出台、实施与转变。

战后初期的日本社会面临多重矛盾，社会失序与秩序重建同时存在。从某些方面来看，“日本成了那个极力想改造它的国家的某种扭曲镜像：在崇

① “中村机关”以调查日本陆地、海洋资源和气象变化为名目，雇用日本原情报部门人员开展情报工作，相关内容可参见吉田裕『敗戦の前後』、青木書店、1995、198 頁；〔日〕吉田茂《激荡的百年史》，赵晓丹、赵一乔译，北方文艺出版社，2019。

高理想的映衬下，缺陷也更加明显”。[①] 20 世纪 40 ~50 年代是日本社会转型与政治、经济恢复和重建时期，到了 60 年代，日本的经济腾飞和右翼保守势力的明显上升则明确印证了占领期间美国实施的种种措施产生的交互影响。战后日本这段短暂却影响深远的历史也是认识此后日美同盟关系以及中日关系重要方面之一。同时，作为亚洲强国之一，日本的社会发展经验也可以为其他正走在现代化道路上的新型国家提供借鉴与参考，分析战后初期日本这段特殊历史也有助于我们更好地理解国际关系与国际冲突。

① 〔荷〕伊恩·布鲁玛：《创造日本：1853—1964》，倪韬译，四川人民出版社，2018，第 137 页。

• 文学研究 •

“他者”的战争与“我”的战争
——论开高健的《闪光的黑暗》*

胡建军**

【内容提要】开高健是二战和越南战争的亲历者，对于战争有着独到的见解与深刻的洞见。《闪光的黑暗》是开高健的战争叙事小说代表作之一，他从美国士兵、越南民众和“我”的角度，描述了普通人的战争认知，以及战争背景下普通民众的生存图景。作者从“他者”视角切入，最终转入“我”的视角，形成了对战争的独特叙事，进一步深化了对战争的认知。

【关 键 词】开高健　他者　越南战争　战争叙事小说

开高健（1930～1989年）是日本著名的战后派作家之一，被称为“行动作家”。在短短58年的生涯中，开高健先后赴海外20余次，访问40多个国家，还曾作为战地记者先后3次前往越南，就越战局势进行实地考察和报道。开高健一生经历了二战前、二战中、二战后3个动荡而又剧烈变化的时代，这样的人生经历为其小说创作提供了广泛而多样的素材，使其文学作品具有鲜明的时代印记。开高健的文学创作题材之广、内容之深，在整个日本

* 本文为吉林省社会科学基金一般项目“20世纪80年代以来文化逆传播中的日源外来词研究”（项目编号：2021B212）的研究成果。

** 胡建军，吉林大学外国语学院教授，研究方向为日本近现代文学、日本近现代思想史。

战后文学中也是为数不多的。日本评论家远藤伸治就曾说过：“当我们要对开高健这个作家进行思考时，脑海里首先浮现的是其宽广的视野和支撑其宽广视野的旺盛行动力，以及其作品的多样性和明晰的创作意识。”① 特别是开高健对战争状态下人的认知与思考有着独到的见解与深刻的洞见。越南战争期间，开高健赴越南，以记者身份、旁观者的视角记录了战争阴影笼罩下越南百姓的日常以及战争前线美军士兵的生活与战斗场景。此后，开高健基于在越南的经历和观察，以战争亲历者的立场创作了《闪光的黑暗》（『輝ける闇』），对战争与个人存在的关系进行阐释。本文主要基于《闪光的黑暗》，从“他者”与“我”两个角度出发，探究开高健对越南战争的认知与思考。

《闪光的黑暗》发表于1968年，曾荣获日本“第二十二届每日出版文化奖”。这部小说以“第一人称”叙述了“作为随军采访记者的我”在越南战场的所见所闻。与开高健另一部有关越南战争的著作《越南战记》（『ベトナム戦記』）不同的是，在《闪光的黑暗》中，作者在描述越战事实的同时，真实地记述了“我”对战争及个人存在意义的认知变化。关于《闪光的黑暗》的创作动机，开高健在《页之背后》写道：“在将小说《从海滨过来之人》（『渚から来るもの』）弃用之后，过了一段时间，我决定就当自己之前写的一切有关越南的文章都没有写过，决心以一种一切从头开始的心情，试着重新创作一部新的作品。”② 由此可见，开高健对《越南战记》《从海滨过来之人》等越战相关小说并不是十分满意，打算重新创作一部新的越战小说，此即《闪光的黑暗》。在《越南战记》中，作者主要将着眼点放在对越南战场上各种问题的发现和事实的报告，旨在向日本乃至全世界展示复杂、多元的越战现实。而《闪光的黑暗》则不同，尽管小说的题材同为越战，但作品展现的已经不仅仅是对越南战争的思考，更多的是基于人道主义立场对现代社会人类的精神危机和生存困境的认识与思考，这是二者最大的不同。可以说，《闪光的黑暗》是开高健对越战进行深刻思考的文学结晶。

“闪光的黑暗”这一题名最早出现在小说《从海滨过来之人》第四章的

① 遠藤伸治「開高健試論：行為・認識・感覚・外界と内界をつなぐもの」、『近代文学試論』第25巻、1987、54－67頁。

② 『開高健全集　第22巻　頁の背後・終りの始め』、新潮社、1993、88頁。

标题。早在开高健赴越南采访之前，他就已经在《告白的文学论》中对第二次世界大战后的社会现实进行过描述。他说："生活上，各个国家都处于空前的繁荣，但作家们感觉到，越是光鲜亮丽的生活越是黑暗重重，留给人们的只有僵硬、无止境的独白。"这表明作者对和平社会下物质繁荣背后的人类精神困境的担忧。据日本评论家吉田永宏考证，"闪光的黑暗"这一小说名来源于海德格尔的《何为形而上学》中的"Die helle nacht"。日本的马克思主义哲学家藤本进治在翻译海德格尔的这本书时，按照自己的理解将"Die helle nacht"翻译为"闪光的黑暗"，并将这句话告诉了谷泽永一，谷泽永一又将这句的日语翻译告诉了好友开高健。开高健将其用作"黑暗三部曲"中第一部作品的作品名。关于《闪光的黑暗》这部小说名字的来源，开高健也曾做过记述：

> 什么都可以看得到，又好像什么都看不到一样。一切都已具备，但一切又好像都是假象。拥有一切，却好像又什么都没有。某一天，我和一个特别信赖的朋友说起这篇小说的主题时，他告诉我说，那是海德格尔，海德格尔将现代定义为"闪光的黑暗"。我记得梶井基次郎作品中曾经出现过"绚丽的黑暗"这句话。我该选哪一个呢？在犹豫了一段时间后，我选择了前者。①

虽然小说名是从海德格尔那里借用的，但是由于双方生活的年代和要定义的时代背景完全不同，所以笔者认为没有必要从海德格尔的哲学角度来研究开高健的这部作品。值得关注的是小说名中"闪光"和"黑暗"这一对立概念所包含的人文思想，通过对小说文本进行详细解读来挖掘开高健用"闪光"和"黑暗"这一矛盾概念构筑起来的文学世界。

一　美国士兵的越战认知

《闪光的黑暗》是一部以越战为题材的长篇小说。小说内容包含大量的

---

① 『開高健全集　第 22 巻　頁の背後・終りの始め』、新潮社、1993、328 頁。

一手新闻采访和报道，因而更加真实地再现了20世纪60年代越南战争的情况。如果把这部小说放到20世纪下半叶世界历史的大背景进行考量，笔者认为这是一部影射冷战背景下20世纪人类缩影的优秀作品。《闪光的黑暗》以20世纪60年代的越南战争为背景。小说的叙述者是日本记者“我”，描述的故事大多发生在当时的越南南方地区（北纬17度以南地区）。小说的战争叙事主要围绕两条线索展开，一条线索是战争前线美国士兵的日常生活和战争中越南普通民众的日常生活，另一条线索则围绕“我”对战争的认知展开。小说从“他者”的战争叙事和“我”的战争叙事两个角度出发，对越南战争的整体面貌进行了细致的描述。从“他者”的角度出发，作者塑造了以美国大尉韦恩为代表的美国人形象，以阿陈及被枪杀的少年为代表的越南人形象。以大尉韦恩为代表的美国人是带有明显理想主义色彩的集体形象，这个集体给自己赋予了某种纯粹的“政治使命感”。美国政府与“南越政府”合作，打着“自由”“民主”的旗号，阻止越南统一。美国士兵韦恩大尉带着这种使命来到越南，到了越南之后才发现理想与现实完全不同。“南越政府”是一个贪婪、腐败的政治集团，他们企图利用美国的金钱和武力援助来实现自己的权力欲望。

> 在西贡市（现胡志明市），美国政府交给南越政府10头猪，但这些猪被送达某个村庄时只剩下1头；大米会失踪，毛毯和拖拉机会消失。前些日子发生了洪灾，美国政府给（越南）农村送了一些毛毯，第二天就发现这些毛毯出现在岘港的黑市。USOM的意思就是“You Spend Our Money”（大家来花我们的钱）。僧人说：“这个国家老鼠太多了”。[①]

在“我”与大尉韦恩的对话中，一个贪婪、腐败的“南越政府”形象呈现出来。USOM（United States Operations Mission）本是美国政府对外援助机构，帮助落后国家进行经济和政治建设，但被越南百姓嘲笑为“让大家花钱的机构”。开高健借用百姓嘲笑政府的口吻来凸显南越政府的腐败事实，

---

① 『開高健全集　第6巻　輝ける闇・新しい天体』、新潮社、1992、30頁。

也揭示了美国在越南的所作所为与其标榜的建设“民主”“自由”的越南的宣传相距甚远。美国在越南的行动非但没有帮到百姓，反而助长了南越政府的腐败与贪婪。不只是越南的百姓，就连美国士兵韦恩也认为南越政府腐败至极，无药可救。他既不信任南越政府，也不相信越共，认为应该直接和越南百姓打交道，美国政府援助的钱应直接购买物品分发给越南百姓。韦恩具有人性中善良的一面，有强烈的责任感和使命感，想帮助越南的百姓实现富裕的生活。但现实中，南越政府只希望得到美国的援助，并不希望美国介入和干涉越南的内政。南越政府的官僚阶层只关心自己的政治和经济利益，置百姓死活于不顾。韦恩大尉作为现代军人，必须服从命令，面对腐败的南越政府深感无力。为此，他甚至怒斥“西贡（政权）不是越南”！韦恩身处“使命”与“现实”的夹缝，国家和时代赋予的“使命”与越南现实之间存在不可调和的矛盾，而他作为一名军人必须服从上级命令，接受越南人长官的领导，不具备根据自己的理想改变现实的能力。韦恩出身于美国，接受西方现代教育长大，拥有独立思考的能力，拥有现代人的世界观和价值观。海德格尔曾指出，现代人意识到作为主体的“我”的中心地位，对于“世界图像”有着与以往不同的设计——这世界“应该”如此，而非那样。① 韦恩作为美国人，“天赋使命”的强烈使命感使他坚信可以用美国的“自由”“民主”等价值观来改造越南，但现实中，韦恩在越南看到的追逐名利、支配欲望、生存竞争等在不知不觉间消解着其在美国所建构的自我理想认知。在冷战意识形态的裹挟下，韦恩唯有被动服从，明知南越政府贪婪、腐败，却无法做出自己的选择。面对严峻的现实困境，他日益感到个体存在的渺小和无力感。韦恩处于“理想”和“现实”激烈碰撞的冷战时代的夹缝中，时代赋予的价值观与现实生存危机之间存在难以逾越的鸿沟，仅靠个人难以改变。他的思想越是穿透现实，就越会体验到精神的痛苦与虚无。

战争的残酷性是战争题材作品的基本主题。《闪光的黑暗》几乎没有集中描写宏大战争场面的内容，仅在小说结尾处基于“我”的亲身经历对实战场景进行了描述。小说主要采用将战争与战争下普通民众日常生活相结合的

---

① 〔德〕马丁·海德格尔：《林中路》，孙周兴译，上海译文出版社，2004。

方式进行叙述，努力营造一种让读者感到战争既遥远又无处不在的氛围。虽然小说文本中直接描述战争场面的文字较少，但战争相关叙事仍然构建了小说主人公与其他人物的生活底色、思维惯习和存在背景。韦恩大尉的一句“10点了”道出了战争的日常性。在靠近北纬17度的前线阵地，每天晚上10点是关灯时间。关灯后，战壕里的士兵会通过敲打炮弹壳的方式进行联络，共同承担警戒任务。而小说中白天的一幕情节更加凸显了日常生活中紧张的战争氛围。炊事兵琼斯携带卡宾枪外出购买冰块，查理头戴钢盔、手拿冲锋枪担负护卫职责：

> 琼斯靠近茅草屋打了一声招呼。他手中拿着卡宾枪，枪口朝下，手指一直搭在扳机上。一个男人从茅草屋中探出头，微微一笑，说道：“你好，查理。”然后就退回屋里。
>
> 那个男人手拿一个巨大的冰夹走了出来，冰夹上夹着一块冰。琼斯将一些皱皱巴巴的钞票递给男人，然后用左手接过冰夹。他右手拿枪，左手拿冰，一边看着那个男人的眼睛，一边慢慢地后退。男人靠在门口，用黑色的眼睛静静地盯着琼斯。琼斯将冰扔进吉普车，快速跳上车，伴随着轮胎发出的刺耳摩擦声音，吉普车快速后退，然后猛地掉头，一溜烟地沿着国道返回了前哨。①

作者通过后勤炊事兵“携枪买冰”一事，巧妙地将日常生活中购买生活物品事项与“卡宾枪”“冲锋枪”等战争意象结合在一起，读者可以感知战时状态下的日常生活景象。在小说中，美国士兵需要向越共购买冰块，甚至日常生存必需的蔬菜、水果等物资也需要从越共手中购买。除此之外，理发、房屋修缮等工作也是聘请越共来做。更令人吃惊的是，南越士兵经常会因贫困而将子弹、枪支等武器和药品卖给越共，换取金钱维持生活。在战斗前线，越共无处不在，就连前线哨点内都有一定比例的越共。起义战争随时有可能爆发。为此，前线哨点内美军士兵和南越士兵的生活区域被三重铁丝

---

① 『開高健全集　第6巻　輝ける闇・新しい天体』、新潮社、1992、34頁。

网隔开。铁丝网隔开的是美国人和越南人，却不仅仅是美国人和越南人。被铁丝网隔开的是两个完全不同的世界：一个是自称“民主”“自由”典范的世界，一个是被认为贫穷落后、野蛮、需要“解放”和“救赎”的世界。这两个世界没有任何交集，无法融合。铁丝网一侧的美国人吃着牛排、喝着洋酒，观看从西贡市运来的美国电影，冲着温度适宜的热水澡；铁丝网另一侧的越南人吃着鱼酱、米饭，住着简陋的小屋，屋内地面是裸露的土地，没有进行硬化处理，他们并不信任彼此。在前线哨点，冲突和战斗随时可能爆发。战争不仅制造死亡，还给人们的日常生活投下死亡的阴影，对人们的现实生活和心理产生双重影响。在前线哨点，美国士兵韦恩丝毫不敢松懈，自动步枪片刻都不离手。日常的物品交易活动也构成了战争的一个侧面。小说中，琼斯在购买生活物资时遭到狙击，凸显了战争实际情况的复杂性和残酷性。在小说中，对于越南这一空间里生存的人来说，敌我双方彼此依靠，又相互厮杀。没有人知道战争在什么时候、以什么形式、以何种规模爆发。战争不仅仅是敌我厮杀的正面战斗，更深深地影响士兵与百姓的日常生活。每天中午时分，交战双方都会休战 3 个小时，这 3 个小时是敌我双方约定的午休时间。吃过午饭后，不论是南越士兵还是美国士兵，一个不剩地全都回到各自的小屋午睡。作者巧妙地将日常的“午休”插入战争时间的间隙中，将战争描述成人们的一种生存底色和存在背景。整个前线哨点笼罩在死亡阴影之下，“我”日益感到生命的空虚与远景意义的丧失，不禁感慨，无论是美国士兵，还是越共士兵，同为人类，却睁开眼就开始厮杀。作者以一种近乎戏谑的口吻，不动声色地将残酷的战争景象编织到日常生活叙事中。这也意味着战争和死亡是小说人物所面临的常态，对人物的心理活动、生存状态乃至行为方式都产生了重要的影响。当圣诞节和正月等重大节日来临时，敌我双方会设置 48 小时或 72 小时的休战时间。当战争与日常生活交织在一起时，敌我界限开始模糊，战争双方的交战规则不再起作用，剩下的只有你死我活的较量。为了维护自身的安全，美国士兵和南越士兵对前方哨点进行了严密武装，不时地使用一零五火炮和一五五火炮漫无目的地向对面丛林开炮射击。这种漫无目的的炮击景象凸显了战争的紧张感和残酷性。

二 越南民众的战争认知

叙事者“我”和越南百姓对战争及与战争直接相关的政治时局的指涉与议论，使“战争”主题贯穿整部小说，描绘了正面战场之外的另外一种战争场景。越南青年阿陈是日本报社记者山田的助手，主要工作是翻译和收集战况信息。随着越战局势越来越紧张，阿陈收到了南越政府的征兵令。政府要求阿陈在指定的日期前往指定军营报道，参军打仗。不仅是阿陈，就连身体残疾人士、同性恋、强盗、装疯卖傻的人也都需要参军服役。阿陈不想打仗杀人，他用刀将自己的手指切掉两根。阿陈的举动令“我”感到意外，一句“我不想杀人”更是令“我”惊讶不已，动摇了“我”对战争的固化思维，令“我”久久不能平静。战争并不仅仅存在各种爆炸事件和战斗流血事件，它以另外的方式存在于人们的生活中，无处不在地影响着普通民众的方方面面。

> “就算你切掉手指，还是会被送往前线。不切也会被送往前线。能不能扣动扳机和你是不是士兵没有任何关系。结果不是一样吗?”
>
> “不一样。”
>
> （中略）
>
> “如果被俘虏的话，会受到政治委员会的讯问。如果（对方）知道我是知识分子的话，（我）会被追究责任的，这和一般士兵不一样。因此我必须要证明我没有杀人的意愿。”①

阿陈通过自残身体来躲避战争的方法既是对战争意义的诘问，也反映了底层百姓的厌战心理。阿陈的回答令“我”感觉到自己再一次被这个世界“拒绝”。这里的“拒绝”是客观世界对主观意识的否定，由阿陈的言语和行为构成的战争认知与“我”对战争的认知之间存在巨大的差异。正是这种

① 『開高健全集　第6巻　輝ける闇・新しい天体』、新潮社、1992、116頁。

差异使“我”认识到自身对战争认知的局限性，也进一步加深了“我”对战争多样性的理解。战争是小说中主人公的一种日常生活景象和存在背景。小说通过“我”与各种人物的交往和对话来呈现战争的复杂性。这里借助阿陈的行为和语言，表达了越南民众对战争的厌恶，以及战争给普通百姓带来的巨大伤害。对于阿陈，“我”仅仅知道他姓“陈”，其他一概不知。阿陈也从来不提及自己的名字，即使被人问道，他也从不告知，他从不表露自己的感情，也不展现自己的任何东西。阿陈作为越南人，可以反映战时状态下越南普通民众的心理现象。小说试图以“我”的感受来呈现这样一种事实：身居国外或在战争中处于中立地位的人，总是愿意一厢情愿地构建自我对战争的认知与想象。这种自我欺瞒式的战争想象和认知在遭遇真实的战争情景时会被彻底击垮、颠覆。

越南少年之死则从另外一个侧面揭示了战争的残酷性。米歇尔·福柯在《规训与惩罚》中探讨了身体与权力的关系。他认为：“公开的酷刑与处决之所以存在，是和某种与这种内部结构无关的东西相联系的，这是一种生产制度的结果”，“公开处决并不是重建正义，而是重振权力。”① 身体就是社会权力的书写。因此，《闪光的黑暗》中夸张的公开行刑描写也带有权力表现和批判意味，受刑者肉体的变化反映了某种政治权力的残暴性，暴露了冷战意识形态背后的阴暗面。

> 10 个宪兵的 10 挺卡宾枪射向孩子。孩子双膝一屈瘫了下去。胸部、腹部、腿部裂开了若干小小的黑色窟窿。鲜血从各个窟窿中慢慢流出，汇成细绳般的涓流浸湿了大腿，滴落在（广场的）铺石上。少年无力地将头慢慢偏向右边，然后又偏向左边。将校走近（少年），拔出左轮手枪，朝着（少年的）太阳穴开了一枪。鲜血从右边的太阳穴喷射而出。少年彻底瘫软下去，被绳子吊在柱子上，不再动弹。②

小说中这段行刑场面的描写，不是为了刻意彰显暴力美学，而是为了揭

① 〔法〕米歇尔·福柯：《知识考古学》，谢强、马月译，生活·读书·新知三联书店，2003。
② 『開高健全集　第 6 巻　輝ける闇・新しい天体』、新潮社、1992、162 頁。

露现代强权政治和人性深处的丑陋与凶残，暴露冷战背景下的战争罪恶。在现代强权政治的统治下，行刑士兵变成了执行杀人命令的工具，在施刑过程中变成了赤裸裸的“杀人机器”；将校作为国家权力的象征，展现了现代国家权力阴冷、黑暗的一面。围绕意识形态和国家政权的争夺仍然依靠酷刑来驯服和震慑人民，强迫他们选边服从。血淋淋的行刑场面揭示了现代人类的阴暗和残暴，人类的阴暗与残暴从不因为生产力和物质文明进步而消失，文明与野蛮总是如影随形，结伴而行。

听闻广场上举行公开行刑，人们从四面八方涌向广场。有记者、学生，还有其他普通民众。看客中有的嚼着甘蔗，有的喝着果汁，有的吸着乌冬面，仿佛是来观看戏剧。两个学生模样的少女爬上了铁道公司的二楼，从那里可以清楚地看到行刑的场面。公开行刑变成了供民众观赏的“戏剧”，观看行刑场面成了普通民众畸形的审美心理。拉康就自我与主体建构提出过“凝视”理论，自我对他者的注视不仅体现着自身欲望的投射，还隐含着他者凝视对自我欲望的规范和影响。[①] 广场上的人们在注视行刑场景的时候，作为隐藏他者的行刑场景也在规范着广场上的人群。行刑的将校和宪兵代表着现实中的国家政权，被枪毙的少年则被塑造成企图破坏和颠覆国家政权的罪犯形象。枪决形成的残酷画面使看客感受到死亡的恐惧，从而主动约束自己的行为，选择服从，避免被惩治。日复一日的公开行刑不断规范着人们的思想和行为，导致人们变得心理麻痹，形成畸形的审美意识，使人们以为观看公开行刑是一种“扬善罚恶”的行为。普通民众演变成了冷漠的看客和残暴政权的帮凶。小说主人公“我”作为记者在观看行刑场面的同时，“他者”的凝视使“我”注意到自我作为客体被规训的危险性。经过反思，“我”将自己的冷漠看客行为称为“视觉强奸”。初看行刑的“我”顿感身心疲乏，全身发冷，双腿颤抖，全身被热汗浸透。一股凉气不停地从身体内部冒出，胃部痉挛，忍不住想吐。但当“我”第二次观看行刑场面时，“我”的身体竟然没有发生任何的反应，没有出汗、没有颤抖、没有呕吐的感觉。我像看电影一样观看了每个细节。战争相关的注视与被注视在不知不

① 〔法〕拉康·雅克：《拉康选集》，褚孝泉译，上海三联书店，2001。

觉中塑造着主体的自我认知，导致自我迷失、人性扭曲，激发出人类动物般的嗜血本能。麻木不仁的看客，冷血残酷的行刑士兵，摈弃道德伦理、追逐血腥残暴画面的记者，不仅仅人性扭曲，更是冷战背景下政治意识形态斗争导致社会伦理秩序失范后所暴露出来的丑陋与乖张的现实。经媒体放大后的血腥战争报道，每天通过报纸、电视等媒介进入千家万户供消费者观看。久而久之，新闻媒体的职业化写作方式和消费者之间形成了一种程式化的互动关系，众多消费者沦为冷血“看客”，失去了主观判断能力，丧失了人类基本的同情心！

三 “我”的战争认知

《闪光的黑暗》基于作家本人的真实采访和亲身战争经历写成，真实地再现了错综复杂的越南局势，既有纪实性的成分，又有对于越南战争的人道主义思考。作者在《闪光的黑暗》中写道：“我想彻底地挺直腰板面对真正的东西，我想赋予自己一个形式。我不战斗，不杀人，不帮人；不耕耘，不推进，不煽动；不制定策略；不做任何一方的同伙。我只凝视。战战兢兢地发抖，眼睛闪闪发光，像狗一样死去。看到的即其所是。如果这样的话，那我岂非已经是个半死之人了？事态状况只存留于我的皮肤上，任何人都无法触摸到它。我明知这些都是徒劳的为什么还要自取灭亡呢？战争不是冒险。”① 从中可以看出，作者想要基于客观立场，不带任何个人主观和政治色彩，真实面对越战一切现实的决心。小说通过对我的“凝视”行为的描述，揭露战争的残酷、徒劳和嗜血的一面，同时揭示了战争富有日常性的另一面。在越南战场上，人们看不到对生命的尊重，一切看起来无比荒谬，却又真实地存在着。在战争面前，一切伦理道德毫无意义。美国士兵虽厌恶战争，却以忠于职守的名义进行着自己讨厌的战争；作为记者的“我们”则打着记者的名号冷漠地观看行刑场景。人类个体的道德标准、伦理观念、生命意义与人生理想都被残酷的冷战意识形态和现代职业观念所取代及消解。在

① 『開高健全集　第 6 巻　輝ける闇・新しい天体』、新潮社、1992、224 頁。

“我”看来，关于越南战争，无论是以冷战意识形态去思考，还是以是非善恶的价值观去判断，战争都仅仅是被赋予了不同的观念，其背后的本质并没有被揭示，战争当事国并不会因此而发生任何的改变。战争的本质就是一种绝对的恶，且是一种难以用任何语言加以言说的事物。关于越南战争的结局，小说借用马克·吐温的《在亚瑟王朝廷里的康涅狄克州美国人》预测越南战争的结局。《在亚瑟王朝廷里的康涅狄克州美国人》中的主人公美国人以时间穿越的方式返回了6世纪的亚瑟王朝时代。穿越前的美国人生活在19世纪的美国，当时的美国科技发达，政治自由、民主。美国人穿越后到达的亚瑟王朝生产方式落后，封建社会等级森严，教会、国王、贵族、地主势力庞大，垄断了国家的一切权力。农民无法接受教育，被贵族阶层视同蝼蚁。贵族阶层将农民当作奴隶随意虐待和残害。这样的国家在美国人看来愚昧至极，且无法接受。于是，美国人决心帮助亚瑟王朝实现自由、民主和近代化，解救那些受苦受难的农民。经过一番努力，美国人终于成为亚瑟王朝的顾问（宰相）。他开始尝试利用19世纪美国的科技和政治制度改写亚瑟王朝的历史，帮助亚瑟王朝建立近代化国家。美国人认为，必须打破君主的绝对权威，打败骑士，取消教会的权力，才能改写6世纪亚瑟王朝的历史，建立起美式的科技体系和民主共和制度。经过一系列改革，亚瑟王朝逐渐步入近代化轨道，正当美国人在亚瑟王朝建立股票市场，进一步推进经济发展时，亚瑟王朝发生动乱，变成了一个巨大的“屠杀场”。最终，人们在战争中死去，美国人试图改写亚瑟王朝历史的尝试以失败告终。小说没有直接告诉读者美国在越南的军事战争一定会失败，而是借用马克·吐温的《在亚瑟王朝廷里的康涅狄克州美国人》，预见了美国必败的结局。

迄今为止，我在阅读吐温的文章的同时，一直对比着亚瑟王朝和南越，心里数着：这里不同，那里不同。但是，当我读完最后一章时，我放弃了抵抗。（两者的）相同点远远超过不同点，彻底颠覆了我之前的认知。①

---

① 『開高健全集　第6巻　輝ける闇・新しい天体』、新潮社、1992、64頁。

南越和约瑟王朝之间存在以下相同点。首先，无论是在南越还是在亚瑟王朝，占据人口大多数的是处于底层的农民，他们基本上都不识字，宗教和迷信拥有巨大的支配力量，这从“神水鱼”事件可窥一斑。小说中写到，在越南会安附近，百姓间流传着一则关于“神水鱼”的传说，据说樵夫的孩子喝了湖水后哑病得治，竟然能够开口说话；将死的结核病人喝了湖水后结核病痊愈；因为枪伤半身不遂的士兵喝了湖水突然站了起来，能够抬腿走路。一时间流言四起，百姓蜂拥而至，对着湖面顶礼膜拜，希望得到湖中的“神水鱼”保佑和赐福，有的百姓希望“神水鱼”赐药治疗自己的疾病。小说中写到，南越政府担心人心不稳，失去权威，使用现代武器轰炸湖面，意图消除流言平定人心。他们先在湖底安放炸药进行爆破，又向湖里投掷手榴弹，接着用机关枪扫射，甚至出动武装直升机对湖面进行扫射。但南越政府军队的这些行动一停止，百姓又马上重新聚集，面向湖面磕头，祈求保佑。南越政府的做法非但没有达到安定人心的作用，反而使流言蜚语更加泛滥。南越政府和美国无法取得普通百姓的信任与支持，民心已失。无论是南越还是亚瑟王朝，普通民众被自身所处时代和空间的意识形态所束缚，不具有根据实际经验对外界进行理性审视与独立判断的能力。其次，南越的美国人和亚瑟王朝的美国人均把所在国家当作实验对象和实现自我目的的手段。任何改革都必须顺应民意，以普通民众的利益为前提。但无论是亚瑟王朝的美国人，还是南越的美国人，都一味地将自己的意识形态强加给普通民众。亚瑟王朝的美国人想通过改革，借此实现自己的总统梦想；在南越的美国人则希望通过援助南越政府，实现阻止越南共产党和越南民族统一战线统一越南、建立社会主义国家的目的。美国政府只和南越政府合作，不直接与越南民众打交道，因此也无法了解越南普通民众的疾苦和需求。这种不以民众利益为目的的改革，终究难以赢得民心和支持，注定会失败。再次，对现代科技的滥用。美国在越南战场上投入巨额资金，动用飞机、大炮、机枪等现代武器意图实现征服和改变越南的目的。现代科学技术被标榜“民主”“自由”的美国用作侵略、征服、奴役其他国家的手段。亚瑟王朝的美国人将电力等现代科技用作攻击骑士与普通民众的工具。在小说中，看着床上酣睡的美国人韦恩大尉，“我”不禁心中感到一种难以名状的悲痛。在“我”看来，美国人的所作所为完全是一种徒劳，是一种不切实际的乌托邦空想。在小说中，作者预言越南战争将与小说《在亚瑟王朝廷里的康涅狄克州美国人》的结局一样，最终以失败告终。战争虽然还在持续，但结局早已注定。正如小说中写的那样：“战争早在七十五年前就已经结束了。”[①] 这是一场没有胜利者的战争，唯有死亡。

四 “我”的战争

小说开篇的自我感受性叙事揭示了“我”与眼前现实世界之间的微妙而充满张力的关系。

> 我好像完全浸泡在粥里一样。粥浸透了我的腰、下颚，淹没了我的额头。棋子和饭盒也都黏黏糊糊的，到处渗透着汗液，化脓，并且开始崩塌。酒精从毛孔中渗出，汗液滚落到我的腹部。我的心灵和语言都受到了硬物、闪闪发光的物体、有形物体的侵犯。一头既没有眼睛又没有耳朵的巨大软体动物在蠕动着。它不停地膨胀，填满了整个小屋，在墙壁上四处爬行，蔓延至整个夜晚的天空。[②]

“我”希望通过自己的“心灵和语言”来客观地呈现当下的社会现实，而眼前的现实不断地侵犯“我”的“心灵和语言”，并且占有我的“心灵和语言”，呈现出一种自我发展的态势。“我”看着满是污垢的象棋子，甚至连一根手指都抬不起来。“我”觉得自己“好像只有变成像细菌或者苔藓一样的东西”，才能够抵抗现实对“我”的侵蚀，这是对自我存在面临被物化的危险的警告。一味地坚持“看到的即是事实”的创作方法，最终有可能被眼前世界物化，面临失去自我存在的危险。作为主体意识存在的“我”，如果一味地坚持客观记录的立场，摒弃主观思维的否定性思考，个人存在的主体性就面临着被物化的危险。

---

① 『開高健全集　第 6 巻　輝ける闇・新しい天体』、新潮社、1992、67 頁。

② 『開高健全集　第 6 巻　輝ける闇・新しい天体』、新潮社、1992、15 頁。

在《闪光的黑暗》中，开高健还通过主人公“我”作为记者的特殊身份，提炼出自我主体性与社会分工角色要求之间的不可调和性的时代主题，深刻地反思了人的存在与职业要求之间的根本矛盾。在越南战场上，作为一名记者，职业道德要求“我”不得不做一个视恶而无动于衷的“视觉强奸者”。“我”在广场上观看公开行刑后，返回带有空调的旅馆，将眼睛所见写成纪实报道发往日本国内。对于20世纪的人来说，世界上发生的事情“不知道就等于不存在”。新闻媒体的读者和观众有“知道”的权力，新闻媒介有义务满足这些人的“知道”欲望。因此，记者受制于职业和受众的要求，只能作为旁观者进行客观的报道。即使在战争这种极端的处境下，记者的职业身份也要求必须客观地报道一切事实。哪怕是面对行刑的血腥场面，也不容许夹杂任何个人的情感与思考。而这一现代职业要求消解了作为“思”的人的主体性存在，违背了人性最起码的准则，是对人生命尊严的无视和践踏。由于受访者的地位、立场、所处环境的不同，他们对战争的认知也存在明显的差异。各种战争认知之间既有联系，又有区别，这使战争呈现出一种复杂的多元结构。战争的复杂性不断冲击着“我”的思维，促使“我”对战争的本质进行思考。开高健以记者的敏锐感觉和作家的细腻思考，以一个文学家的视角，为读者呈现出与传统的新闻报道所呈现的越战完全不同的景象。传统的新闻主义者认为客观的事实就是排除主观性的外在世界，利用实在的物体和图片等手段记录客观世界。而《闪光的黑暗》则认为客观的越战情景并不是脱离人的主观意识的客观存在，而是内在于个人的主观感受性和思考。在采访初期，作为记者的“我”注重走进人物的内心世界，客观记录人物的内心感受，通过“我”的眼睛来呈现越战的真实状况。作为记者，“我”既要与士兵和普通民众密切接触，又要刻意保持一种“中立”的立场，以便更加客观地进行观察和记录。战争的残酷性和多面性不断地冲击着“我”的思维底线，促使“我”反省自己对战争的认知方式。原本“我”来越南战场的目的是客观、真实地报道战争，但战争的复杂性最终淹没了“我”，使“我”面临失去主观判断、被物化和客体化的危险。为了避免这种危险，“我”决定跟随前线部队，亲身体验战争的真实。小说终章对战争体验的描述生动地刻画出一个即使付出生命代价，也要将“自我意志”进行到底的自我理想形象。正如小说结尾写的那样，“这是一场为了我的战争”。“九死一生”的战争经历进一步深化了作者对战争和人的本质的认知，坚定了作者坚持“植根于真实生活，忠实地面对内心感受”进行小说创作的决心。

对于开高健来说，越南战争是一场向“外”寻求理想自我的战争。他试图通过对越南战场上的“美国士兵”“越南士兵”“普通民众”等群体的思考，挖掘20世纪冷战背景下人的存在本质，探求通往个体解放的道路。越南战争使开高健清醒地认识到，基于政治意识形态的战争并不能带来个人的解放，也难以挖掘个人存在的社会价值；宏大的理想并不能构建美好的社会，意识形态之争并不能带来人性的复活。由意识形态之争引发的战争带给人类的只有杀戮与死亡。在越南战场上九死一生之后，作者获得了一种对于人类乃至生命意义的全新认知。

> 有数发听不到发射声音的子弹射了过来。风的压力就差点将我击倒。一瞬间，最后一滴液体从我的脚跟急速上升，从头发中挥发掉了。（中略）支配人的最微妙、最强有力也是范围最广的冲动，以及人的最后的堡垒就是自尊心。当我拿着书包的时候，我觉得好像还能够保持某种自我。而当这些破碎、溶解时，瞬间的自由闪现，（心情）平静下来。一种柔和的波浪瞬间出现，它暖暖地包围着我，让我觉得浑身轻松。这酷似兰草中瞬间掠过的死亡的蛊惑，充满了一种令人放松的清净。我扔掉了书包，张大嘴奋力奔跑。士兵们就像没有主人和看家犬也能准确找到回家之路的家畜一样，朝着一定的方向奔跑。一种凶残、透明的力量带着刺耳的声音，贴着（身体的）左右两边疾驰而过，树干上发出了阵阵响声。我闭上眼睛，浑身僵硬。耳朵里充满了心跳的声音，我变成了粉末，在黑暗中想起了潮水般的轰鸣声，我开始哭泣。眼泪顺着脸颊滑到了下颚。①

---

① 『開高健全集　第6巻　輝ける闇・新しい天体』、新潮社、1992、255頁。

支配人的最微妙、最强有力、最后的堡垒就是自尊心，而当“我”为了在战场上生存下来，将一切外在的精神与物质抛弃时，才发现自己无比轻松和平静。枪林弹雨的战场让“我”体验到生命的本真——自由。在此之前，“我”一直不断向“外”探索，坚持“看到的就是真实”的原则，努力地记录和书写越南战场上发生的点点滴滴，并将此作为追求自我和表达人生意义的方式。然而，这种“客观凝视”的方法导致“我”作为个人存在的主体性面临消解的危险。为了消除这种危险，寻回失落的自我，“我”决心亲自参加战争。在激战中，死亡的恐惧迫使“我”放下“自尊心”和以“书包”为代表的一切“外在”依靠，“我”竟意外地发现了个体存在的本质。作为“个体存在”本质的“虚无”得以显现，“我”因此体验到无比自由和温暖的生命真实。在枪林弹雨的死亡威胁中，“我”第一次体验到生命的律动与真实：耳朵里充满了心跳的声音，切切实实地找到“生”的感觉。环顾四周，除了刺耳的子弹声和像家畜一样朝着一定方向拼命奔跑的士兵外，一切都已消解。真正面对“死亡”时，“我”才发现对于“生”的此在与当下的占有才是个体存在的全部意义，除此之外的一切意义都已消失。抛弃一切外在，向死而生，拥抱个体存在“虚无”本质，这是越战对“我”而言最大的意义。

结　语

《闪光的黑暗》是一部以 20 世纪冷战为背景的战争叙事小说。战争作为叙事者和人物的生存图景，表现了一种存在主义的人类生命体验。作为一种思维底色和生存背景，战争包含人们对未来世界的想象与构建。小说中围绕战争构建的人物叙事在构建小说人物的战争认知的同时，也在承担使小说失落了意义远景的功能性使命。小说呈现的是普通民众在战争背景下的生存困境、人性的贪婪与自私，凸显了作者对现代人类远景理想的怀疑。在越南战场上，理想与现实可以并存、反抗与妥协可以合谋、希望和绝望可以共处、和平与战争可以同在，这种双重性构成了战争背景下普通民众思想的矛盾性和复杂性。作为记者的“我”不得不放弃奔赴越南之前一切既成价值判断，坚定地选择做一个彻彻底底的“旁观者”，坚持做一个客观记录的“看客”。这就需要将此前形成的同越南及越战相关的一切知识和价值判断搁置，本着“看到的就是事实”态度，客观地描述越南的一切在场。传统的新闻报道只让读者看到了它的“闪光”与“黑暗”一面。而开高健则采用纪实和虚构的方式，让读者看到了冷战背景下的人性的“闪光面”与“黑暗面”。美国政府打着“自由”“民主”的旗号发动越战，呈现在普通士兵和越南国内百姓身上的是另外一种景象：美国鼓吹“自由”“民主”理想和越南国内普通百姓的悲惨现实形成了鲜明的对比。美国带给越南的“光明”可能是划破夜空的闪电，虽明亮，但转瞬即逝。最后留给越南普通民众的是长久、普遍的心灵黑暗。剥去经由华丽辞藻和意识形态粉饰过的观念的外表后，呈现出来的是越南人民承受的无尽战争阴影。真正具有威胁的并不是越南的贫穷与落后，而是现代人类文明冲突和人性背后隐藏的贪婪与邪恶。而在近代曾沦为西方殖民地的越南又正好成为展示这种人类文明危机与贪婪、邪恶人性的绝佳舞台。由美国主导的意识形态与现代文明的输出不仅给越南人民带来了黑暗，也抹杀了越南战场上士兵的理想与人性，造就了一批“杀人机器”和对残酷战争熟视无睹的麻木看客。越南战场上处处存在光明与黑暗的碰撞。这种碰撞凸显了现代文明的无力、空洞和意识形态的虚无，激发了读者对人的存在的思考。在此基础上，作者将个人的战场经历融入作品，形成了独特的战争叙事，深化了对战争的认知。在面临生死选择的极限境况下，人类求生的本真状态得以呈现，一切既成的伦理道德毫无意义，奋力而活，对当下的占有才是生命存在的本质。开高健通过他的努力和卓越的洞悉力，让人们意识到潜藏于现代文明美丽光环下的阴暗面，也让读者了解到迷雾重重背后的越战的真实面貌和人的存在本质。可以说，《闪光的黑暗》是一部对战争下人类精神危机和生存困境进行深刻反思与批判的优秀作品。

幸田露伴海洋思想中战争意识的消长*

尚一鸥　曾　直**

【内容提要】幸田露伴在兄长郡司成忠的第一次千岛群岛“拓殖”活动失败后，对日本政府漠视海洋事业和民众的短视颇感痛心。为使日本国民对兄长的海洋“探险”活动有所改观，幸田露伴选择在文学道路上为兄长助力。幸田露伴早期的海洋思想与郡司成忠的海洋思想同步，带有鼓吹海外扩张的倾向。这个时期幸田露伴通过翻译英国海洋小说《大冰海》宣扬了发展海事的紧迫性，也在一定程度上宣扬了殖民扩张的“合理性”，这样的战争意识随后在其儿童文学创作里对海洋思想的鼓吹中达到顶峰。中日甲午战争之后，幸田露伴通过对海洋文学的广泛涉猎和频繁的海洋活动逐步修正了早期偏激的海洋思想，开始在《浪滔天》等创作中将海洋文学的发展作为“海国振兴”的重要一环，并以此为基点开始提倡多元化的“海国振兴”道路。

【关 键 词】幸田露伴　海洋思想　战争意识　海洋文学

幸田露伴作为开创“红露时代”的日本近代知名作家，其文学创作对日

* 本文为吉林省社会科学基金项目“日本女性作家的‘满洲’体验与文学书写研究”（项目编号：2021J61）、吉林省社会科学规划项目“伪满时期日本的殖民宣传研究”（编号：2020J76）的阶段性成果。

** 尚一鸥，日语语言文学博士，东北师范大学日本研究所副教授、博士生导师，研究方向为日本文学；曾直，日语语言文学硕士，广州应用科技学院外国语学院专任教师，研究方向为日本文学。

本文学的发展产生了深远的影响。露伴的创作生涯长达60余年，擅长在工匠题材小说和历史小说中刻画因时代剧变而陷入苦境的人物，通过《风流佛》（1889）、《命运》（1919）等优秀作品逐步确立了自己的文坛地位。其文学创作不局限于小说，在史传、随笔、诗歌等领域同样佳作迭出。露伴在文学创作之余长年投身考证研究，特别是在对道教和中国戏曲的研究方面露伴可谓“先驱”。露伴通过学者活动积累了跨越“和汉洋”的渊博学识，这也使其创作拥有独树一帜的格调和内涵，露伴也因此被评价为日本近代不可多得的天才作家。

在幸田露伴的创作生涯中，海洋文学可以说占据极其特殊的位置。从处女作《露团团》（1889）中的捕鲸情节，到晚期集大成之作《幻谈》（1938）中的海上怪谈，露伴与海洋相关的文学作品不仅数量可观，而且质量上乘，每部作品都体现出不同时期露伴的海洋思想。然而，露伴成为推动日本海洋文学发展的先驱者之路，并非一蹴而就，其海洋思想及认识的形成也经历了起起伏伏。战争和海权的关系密切，而且都是影响日本推行现代化的重要因素。在这样的历史背景下，考察战时环境下露伴海洋思想的形成与发展，对我们理解露伴文学中的现代性与传统性共存等主题有重大意义。

目前，中日两国学界均把“露伴的战争意识”看作研究露伴文学的重要课题之一。其中，日本方面具有代表性的研究著作是关谷博的《幸田露伴的非战思想：人权·国家·文明——以少年文学为中心》，关谷博从露伴少年时期的文学创作入手，以日本战时环境为大背景，考察了露伴的反战意识。①中国方面则是商倩的学术论文《战争语境下幸田露伴的中国认识》，商倩挖掘出露伴战争认识中盲从与妥协的一面，指出露伴的反战“仅仅是他在儒教思想的浸润下所形成的站在全人类立场上的绝对理想。当这种绝对理想被日本侵华的现实打破时，他在战争中的言行可以说是复杂且充满矛盾的，既有沉默与妥协，也有犹疑与摇摆，甚至一度被利用”。②

综上所述，对于战争，露伴整体上是持批判态度的，但也存在言行不一

① 関谷博『幸田露伴の非戦思想：人権・国家・文明—「少年文学」を中心に—』、平凡社、2011。

② 商倩：《战争语境下幸田露伴的中国认识》，《外国问题研究》2019年第1期，第1~8页。

的情况。那么，露伴的海洋认识中有没有被战争利用的一面？其海洋思想与文学创作相比是否存在超前或者滞后情况？只有解决这样的问题，才能厘清露伴战争观和海洋观的相互影响。露伴的海洋思想不可避免地受到其战争认识的左右。因此，在考察露伴海洋思想的形成与发展时，其中潜在的战争意识的消长便成为不容忽视的重要因素。回归文本，从露伴的海洋文学创作出发，进而解读其中的海洋思想则显得尤为重要。

一　露伴海洋认识转向的契机：兄长郡司成忠的千岛“拓殖”活动

露伴海洋思想形成的过程中在很大程度上受到其兄长郡司成忠的影响。郡司成忠是露伴的次兄，因为亲戚郡司家没有子嗣而成为郡司家的养子。郡司与露伴有着深厚的感情。郡司于 1872 年进入海军兵学寮预科学习，其后成为海军军官。郡司积极投身海洋探险活动，对“北方领土”展现了莫大的兴趣，先后两次到千岛群岛①开展“拓殖”活动②。针对千岛群岛的开发，郡司还成立了“报效义会”。郡司的军人身份优先于其海洋探险家的身份，他的探险拓殖活动完全由其军人身份驱使。在甲午中日

① 近代以前，千岛群岛处于日本人、俄国人以及阿依努人混居的状态。近代以后随着日本与俄国国力的增强，两国开始争夺千岛群岛的归属。千岛群岛归属权的变化主要如下：1855 年，日俄缔结《日俄和亲通好条约》，择捉岛以南的四岛划分为日本领土，得抚岛以北的岛屿划分为俄罗斯领土。1875 年，日俄缔结《库页岛千岛交换条约》，日本以南库页岛的主权换取了千岛群岛的全部主权。1945 年，苏联军队在远东战役中击败日军，接管了千岛群岛全境。1951 年，日本签订《旧金山和约》，放弃千岛群岛的主权。现今日本主张南千岛群岛（日本称为“北方四岛”）为日本固有领土，谋求“北方四岛”（国后岛、择捉岛、齿舞岛、色丹岛）的归属。日俄双方对千岛群岛的范围各持己见，至今争议不断。

② 郡司的第一次千岛群岛“拓殖”活动的发起时间为 1893 年，最远到达千岛群岛最北端的占守岛，未发生武力冲突；第二次千岛群岛“拓殖”活动的发起时间为 1896 年，最远到达千岛群岛以北的堪察加半岛，与俄军发生了武力冲突。据当时的《库页岛千岛交换条约》规定，日本拥有千岛群岛的全部主权，所以单论郡司的第一次千岛群岛“拓殖”活动，仅仅实施到“拓荒”阶段，没有足够的证据将其定性为战争行为。但郡司的第二次千岛群岛“拓殖”活动在他国领土上动用了武力，是很明显的战争行为。考虑到两次“拓殖活动”的连贯性，以及具有军人身份的郡司在中国东海同样有越境的海洋活动，可以认为郡司的第一次千岛群岛“拓殖”活动是为海外扩张的预备勘查活动。本文有关郡司成忠的生平以及他和露伴之间的逸事主要参考盐谷赞创作的传记，参见塩谷賛『幸田露伴』、中央公論社、1997。

战争爆发后，郡司从千岛群岛返回投身战争。他本人也在中国东海等地区开展渔业勘察，成立了俄领水产公会。郡司作为军人，他在日本海域之外开展的海洋活动很难与日本的海外扩张割裂开来。可以认为，郡司的海洋活动完全为其军人身份服务。

据日本学者柳田泉推测，露伴早期文学创作《露团团》以及《捕鲸人》中的捕鲸情节以及其“捕鲸兴趣”的形成应该都受到郡司的影响。兄长作为军人的飒爽英姿在年少的露伴心中埋下了想要成为海军的种子。长大后，露伴开始更多地将目光转向海洋，也正是在这个时期，他对捕鲸产生了兴趣。虽然露伴最后未能参军，但这些经历成为露伴对海洋向往的契机。[①] 通过露伴在《郡司成忠传跋》中的回忆，我们也可以得知，郡司在露伴面前多次提及“北方领土”和他的设想；而露伴在与郡司的接触中，不可能不了解郡司的海洋理想。[②] 因此可以推断，郡司便是露伴关注海洋的“引路人”。

郡司对露伴海洋思想的影响绝不仅限于此，露伴海洋认识的萌芽便直接受到其第一次千岛群岛“拓殖”活动的影响。郡司的第一次千岛群岛“拓殖”活动于1893年正式提上日程，在此之前郡司曾就千岛群岛的海权利益发表了数次演说。郡司主要从渔业发展和领海权两个角度强调了千岛群岛的重要战略意义，认为日本必须尽早掌控千岛群岛。近代以来，虽然海权开始受到本多利明等关注“北方领土”的思想家重视，但由于甲午中日战争前后日本军队中陆军占据主导地位，千岛群岛在一定程度上被忽视。当时日俄两国经常就千岛群岛的领土归属问题发生冲突，在郡司看来如果俄国完全掌控千岛群岛，日本的发展会受到极大的遏制。抱着争夺“领土”的目的，郡司向千岛群岛进发。郡司作为海军军官，其海洋活动与当时日本的“大陆政策”水陆并进，体现了高度的一致性。郡司的海洋思想同“海外雄飞论”如出一辙，都体现出强烈的扩张主义倾向。

在郡司前往千岛群岛之前，陆军少佐福岛安正独自一人横穿西伯利亚的举动轰动了整个日本，因此日本国民对郡司的千岛群岛之行也抱有期待。在媒体的大肆宣扬之下，郡司迅速成为社会上的焦点人物，郡司备受瞩目实际

① 柳田泉『幸田露伴』、眞善美社、1947、24 頁。

② 幸田露伴『芋の葉』、岩波書店、1946、172 頁。

上和露伴也有一定关系。露伴通过《风流佛》等创作获得了诸多好评，在文坛可谓风头正盛，而露伴的兄长发起千岛群岛“探险”，使民众对幸田家的“不凡”有了极大的兴趣。虽然郡司的构想得到舆论的拥护，但政府并未给予郡司足够的支持，驳回了郡司借用“震天号”的请求。1893 年 3 月 20 日，郡司一行从隅田川起程向千岛群岛进发，群众欢声送行。但郡司一行的船只器具老旧残破，他们起程数日之后，船只器具便难耐恶劣的环境，数名船员不幸遇难，郡司的第一次千岛群岛“拓殖”活动宣告搁浅。

那么这时露伴对兄长的探险活动又抱有怎样的态度？可以确定的是，此时露伴在一定程度上是赞同郡司的海洋思想的，并为兄长的探险活动提供了一些帮助。郡司曾请求政府把老旧过时的军舰“震天号”借给自己，用于千岛群岛“拓殖”活动，露伴则对郡司的申请书做了修改。在郡司起程前，露伴所属的根岸党也聚集了 50 余人为郡司发起送别会。远征前夜，幸田家举办了家庭聚会送别郡司。对于郡司的千岛群岛“拓殖”活动，露伴作为亲人更多的是对兄长的担心。露伴在为《郡司成忠传》（1925）作跋时回忆到，自己看着郡司乘老旧残破的船只起程，而簇拥的旁观者只是任由亢奋的情绪滋长，这样的情景让他只能默默流泪。[①] 郡司深知此行危险，露伴何尝不知兄长的内心所想，但苦于能力有限而潸然泪下。露伴哀叹世人的盲从，感慨世人未能领会郡司此举的真正目的。他于同年在儿童文学《北冰洋》中写道：“郡司大尉的短艇远征本不足为奇，但世人对其空怀惊奇、讶异，空怀责难，空怀疑惧，如若世间只多有这般胆小如鼠之人，英国绝不能膨胀发展至今日之英国，日本称雄于世界之时也断不能到来。”所以他认为，日本人的海洋意识尚未“成熟”，日本迫切需要积极推进海洋事业的发展。

在郡司遭遇失败之后，民众的热情也急转直下，开始冷嘲热讽。对此，露伴不想再作为一个旁观者长吁短叹，而是作为一名作家寻求改变世人态度的可能性。在郡司海洋活动的影响下，露伴对海洋文学展开了初步尝试。在郡司前往千岛群岛之前，露伴就着手以“倭寇”为题材创作长篇海洋小说。其后露伴虽未能完成倭寇题材小说的创作，但他把为创作倭寇小说搜罗的资

① 幸田露伴『芋の葉』、岩波書店、1946、174 頁。

料命名为《水上语汇》[①]，并于1897年出版问世。“水上语汇”的研究为露伴其后的海洋文学创作打下了坚实基础。在《水上语汇》的序言中，露伴称呼倭寇为“八幡船的好汉”，可见露伴对在海外兴风作浪的倭寇抱有一种褒扬态度，这与郡司的海洋思想几乎如出一辙。从此以后，在文学创作道路上，露伴的海洋思想开始与兄长携手并进。

在日渐高涨的海洋意识的影响下，露伴加快了其海洋文学创作的脚步，并找到一条捷径，即尝试以翻译西方海洋文学作品的方式来为兄长的海洋理想助力。露伴在创作倭寇题材小说失败以后，意识到自己难以在短期内再创作出优秀的海洋文学作品。而借用已有的海洋文学作品可以大大缩短露伴的创作时间，在短时间内可以通过他优秀的文字功底来宣扬郡司发展海洋事业的构想。此外，由于露伴一生从未去过海外，对郡司的经历更多的是感性上的担忧，所以他只有参照前人记录的海洋探险经历，才能更加客观地理解兄长的“不易”，进而让读者设身处地地体会到海洋探险的残酷，而翻译创作确实可以解决露伴面对的困境。于是，露伴把目光转向海洋事业发展先进的英国，开始了英国海洋小说《大冰海》的翻译创作，并于1893年9月正式发表，其海洋意识也以此为契机逐步觉醒。

露伴在《大冰海》的序言中写道：“死生二字仅如煎熬小人之水火，而大丈夫行事，只重成事而不顾他者，又何遑考虑生死之事？……吾兄赍微志入千岛极北无人之地，粮食匮乏，船舶不足，器具遭难，死伤过半，尚未建成一屋一舍。今千岛正如书中所记，天地昏黑，大海冻结，难通鱼雁。然待译成时，投笔合目，不觉时逝。”[②] 可以看出，《大冰海》的翻译创作是在露伴想要维护兄长事业的强烈意识下诞生的。露伴迫切地希望兄长的事业能为世人所理解，日本国民能更快地建立健全的海洋认识。

露伴在翻译《大冰海》以前，虽然在《捕鲸人》（1891）等作品中也书写了海洋，但正如在捕鲸生活中沾染上杀戮性格的彦右卫门那样，彼时的露伴对海洋的态度并不积极，其对海事发展的鼓吹意识尚未强烈凸显。从《捕鲸人》中亡妻的海上怨灵，抑或《二日物语》（1892）中化作怨灵

① 《水上语汇》中收录的资料以船体结构、海战术语和海上气候的相关词语为主。

② ヘスチングス・マルクハム『大氷海』、幸田露伴訳、博文館、1893。

的崇德上皇终日面对大海烦闷等描写来看，露伴在创作的早期甚至有把大海看作魔怪意象的倾向。然而，在郡司千岛群岛“拓殖”活动失败后，露伴对海洋探险有了更加切身的体会。政府对兄长“事业”的忽视和世人的冷嘲热讽掀起了露伴内心的波澜，也引发了露伴的海洋认知的巨大转变。

二 《大冰海》：对西方海洋小说的初次翻译尝试

《大冰海》是英国海军军官 A. H. 马卡姆（1841 ~ 1918 年）撰写的兼具回忆录体裁性质的海洋小说。小说中生动地描写了马卡姆随军探险北极的经历，成功抵达了北纬 83°20′26″处，实现了前人未能完成的突破。和许多欧美海洋小说一样，《大冰海》中作者建设海洋帝国的构想十分明显，而此次北极探险本身就是殖民性质的海洋活动。从小说中丑陋的爱斯基摩女人、船员看到白人建造的石碑冢后油然而生的光荣感等描写中，我们可以看到很多西方殖民话语的渗透。

上文提到，由于日本政府对郡司“事业”的忽视和世人的冷嘲热讽，露伴开始有翻译《大冰海》的愿望。也正因如此，露伴在翻译中有意识地想改变日本政府和民众的看法。一方面，对于日本政府，露伴通过翻译《大冰海》展现了欧美对海洋事业发展的积极态度，希望日本政府能够意识到海事对于岛国发展的重要性和紧迫性，从而不再漠视兄长的海洋“探险”活动。《大冰海》中英国举全国之力对马卡姆一行的支持和郡司无奈之下只能乘简陋船只向千岛群岛进发形成了鲜明对比。拥有先进航海技术和充足后勤保障的英国船队在海洋上依然经历了数次生死考验，而露伴认为郡司所经历的险阻要更甚于此。露伴希望通过对比日本和英国对海洋事业的两种反差态度，批判日本政府对海洋“探险”活动的漠视，规劝政府尽早意识到郡司的海洋“探险”活动具有重要意义，期望日本政府能为郡司提供更多的支持。另一方面，露伴通过翻译《大冰海》为日本民众再现险象环生的冰海，展现马卡姆船队面对险境时的坚忍不拔，以期民众对同样作为海洋探险家的郡司有所改观。

抱着这样的翻译目的，露伴在翻译《大冰海》时有意识地对译文做了增减，部分改动甚至可以视为露伴的再创作。首先，露伴译文中的删减篇幅很大。由于原作兼具回忆录体裁性质，书中记录了很多海上生活的细节。然而，露伴的目的并不在于将这些细节毫无遗漏地介绍给日本读者，所以露伴有选择性地对原文进行了删减。露伴在《大冰海》的凡例中写道："篇中专业术语，或晦涩难懂，或需费大量笔墨向读者释明，故皆入不翻译之列。"[①]因此，露伴在译文中对船员的衣食住行、地理以及栖息生物等相关描写都做了大量删减。而露伴的删减不仅限于此，他对原文作者的随想漫谈也做了很多删减，露伴甚至还将部分随想改写为客观的阐述。和航海细节的删减相比，露伴对原文随想的改写极大地减弱了《大冰海》原作作为航海日记的体裁特征。对此潟沼诚二指出，这样的翻译方针使《大冰海》的译文更加具备了作为海洋冒险小说的形式特征。[②]

在《大冰海》中，露伴主要采取归化的翻译策略。值得一提的是，露伴在《大冰海》以外的翻译创作中更多地采取异化的翻译策略。例如，露伴的《水浒传》译文接近汉文训读体，这种文体在露伴的中国文学翻译作品中极为常见。露伴对中国文学作品使用异化翻译策略的目的是让读者更好地感受中国文化。在归化和异化翻译策略之间的游移是露伴对翻译手法的灵活运用，体现了他对原作的独到理解和深厚的文字功底。在翻译《大冰海》时，露伴选择归化策略也是有意而为之。这种翻译方法可以使读者对异域文学的美感产生文化上的亲近性，更添身临其境之感。和《水浒传》译文相比，露伴希望通过《大冰海》的翻译启发日本国民的海洋意识，为此首先需要做的是让读者对海洋建立感性上的认识，而露伴的归化翻译策略能使读者跨越异文化交流过程中的障碍，从而更直接地认识海洋。由此可见，露伴对接受翻译的读者的个体意识有着非常深刻的认知。

露伴的归化翻译具体体现在《大冰海》中对英国本土词语的置换，这些词语都被翻译成日本人熟知的表达方式，例如克里比奇纸牌被翻译成"花

① ヘスチングス・マルクハム『大氷海』、幸田露伴訳、博文館、1893。

② 潟沼誠二「幸田露伴の『大氷海』」、『語学文学』第36巻、1998、1-5頁。

牌”、国际象棋被翻译成“将棋”等。而对于英国人的信仰生活，露伴则做了不同程度的删减。原文中船员希望功成凯旋以彰显上帝荣光的祷告被完全删除，有关船员礼拜活动的大篇幅描写也只保留了部分细节①，这些都是露伴归化翻译策略的体现。

此外，值得一提的是，露伴并不是盲目地使用归化翻译方法。露伴对原文中引用的海洋诗的翻译取舍体现了他对读者审美距离细致入微的把控。原著在每个章节都以一小段诗歌作为开篇，这些诗歌出自莎士比亚等文豪之手，大部分是有关海洋的诗歌，为各章节埋下情节伏笔，定下情感基调。但在露伴的译文中，这些诗歌只有雪莱的一首无题诗得到保留，其在《大冰海》译文中被引用的部分如下：

阴冷的大地在低处安眠，
阴冷的天空在高处发光。
夜的气息，像死亡，在沉落的月亮下
发出的音响令人寒战，
从冰窟到雪原，
到处流浪。②

露伴对这些诗歌的取舍是颇具深意的。露伴虽然基本上采用了归化翻译方法，但保留西方海洋诗歌的举措毫无疑问为译文增添了异域色彩。露伴几乎舍弃了全部原著引用的西方海洋诗歌，其理由自然是希望排除读者因为难以理解西方诗歌表现出的异域文化而产生的阅读障碍，以此消除影响读者认知海洋的无关要素。然而，露伴保留了原著第十一章中引用的雪莱的这段诗歌，这样的选择有其深意。这一章中描述了马卡姆遭遇的最为

① 原文参见 Albert Hastings Markham, *The Great Frozen Sea: A Personal Narrative of the Voyage of the "Alert"*, Project Gutenberg, http://www.gutenberg.org/files/43608/43608-h/43608-h.htm, accessed March 3, 2022；译文参见ヘスチングス・マルクハム『大氷海』、幸田露伴訳、博文館、1893、148 頁。

② 此处引用了江枫先生的译文，参见雪莱《雪莱诗选》，江枫译，湖南人民出版社，1981，第 27 页。

危急的一幕。冻海之中船只无法前进，冰天雪地之中船员们直面死亡随时降临的恐惧。露伴翻译《大冰海》的一个重要目的是希望加深读者对海洋探险残酷性的认知，所以对于露伴来说第十一章是需要着墨的重要之处。露伴在这一章中成功发挥了外国文学所具备的陌生化审美效果。保留雪莱诗歌的陌生化翻译，“以出乎意料的新奇性突现于接受者眼前，造成形式困难，迫使接受者正视它，改变对审美客体的机械反应”。[①] 露伴的此番取舍巧妙地操纵了日本读者的接受心理，以加深读者对海洋探险残酷性的“可认知性”。

为了使读者更加深刻地认识到海洋探险的残酷性，露伴在翻译过程中还在不偏离原文神韵的基础上进行了改写。以下述的翻译文本对比为例：

So did our joyful anticipation, for one short hour.

一行の喜悦も雲霧消散し。[②]

在第十章中，船队取得了可喜的进展，作者花费了大量笔墨渲染船员们的喜悦心情。此后船员们在行进中又遭遇了新的困难，上文就是对船员心态转变的描写。原文可直译为“我们乐观的预期仅持续了一会儿”，然而露伴将其翻译成“一行人的喜悦随即烟消云散”。但仔细斟酌这两段文字，我们可以发现，原文中消散的“喜悦”主要指船员的乐观愿景，是指向未来的“joyful anticipation”，而这并不包括他们对此前所取得进展的欣喜。但露伴的翻译混淆了二者所指，甚至更多地指向后者。通过阅读露伴悲观程度更甚于原著的译文，读者更能体会船员们一落千丈的低落情绪。

露伴对喜悦气氛的弱化不仅限于此。原文中船员们为了以积极的心态面对恶劣的生存环境，在有限的条件下依然开展了许多娱乐活动，但露伴在译

① 陈琳：《论陌生化翻译》，《中国翻译》2010 年第 1 期，第 13～20、95 页。

② 原文参见 Albert Hastings Markham, *The Great Frozen Sea: A Personal Narrative of the Voyage of the "Alert"*, Project Gutenberg, http://www.gutenberg.org/files/43608/43608-h/43608-h.htm, accessed March 3, 2022；译文参见ヘスチングス・マルクハム『大氷海』、幸田露伴訳、博文館、1893、50 頁。

文中对这类内容做了不同程度的删减，例如原作中游戏[①]、剧场[②]、美食[③]以及舞蹈[④]等诸多细节都被删减了。由此可见，为了避免读者因娱乐活动描写而淡化海洋探险的危险性和严肃性，露伴将船员的个体意志置于海洋事业之下，弱化了对船员精神需求的书写。这样做的目的自然是希望读者更多地把目光转向航海活动本身。

综上所述，露伴通过翻译《大冰海》为日本国民展示了英国海洋事业的先进和优越，同时也将海洋探险的残酷一面展现在读者面前。露伴和原文稍有差异的译文并非误译，而是译介过程中的“创造性叛逆”。而“创造性叛逆”的合理运用可以减轻文化对立这一消极因素对译介活动的影响，体现了露伴作为译者的主体性。

三 儿童文学创作中的海外扩张思想

值得注意的是，露伴《大冰海》的发表时期是甲午中日战争前夕，而这样的文学作品显然会进一步激发日本国民支持海外扩张的狂热情绪。露伴在翻译此类海洋小说时，只把为兄长正名作为自己的首要目的，并没有选择回避原著中的殖民文化渗透等问题。由于海洋权益作为同战争关系密切的存在，露伴在书写海洋时难免会受战时环境的影响。虽然这个时期露伴通过翻

---

① 原文参见 Albert Hastings Markham, *The Great Frozen Sea: A Personal Narrative of the Voyage of the "Alert"*, Project Gutenberg, http://www.gutenberg.org/files/43608/43608-h/43608-h.htm, accessed March 3, 2022；译文参见ヘスチングス・マルクハム『大氷海』、幸田露伴訳、博文館、1893、31頁。

② 原文参见 Albert Hastings Markham, *The Great Frozen Sea: A Personal Narrative of the Voyage of the "Alert"*, Project Gutenberg, http://www.gutenberg.org/files/43608/43608-h/43608-h.htm, accessed March 3, 2022；译文参见ヘスチングス・マルクハム『大氷海』、幸田露伴訳、博文館、1893、68-74頁。

③ 原文参见 Albert Hastings Markham, *The Great Frozen Sea: A Personal Narrative of the Voyage of the "Alert"*, Project Gutenberg, http://www.gutenberg.org/files/43608/43608-h/43608-h.htm, accessed March 3, 2022；译文参见ヘスチングス・マルクハム『大氷海』、幸田露伴訳、博文館、1893、76頁。

④ 原文参见 Albert Hastings Markham, *The Great Frozen Sea: A Personal Narrative of the Voyage of the "Alert"*, Project Gutenberg, http://www.gutenberg.org/files/43608/43608-h/43608-h.htm, accessed March 3, 2022；译文参见ヘスチングス・マルクハム『大氷海』、幸田露伴訳、博文館、1893、82頁。

译《大冰海》宣扬了发展海事的紧迫性，但英国的海洋探险和殖民扩张关系密切，《大冰海》的翻译也在一定程度上宣扬了殖民扩张的"合理性"。受郡司的海洋探险活动影响，此时的露伴更进一步建立了同兄长高度相似的海洋思想，其海洋扩张的战争意识在其后面向儿童、少年的海洋文学创作中达到顶峰。在启发儿童、少年的海洋冒险精神方面，郡司在日俄战争前也创作了数篇儿童海洋文学作品来激发儿童、少年对海洋的兴趣，兄弟二人先后走上了相似的道路。

儿童文学创作在露伴的前中期创作中占有举足轻重的位置。1893～1894年，露伴在《少年园》和《小国民》等刊物上发表了数十篇儿童文学作品，其中不乏海洋文学作品。受郡司海洋思想的影响，这个时期露伴对北方海域展示了更多的关心，其主张有"北进论"的倾向，所以其儿童文学中的海洋大多是一片冰天雪地。在郡司向千岛群岛进发之前，露伴就在《少年园》上介绍了郡司的履历。《大冰海》正式发表以后，同年11月，露伴在《小国民》上发表《北冰洋》。在《北冰洋》中，露伴面向青少年介绍了西方的北极开发历程，这同其《大冰海》的翻译创作有一定的连贯性。在《北冰洋》中，露伴描述了日本人对海洋畏怯的现状。"我国四面环海，然而极为可叹的是，我国国民却极度缺乏水上思想……我所敬爱的小国民，相比于文章、美术，恐怕你们并没有对水上之事抱有太大的关心吧。并且与想在陆地上建立大功的人相比，想在水上建立大功的人并不是很多吧……我大日本国民的水上思想，一直如今日这般幼稚，实为可悲可叹，不合常理，令人愤慨。"①为了激发国民的海洋意识，露伴又通过叙述倭寇兴风作浪的历史来说明日本人并非生来就畏惧海洋。露伴选择战争的论述角度是值得深思的。露伴的这番论点是在日本陆军对外侵略"屡战屡胜"的背景下产生的。但露伴并没有对"陆上建功"的战争本质加以批判，所以在战时环境下的这番主张能够做到的只是把青少年的目光从陆地转向海洋，甚至还会使他们进一步滋生战争扩张思想。由此可见，露伴在儿童文学创作中或隐或现地表现出一定的海洋扩张思想。

---

① 幸田露伴『露伴全集　第10巻』、岩波書店、1947、309頁。

继《北冰洋》之后，露伴又于 1894 年 1 月在《小国民》发表了《瑞典的冬天》。他对瑞典人在冬日的冰帆和滑冰等冰上活动做了详尽的论述。露伴的着眼点并不仅仅落在冰上活动的游戏功用之上，更多地看重其战争功用和探险功用。战争功用主要体现在俄瑞战争期间滑冰发挥的侦察功能；而探险功用则主要体现在芬兰探险家诺德斯基对滑冰特技的活用。这两个功用分别为战争和探险服务，都和郡司的海洋探险息息相关，特别是战争功用的视角体现了这个时期露伴对海洋扩张“合理性”的认可。《瑞典的冬天》和《北冰洋》相似，在其中可以看到露伴对海洋扩张思想的鼓吹。

由此可见，露伴对国民海洋思想的启发意识在《北冰洋》等儿童文学创作中达到新的高峰，并主要体现在以下两点。第一，露伴不再像翻译《大冰海》那样受到原著的限制，自发的儿童文学创作使他可以自由发挥，其海洋思想中的战争意识得到进一步凸显；第二，露伴的海洋题材儿童文学作品说教性极强，其海洋思想中的战争意识和郡司的海洋思想不谋而合。露伴通过儿童文学创作把“海国振兴”的理想寄托于青少年，将目光放得更加长远。

然而，同露伴同期的创作相比略显矛盾的是，甲午中日战争期间，露伴基本确立了对战争的批判态度，但这种对战争的批判态度在其海洋文学创作中化成了对海洋扩张的鼓吹。① 为什么在露伴的海洋文学创作中其战争意识如此明显？主要可以归纳为以下几点原因。首先，因为亲情，露伴对海洋的认识变得盲目，开始在创作中不加评判地鼓吹郡司的海洋思想，这样的迷失使露伴忽视了他的文学创作会为海洋扩张和侵略战争助力的实质。为兄长“正名”的强烈意识使露伴的海洋思想与郡司成忠的海洋思想同步，开始带有鼓吹海外扩张的倾向。其次，《少年园》和《小国民》这两种儿童文学刊物中也存在大量鼓吹战争的论述。露伴为了让更多的少年读者接触到自己的创作，也有迎合《少年园》和《小国民》理念的倾向。最后，露伴虽然一直对日本近代以来全面西化的极端风气持批判态度，但并不全盘否定对西方先进思想的引入，而是探寻“和魂洋才”的折中发展道路。在露伴看来，学

① 从露伴的《阴德阳报》等作品中可以解读出他对战争的批判态度。有关露伴在儿童文学创作中对战争的批判，关谷博在其著作中做了十分详尽的叙述，可参见関谷博『幸田露伴の非戦思想：人権・国家・文明―「少年文学」を中心に―』、平凡社、2011。

习西方先进的海洋技术和理念正是海事发展仍然落后的日本所欠缺的。然而，欧美的海洋事业发展同殖民扩张有着千丝万缕的联系，露伴希望日本国民更多地关注欧美海洋事业的发展，就没有选择对其中的战争本质做过多的干预。

露伴在战争期间创作了许多弘扬非战思想的作品，一直被视为反战作家的典型。然而，露伴在这个时期的海洋文学创作中选择了鼓吹海洋扩张思想，这和其反战作家的形象是背道而驰的。对于露伴在战争期间的矛盾心理，商倩从露伴的中国认识角度做了细致的考察。“露伴在战争中的言行可以说是复杂且充满矛盾的，既有沉默与妥协，也有犹疑与摇摆，甚至一度被利用。”① 而露伴在海洋文学创作中对海洋思想的鼓吹已超出了“沉默与妥协”以及“犹疑与摇摆”的范畴，其背后的扩张意识已外化在其创作之中。受个人情感、家国情怀等多种因素影响，露伴的文学创作有时也有向日本战时主流思潮偏移的倾向。这样的情况在日本的近代文坛并不少见，即使是露伴这样具有反战意识的作家也不例外。

综上所述，在完成《大冰海》的翻译创作后，露伴的海洋思想出现了强烈的鼓吹扩张倾向，而这与其同时期批判战争的创作是极其矛盾的。露伴对海洋展开积极书写，开始把文学看作实现“海国振兴”的手段。但这个时期露伴的海洋文学创作大多选择从战争功用的角度启发国民海洋思想，并对欧美海洋活动的殖民本质闭口不谈，这种同郡司相似的海洋思想展示了露伴极强的“战争性”。让青少年与海洋亲密接触来培养冒险精神是值得肯定的。然而，遗憾的是，露伴不惜从服务战争的角度强调海事发展的重要性，本应向青少年宣扬的海洋冒险精神却被露伴忽视了。这使推进海事发展中的消极一面被放大，其海洋思想容易在战时环境下被曲解为服务战争的工具。

四 “非战性”海洋思想的转向

郡司在第一次探险失败后并没有气馁，立刻开始筹备发起第二次千岛群

---

① 商倩：《战争语境下幸田露伴的中国认识》，《外国问题研究》2019 年第 1 期，第 1 ~ 8 页。

岛“拓殖”活动。甲午中日战争结束后，郡司就千岛群岛的海权归属发表了数次演说。1896 年，郡司一行 57 人在占守岛登陆千岛群岛。一行人中有 14 名女性，其中就有郡司的妻子。女性的出现代表着第二次千岛群岛“拓殖”活动的性质从“探险”转为“拓殖”开发，这一次郡司把目光放得更加长远，并取得了一定的突破。至 1903 年，占守岛人口增加到 170 人。1904 年，郡司率领海军登上堪察加西岸的渔村，与俄军发生武力冲突。郡司在当地插下标柱，上面用英语写着“标柱所在地为日本所占，触碰者格杀勿论”，代表日本军队占领了堪察加的部分领土，并警示敌军。但好景不长，郡司率领的士兵随即又与俄军开战，死伤惨重，郡司也成了俄军的俘虏。由此可见，在第一次海洋“探险”之后，郡司海洋思想中的战争意识达到空前的高度，甚至成了挑起战争的一方。

面对兄长更具“战争性”的第二次千岛群岛“拓殖”活动，露伴不再从海权扩张的角度为其辩护，其海洋思想中的自我意识开始觉醒。露伴的《大冰海》翻译创作和海洋题材的儿童文学创作均在甲午中日战争爆发之前不到一年的时间里完成，其时露伴对日本对外侵略战争本质的认识尚不完全。随着甲午中日战争白热化，露伴不再盲目追随兄长的脚步，对战争的认知更为明晰，并逐渐修正了其文学中显性的战争因素。

露伴海洋观念的一个重要转变是他在“海国振兴”的愿景中回归到作为作家的自觉。这在 1900 年 7 月他发表于《海》的创刊号上的评论文章《海与日本文学》中有所体现。《海与日本文学》是日本有关国内海洋文学最早的成体系的论述。① 他在《海与日本文学》中将日本海洋文学不甚发达的原因归纳为两点。首先，江户时期的“锁国”政策使文学创作也开始回避海洋这一主题。其次，在德川幕府成立之前作为政治文化中心的首都多为内陆城市，这使当时的日本文学存在远离海洋的倾向。同时，露伴指出，日本上古文学的发展并没有受到上述因素的影响，其时海洋文学是十分发达的。《万叶集》和“记纪”神话等文学作品中海洋的频繁出现就印证了这一点。由

① 邱雅芬：《日本海洋文学研究现状及展望》，《外国文学动态研究》2018 年第 5 期，第 78 ~ 84 页。

此，露伴指出，应把海洋文学作为“海国振兴”的重要一环。①

露伴在《海与日本文学》中写道：“国人于海上建国，若无吞海之气象，又如何能称勇于世界？……今国人不应偷安于山间平地之安逸，亦不应锁国封海，重蹈近古之陋习。勇敢之国人不甘只安居于岛内，日积月累之中与大海愈加亲密。盖今后之日本文学亦可与海国之丰产相匹。”② 可以看到，《海与日本文学》和《北冰洋》的出发点虽然都是“海国振兴”，但有着本质上的不同。上文说道，在《北冰洋》中，露伴通过倭寇的活动来证明日本人的海洋冒险精神是与生俱来的。相较之下，露伴在《海与日本文学》中不再从战争的角度展开论述，而是通过日本上古文学中自由的海洋书写来证明这一点。《海与日本文学》从海洋文学发展的角度出发，更具体地指明了海国的发展方向，不再以文学作为手段空谈“海国振兴”。由此可见，此时露伴已开始剥离自己先期海洋认知中的战争因素，开始以文学史为镜客观地观察日本民族的海洋性格。《海与日本文学》标志着露伴的海洋思想回归到其作为文人的自觉，并对海洋文学这一主题建立了更为成熟的认知。

露伴的这番转变通过考察他于 1901 年创作的儿童文学作品《蒸汽船的发明者》便可知一二。《蒸汽船的发明者》和《北冰洋》同为儿童文学作品，但露伴在《蒸汽船的发明者》中高度赞扬了海洋冒险精神，并认为这种冒险精神可以在诸多方面带来积极影响。同时，露伴在评价蒸汽船的便利性时并没有再从战争功用的角度出发，仅仅是将其作为文明进步的象征。这体现了露伴不再局限于海洋文学的视角，而是开拓了多维度的视野来对海洋与文明的关系展开思考。露伴于 1902 年发表的《水之东京》就对东京的城市文化和河流、海洋的关系做了论述。这些尝试都可以看作露伴多元化海事发展思想的早期摸索，对露伴其后丰富的海洋文学创作发挥了积极的影响。

以《海与日本文学》为契机，露伴开始对海洋文学进行广泛的涉猎，并于同年发表了《读〈漂流奇谈全集〉以记杂感》（1900）。《漂流奇谈全集》由石井研堂编集，收录了各国的漂流故事。露伴在《读〈漂流奇谈全集〉以记杂感》中主要围绕以下几个角度展开了随想。首先，露伴指出，日本的

① 幸田露伴『露伴全集　第 24 巻』、岩波書店、1947、360 - 365 頁。

② 幸田露伴『露伴全集　第 24 巻』、岩波書店、1947、365 頁。

船只难以抵御海上汹涌的风浪，感慨日本船员遭遇风暴时多采取靠岸停航的举措不利于培养他们的海上冒险精神。其次，露伴感叹日本船员过于推崇航海前的占卜仪式，这种对海洋的迷信态度不利于航海事业的发展。最后，露伴指出遇难者的荒岛生活对考察原始人的生存方式有着借鉴意义，并将其看作漂流纪实的意趣所在。由此可见，露伴的海洋思想逐步脱离战争的影响以后，海洋文学成为他丰富海洋思考的重要手段。

《读〈漂流奇谈全集〉以记杂感》中另一点值得注意的是露伴有关“龙睡丸”事件的叙述，这为露伴其后创作《浪滔天》提供了创作素材。“龙睡丸”于 1898 年在夏威夷附近的珀尔 – 赫米斯环礁触礁，船员们只能暂时登陆近处的无人岛等待救援。经历了一年半的荒岛生活后船员终于获救，16 名船员均平安返回日本。露伴对这起海难很感兴趣，甚至同船长中川仓吉面谈，查证“龙睡丸”事件的来龙去脉。露伴在文中以这起事件为例论述了淡水在航海活动中发挥的重要作用。

此外，这一时期露伴在石井研堂的影响下对钓鱼产生了兴趣，并通过这一水上活动为自己的创作注入了新的活力。露伴钓鱼题材的创作颇具情趣，以随笔居多，其中露伴于 1899 年创作的《钓卷口鱼》被认为是其钓鱼题材的随笔中最早成体系的作品。除了随笔以外，露伴还对钓鱼文化展开了考据研究，体现了他对钓鱼的浓厚兴趣。以上述海洋文学主题意识的建立和对海洋文明的多维度思考为背景，露伴有关钓鱼的创作和研究应运而生。通过频繁的海洋活动，露伴甚至将海洋看作自己的极乐世界。他在《极乐世界》（1906）一文中先描述了不同人心中的极乐世界，最后他又对自己心目中的极乐世界进行了描述。“对于我来说，吹着十节速度的轻风，乘上二百吨的双桅船，冲破夏日的海浪，悠然地将船驶向心之所向的地方，这样的情景就是极乐世界。”由此可见，露伴对海洋文学的广泛涉猎、以海洋为视角的文明批评意识以及通过钓鱼同海洋频繁的接触相辅相成，为露伴亲近海洋、思考海洋、书写海洋提供了源源不断的动力。

在这样的背景下，露伴又一次对创作长篇海洋小说产生了浓厚的兴趣。于是露伴取材于“龙睡丸”事件，着手创作长篇海洋小说《浪滔天》。露伴经历了第一次倭寇题材小说创作的失败以后，在《浪滔天》上花费了更多的心血，准备以文明批评的新角度来创作海洋文学。《浪滔天》并非还原“龙睡丸”事件的纪实文学，无论是小说人物还是舞台背景皆为原创，基本完全脱离了“龙睡丸”事件，和“龙睡丸”事件相似的情节只在后半段的无人岛求生部分出现。在经历了充分的准备之后，露伴于1903年9月开始在《读卖新闻》上连载《浪滔天》。以文明批评的视角来考察人与大海的关系是露伴前所未有的新尝试。

五 《浪滔天》中“海国振兴”的多元化

《浪滔天》一经连载便获得了大量赞誉，被认为是露伴再度实现自我突破的杰作。令人惋惜的是，受日俄战争以及担心被俘兄长安危等多种因素影响，露伴在断断续续的连载之后难以集中心力创作长篇小说，最终于1905年停止了《浪滔天》的创作。就这样，虽然《浪滔天》的情节尚未进入荒岛求生部分就被迫中断了，但柳田泉向露伴确认了小说未完成部分的构思。对此，露伴首先阐明了《浪滔天》的出发点并不在于启发国民的海洋意识。按照露伴的构思，在未完成部分主人公水野会误杀他人，他本想为了赎罪去服刑，但又念自己还有给世人留下优秀的海洋诗的梦想，便登上了好友羽胜的船出航。但船只遭遇海难，一行人只好登上荒岛一边求生一边静待救援。

由于《浪滔天》是未完成的小说，通过现有的文本来具体考察露伴的海洋认知是有一定危险性的，笔者只能参照露伴同时期的创作大致把握其海洋思想的基调。幸运的是，《浪滔天》中出现了和《海与日本文学》几乎完全一致的表述，从中我们可以推知《浪滔天》与《海与日本文学》在海洋思想上存在继承关系，《浪滔天》并没有偏离露伴之前重视海洋文学的方针。这段十分相似的表述出现在羽胜劝诱水野出海的情节中，这也可以看作露伴自己的海洋思想。羽胜对水野说道：“日本作为海国，有对《鲁滨孙漂流记》感兴趣的女子也是自然的，此番小天地竟有这般女子。然而，相比之下日本虽为海国，无论是诗还是小说，都与海洋关系甚远，对此我深感遗憾……”① 羽胜还说航海会让水野忘记尘世的喧嚣，在与海洋的接触中返璞

① 幸田露伴『明治文学全集25　幸田露伴集』、筑摩書房、1977、297頁。

归真，对实现水野创作伟大海洋诗篇的梦想大有裨益。对此，羽胜声称："无论是风平浪静还是狂风暴雨都自有情趣。"[①] 值得深思的是，这番主张出自决心发展远洋渔业的羽胜，而志向创作海洋诗的水野反而受到了羽胜的启发。羽胜在劝诱水野时不仅指出发展海洋文学的必要性，还声称自己无法企及诗人对天地万物的感性认知。由此可见，羽胜对"海国日本"的发展道路有着透彻的认知。羽胜虽然深感日本国民缺乏足够的海洋意识，但他也意识到自己的远洋渔业仅仅只是日本海事发展的一个侧面而已，而日本海事发展只有寻求多元化才可谓健全。羽胜投身渔业，对其他可能助力发展海事的方式也抱有积极的态度。露伴借助羽胜为日本展示了多元化的海事发展方式。

羽胜这一人物形象同郡司的对照是值得我们着重审视的。郡司和羽胜的相同点是他们都致力于渔业开发且对启发国民海洋思想有着强烈的责任感；不同的是，羽胜并没有表现出郡司那样强烈的战争扩张意识。露伴将郡司海洋思想的战争扩张倾向进行了弱化处理，并将郡司海洋思想中积极的一面投射到羽胜身上。由此可见，露伴在创作《浪滔天》时不再是通过文学创作一边倒地为兄长发声，而是在郡司的主张之上建立了具有自主意识的海洋思想。羽胜具备的冒险精神就是露伴对郡司海洋思想的发展。羽胜敢于直面风浪，希望在与大海的争斗中实现自我超越。"恐怖的烈风、倾盆的骤雨、昏暗的天空、狂涌的海水，在造物主显现其伟大权能的大洋之上，我们乘一叶孤舟，能仰仗的只有我们坚强的意志和智慧的判断。我们经受各种试炼奋进前行，最终胜过考验……"[②] 在冒险精神上，羽胜和郡司是极为相似的，但羽胜并没有体现出郡司那么强烈的扩张思想。可以认为，露伴发展了郡司海洋思想中适合自己文学主张的一部分，并把它融入文学创作。

与露伴前期海洋思想中战争意识的膨胀相比，这个时期露伴的海洋思想并没有出现和同期创作相对矛盾的倾向，对海洋扩张的态度也不再那么偏激。这在吉右卫门和他的孙女阿滨争辩的情节中可见一斑。吉右卫门喜欢《二股道》，阿滨偏爱《鲁滨孙漂流记》，并希望成为像鲁滨孙一样勇敢的人。然而，祖孙二人在各自喜爱的小说上难以互相理解。这个情节体现了近

① 幸田露伴『明治文学全集 25　幸田露伴集』、筑摩書房、1977、298 頁。

② 幸田露伴『明治文学全集 25　幸田露伴集』、筑摩書房、1977、297 頁。

代日本人的海洋认知在年龄层上有着难以跨越的鸿沟。这种现代和传统的冲突一直是露伴文学中不变的重要主题。偏爱《鲁滨孙漂流记》的阿滨代表接受西方思想熏陶的新青年，他们和鲁滨孙一样，对海外进出有着浓厚的兴趣。如果是创作《大冰海》时期的露伴一定会对阿滨持赞赏态度，但此时露伴显然收敛了其早期海洋认知中偏激的一面，通过露伴对祖孙各自的评价我们可以得知他的态度。他认为日本青年投身海洋时不应采取盲目的态度，其“练达世事的老翁和不谙世事的少女，一方富于经验而另一方仅凭空想”[①]的评价就印证了这一点。吉右卫门对孙女的主张表现出一定的包容性，认为她长大后也能改变对《二股道》的看法。但阿滨不以为然，在被爷爷说是幼稚的主张后依旧固执己见。二人互不相让之际，水野对吉右卫门表示出赞同的态度。阿滨一向尊敬水野，看到水野也支持爷爷的看法，她终于开始重新审视自己。由此可见，露伴通过对爷爷老成的评价以及水野的态度表明了自己对当下日本海洋政策的警示，其海洋思想不再偏离其整体文学思想的轨道。

甲午中日战争结束之后，日本“海主陆从”的战略思想有所动摇，日俄战争期间，海军的地位则有所上升。而此间露伴创作的《浪滔天》很明显是和当时日本的海洋政策有着时代呼应的。日本在推行建立“海上帝国”构想的过程中，只是单一地把海外扩张看作第一要务，海事发展的最终目的是更有效率地推行扩张政策。相比之下，露伴在《浪滔天》中提倡的海洋发展道路与此相反，是一种更加多元化的道路。因此，可以认为，露伴在保持着对战争时势敏锐观察的同时，有针对性地确立了自己的“新海国思想”。这种“新海国思想”号召人们从文学、实业等领域频繁地接触海洋，将不畏风浪的冒险精神作为民族性格，通过培养和大海的亲密关系来实现“海国振兴”。

结　语

通过考察幸田露伴海洋思想中战争意识的消长，我们可以看到露伴对战争的认识也在逐步深化。在郡司着手开展第一次千岛群岛“拓殖”活动之

① 幸田露伴『明治文学全集 25　幸田露伴集』、筑摩書房、1977、198 頁。

际，露伴海洋思想中的自我意识并未真正觉醒，只能说是郡司海洋扩张思想的翻版。露伴海洋思想中的战争意识在《大冰海》中初见端倪，随即对海洋思想的鼓吹在儿童文学创作里达到顶峰。但其后随着露伴“非战思想”进一步确立，加之通过对海洋文学的广泛涉猎和频繁的海洋活动对海洋有了多维度的思考，露伴在创作《浪滔天》之时已经可以冷静透彻地看待郡司海洋思想中鼓吹战争的一面，其海洋思想中的自我意识开始逐步觉醒。此时的露伴开始尽力回避海洋发展过程中的殖民扩张问题，不再作为郡司的发言人极力鼓吹海洋扩张意识。取而代之的是，露伴在文学创作中扬弃了郡司的主张，开始将海洋文学的发展作为“海国振兴”的重要一环，并以此为基点开始提倡多元化的“海国振兴”道路。露伴在其后的创作中也贯彻了对海洋的多元化思考，对海洋的书写也变得更加丰富，而这正是在露伴剥离了其海洋思想中的战争意识之后才开始发展起来。无论是《海上拾荒者》（1906）中有关海洋对城市文明的净化作用的思考，还是《幻谈》中融合怪谈文学和海洋文学的新尝试，都体现了露伴对海洋文学的创作热情和对海洋文化深刻的哲学思考。

• 经济研究 •

“日本国民所得倍增计划”的经验及启示

郑建成　王　卓　贾保华*

【内容提要】1960 年日本实施“国民所得倍增计划”，加快了经济的腾飞，并促进社会发生了深刻的变革。中日学界围绕该计划以及其实施带来的社会经济矛盾、相关对策及后果都进行了深入研究。本文以战后日本经济恢复与高速增长以及转折时期（1946～1979 年）的主要《经济白皮书》为探讨问题的起点，探究了法律、政策与计划之间的内在关联，分析了日本“国民所得倍增计划”的实施重点。进而认为，“所得倍增”对接的是国民经济发展模式，该计划认识到经济腾飞的同时也会带来新社会问题甚至使原有的社会问题恶化，关注到计划实施的负面影响并提出相应的解决策略。

【关 键 词】日本　“国民所得倍增计划”　经济增长　对外贸易

二战以后，为振兴经济，日本实施《国民经济复兴计划》和《国民经济自立五年计划》等措施，到 1955 年前后经济基本恢复到战前水平，进入了以实现国民经济现代化为中心的高速增长时期。同时，经济社会发展不平

* 郑建成，对外经济贸易大学国际经济研究院副研究员，研究方向为世界经济、日本经济等；王卓，国家发展和改革委员会国际合作中心华夏研究院国际合作处副处长、研究员，研究方向为国际政治经济学；贾保华，对外经济贸易大学国际经济研究院研究员，研究方向为世界经济、日本经济。

衡和不可持续等问题逐渐凸显，具体表现为产能过剩、内需不足，居民收入低、收入差距大，失业率高、劳资关系紧张等。日本经济界人士对如何正确看待日本经济增长展开了大规模的反思与探讨，当时主导的声音有两种：一种是“稳增长理论”，代表人物为主流经济学家后藤誉之助；另一种是“高速增长论”，代表人物是著名经济评论家下村治。

1960年12月27日，池田勇人内阁通过长期经济计划——“国民所得倍增计划”，提出到1970年日本国民生产总值（GNP）翻倍，达到26万亿日元（按照1958年价格），也就说年均增长率应达到7.2%。经济学家下村治起草了方案。主要内容涉及：扩大就业，解决失业问题，国民收入增加1倍，大幅提高国民生活水平；缩小地区和产业间的收入差距，实现农业现代化、中小企业现代化，开发经济落后地区，实现国民经济和国民生活的均衡发展；培训人才，振兴科学技术发展，引导产业结构走向现代化，鼓励第二、第三产业发展，鼓励重化工业发展；促进贸易和国际合作，将增加出口获得外汇作为主要手段，扩大以出口为中心的外汇收入；建立国民健康保险（1961年）、养老金（1961年4月开始实施《国民年金法》）等各种福利制度。

自此，日本进入黄金十年的经济高速增长阶段。1967年，“国民所得倍增计划”不但提前完成（国民人均收入用7年时间就实现了倍增），基本实现了“一亿总中流”（即全民中产），日本还在1968年一跃成为仅次于美国的西方世界第二大经济体，并保持到2010年。

中国国内学界对日本“国民所得倍增计划”做了大量分析和研究，但对“国民所得倍增计划”尚有若干误读与误解之处。例如，有观点认为，战后日本经济成功的秘诀之一是日本政府有关部门通过制定和实施“国民所得倍增计划”强有力地推动了经济发展，大幅度提高了国民收入，从而使日本一跃成为仅次于美国的经济大国。这种误解是有合理根据的，因为从1961～1970年日本GDP的增长结果来看，“国民所得倍增计划”的确发挥了重要作用，说它是日本经济腾飞的“起爆剂”也不为过。一方面，这种简单化的理解很容易夸大“国民所得倍增计划”的作用，因为它在日本经济成功与GDP增长之间画了一个等号，又在GDP增长与“国民所得倍增计划”之间画了一个等号。另一方面，这种观点还停留在日本战后初期曾经一度盛行的"GDP第一"或"经济增长中心论"的陈旧理论框架内，不能全面准确地说明日本经济成功的原因。有鉴于此，本文从法律、政策与计划的相互关系以及三者的演变过程角度来重新认识和评价该计划的承上启下作用以及它对战后日本社会发展的推动作用，同时关注该计划对实施所带来的社会经济矛盾的警示及解决策略。

一 从主要《经济白皮书》看法律、政策与计划的相互关系

研究战后日本经济高速增长时期的相关法律、政策与计划，有三种常见方法。第一种是逐一分解研究，然后整合在一起，做综合研究，即由点到面，由个别到一般，由个体到整体。第二种是先做综合研究，然后进行细分研究，即由面到点，由一般到个别，由整体到个体。第三种是不做特意分割，同时研究点和面、个别和一般、个体和整体，即在把握两者相互关系的基础上对两者进行比照，展开研究。

从这一角度出发，我们发现日本政府每年发表的《经济白皮书》包含法律、政策与计划，正适合作为重新研究和评估"国民所得倍增计划"的材料。表1罗列了战后日本经济恢复与高速增长以及转折时期（1946～1979年）主要《经济白皮书》的副标题与相关法律法规、经济政策与计划以及重要事件等。

表1 1946～1979年日本《经济白皮书》相关内容

年份	《经济白皮书》副标题	相关法律法规、经济政策、计划和重要事件
1946	经济紧急对策	出台劳动基准法、反垄断法、劳动关系调整法、企业再建整备法 实施农地改革、物价统制令、"倾斜生产方式" 人均GNP为156美元（以1980年美元为基准）
1949	经济安定的原则	外汇市场：1美元=360日元 朝鲜战争爆发，日本出现"特需景气"（1950～1951年）

续表

年份	《经济白皮书》副标题	相关法律法规、经济政策、计划和重要事件
1953	实现自立经济的条件	出台农地法 日本加入国际货币基金组织
1956	日本经济增长与近代化	日本加入联合国 “神武景气”（1955～1957 年） “春斗”（民营企业劳动者在春季为提高工资进行的抗争）
1960	日本经济增长力与竞争力	对美国出口激增，两国摩擦激化（1959 年） 发布贸易与外汇自由化方针（1959 年） 人均 GDP 为 378 美元（时价美元） 开始实施“国民所得倍增计划”（1961～1970 年） 发布农业基本法（1961 年） 实施国民年金制度和全民参保
1963	走向发达国家之路	实施中小企业基本法
1964	开放体制下的日本经济	东京奥运会召开 新干线开通 日本成为符合国际货币基金组织第八条款的国家 日本成为经济合作与发展组织成员 出现大型景气与大众消费热潮（1965～1970 年）
1966	走向持续增长的道路	美国提出直接投资自由化要求 日本批准国际劳工组织 1948 年第 87 号条约
1967	效率与福祉的提高	实施“经济社会发展计划” 出台公害（环境污染、大气雾霾、水质恶劣等）对策基本法 制定资本交易自由化方针
1968	国际化中的日本经济	美国发表“保卫美元”白皮书 日本 GNP 超过联邦德国，仅次于美国，人均 GNP 为 1515 美元（时价美元），接近西欧水准 设立环境厅
1969	向富裕社会的挑战	实施新全国综合开发计划 日美纺织品谈判开始（1969 年 11 月）
1970	日本经济的新次元	实施“新经济社会发展计划” 日美纺织品谈判破裂（1970 年 6 月） 第三次资本自由化（1970 年 8 月）开放 323 个行业 水俣病等四大公害，以及大气和水质、农药和食品、废弃包装材料等污染严重

续表

年份	《经济白皮书》副标题	相关法律法规、经济政策、计划和重要事件
1971	走向实现内外均衡的道路	美国发表新经济政策 日美贸易摩擦激化 日元实施浮动汇率制度 外汇市场：1 美元 = 308 日元 日美签署纺织品出口备忘录（1971 年 10 月） 日本国内公害（含食品等）问题严重
1972	建设新的福祉社会	日美签署纺织品协议 田中首相提出“日本列岛改造论” 地价以及批发和零售物价暴涨 出台投机防止法 东京“垃圾战争”激化，并出现“光化学雾”现象 四日市公害事件诉讼患者胜诉
1973	追求没有通胀的福祉社会	制订经济社会基本计划 第一次石油危机 足尾铜矿等公害企业关闭 水俣病相关诉讼中，日本大企业败诉
1974	超越（偏重）增长的经济	战后以来经济首次出现负增长（-1.2%） 出口额首次减少，但出现最大贸易顺差（1975 年） 欧美要求日本强化出口自主限制（1975 年） 除农、林、水产等行业，资本自由化完成（1975 年） PCB、水银及 AF2 等引起的公害问题继续恶化
1978	结构转型下的日本经济	外汇市场：1 美元 = 200 日元
1979	出色的适应力与新的出发	第二次石油危机 吸取第一次石油危机的教训，通胀率较为温和 自第一次石油危机后，日本实行经济结构调整，企业实行“减量经营”；高速增长宣告结束，进入了安定成长时期；同时，由于贸易摩擦激化，扩大内需的重要性凸显

资料来源：作者根据日本内阁府历年《经济白皮书》整理制作。

从表 1 可以看到这样几个特点。首先，“国民所得倍增计划”促进了日本法制建设与国内各经济主体的利益调整。战后初期，日本的主要目标是恢复经济，相继颁布劳动基准法（1947 年）、反垄断法（1947 年）、农地法（1953 年）等，对战前的大资本集团和地主所有制进行法律限制和改革。在这些法律制度的基础上，日本的经济恢复和后来的高速增长与国民生活水平和社会福祉的提高直接联系在一起。与此同时，随着经济发展和经济社会矛盾暴露及激化，相关的法律建设与改革也同步推进。在“国民所得倍增计划”实施期间，日本出台了农业基本法（1961 年）、中小企业基本法（1963 年）、公害对策基本法（1967 年）、投机防止法（1972 年）等。

可以看出，为了实施“国民所得倍增计划”，日本制定了相应的法律法规；同样，为了纠正“国民所得倍增计划”造成的问题，日本也制定和强化了相应的法律法规。得益于这些法律法规的制定与实施，在当时国内外各种因素的相互影响与国内各个阶级和集团之间的冲突、妥协、利益调整的过程中，“国民所得倍增计划”顺利推进。

“国民所得倍增计划”的目标是快速扩大经济规模，未直接涉及经济成果的分配问题，相应的法律不健全势必造成两极分化和社会动荡。因此，相关法律法规既是“国民所得倍增计划”顺利实施的必要条件，也是解决或缓解该计划实施所导致的各种矛盾的必要手段，还是维护和改善社会经济秩序、推动日本通过高速增长成为“福祉国家”的必要途径。

其次，“国民所得倍增计划”引发了日本国内新矛盾并激化了旧矛盾。1956 年《经济白皮书》的主题为“日本经济增长与近代化”，这说明战后日本经济恢复期已经基本结束，高速增长已经进入始动期。1960 年《经济白皮书》则指出了与经济高速增长相伴生的问题，对外有贸易摩擦激化，对内则有国民年金制度和全民参保等（当时以美元计价的人均 GDP 为 378 美元）。同年，日本政府提出了“国民所得倍增计划”，目的在于维持经济高速增长，一揽子解决各种伴生问题，如产业公害、农村和农业的衰落、人口分布的过密和过疏、劳资关系对立激烈、通货膨胀严重等。不过，正如前面指出的那样，如果没有相应的法律法规进行制约和提供保障，仅依靠经济高速增长非但不能解决这些问题，反而可能使问题更加激化。

1967 年《经济白皮书》首次强调了经济效率与提高社会福利的关系，并且实施了“经济社会发展计划”。这说明日本政府已经意识到“国民所得倍增计划”的缺陷，即过于关注经济总量的增长，未能针对提高国民福祉制订可行的计划。因为该计划只列出了前五年的具体产业部门的预定目标和 10 年间的 GDP 总量增长规模，缺乏相应的细节。这也说明“国民所得倍增计划”属于长期的国民社会经济发展的宏观展望。

1970年《经济白皮书》宣布日本经济进入新阶段，同年开始实施“新经济社会发展计划”，全面纠正过去十年高速增长引发或激化的各种社会经济问题。这里值得注意的是日本对国家发展目标表述的变化：1963年《经济白皮书》的副题是“走向发达国家之路”，但1972年《经济白皮书》的副题为“建设新的福祉社会”、1973年《经济白皮书》的副题为“追求没有通胀的福祉社会”、1974年《经济白皮书》的副题为“超越（偏重）增长的经济”。这些反映了日本对十年高速增长以及相伴生的诸多问题的认识和对策，体现出日本经济社会已经进入一个新的发展阶段，而新阶段的特点和目标与经济高速增长的十年相比已经有了许多根本上的不同。

再次，“国民所得倍增计划”也引发和激化了对外经贸矛盾。经济规模的迅速扩大导致出口导向型经济模式的弊端凸显，即对外贸易摩擦激化和长期化（主要是对美国）。关于解决之道，《经济白皮书》也提出了相关答案，如1964年的“开放体制下的日本经济”、1968年的“国际化中的日本经济”、1971年的“走向实现内外均衡的道路”、1978年的“结构转型下的日本经济”、1979年的“出色的适应力与新的出发”等。

同时，日本也采取了很多具体对策，比如，颁布贸易与外汇自由化方针（1959年）、实施国际货币基金组织第八条款、批准国际劳工组织1948年第87号条约（1966年）、制定资本交易自由化方针（1967年）、开展日美纺织品谈判及实施自主限制措施（1969～1972年）、日元采取浮动汇率制度（1971年）等。

日美贸易谈判自1955年启动，用了将近50年时间，到1997年结束，以日本妥协告终。其间，日美两国的经贸关系跌宕起伏，先后经历了日本进行自主限制出口，货币升值，与美国达成纺织品协定、结构协议、综合经济协议和规制缓和协议等。

另外，在1979年第二次石油危机中，日本吸取了第一次石油危机的教训，通胀较为温和，经济结构继续调整，进入了以内需为主的安定增长时期，逐步告别了“国民所得倍增计划”的成果和影响，经济社会和对外经贸关系也步入了新的发展阶段。

二 “国民所得倍增计划”对经济社会矛盾的关注

熟悉当时“国民所得倍增计划”制定过程的日本学者介绍，该计划包含当时富有先见性的诸多卓见。以下列举 3 个早先可能未曾受到关注但现在依然具有现实意义的地方。

（一）在提出计划目标的同时，关注计划实施带来的负面影响

在制订“国民所得倍增计划”的时候，日本政府和专家学者就意识到公害问题：“噪声、臭气、建筑物密集、（楼房）高层化导致的下视问题和遮挡阳光问题，以及随着产业发展出现的大气污染、水质污浊、地基沉降等各种公害，预计今后会日益严重。针对这些问题，必须制定法律法规进行限制……同时，期待公众道德特别是企业道德的提高。”

首先，楼房“高层化导致的下视问题”，指日本当时的民宅多为低矮的木结构房屋，在现代化的高层建筑上向下望去，矮小破旧的民居一览无遗。换句话说，临街的高楼大厦令人赏心悦目，但在高楼上往下一看，后面都是破旧的房屋，大煞风景。高楼还遮挡了阳光，引发一些涉及“日照权”的法律纠纷。

其次，“国民所得倍增计划”的制订者从一开始就清楚计划实施会带来的负面影响，也清醒地认识到，随着经济高速增长，公害问题将变得更加严重。也就是说，该计划的预期成果，不仅包含国民收入的增长，也包含公害数量与危害的倍增，实际也确实如此。但在两害权衡取其轻的原则下，首选国民所得倍增，因为它涉及实现充分就业以及提高国民生活水平这两个更高层次且更为紧迫的大目标。

当然，“国民所得倍增计划”对于公害严重化的预测没有停留在“先污染，后治理”这种思维模式，而是提出了三个对策，即制定相关法律法规加以限制、提高公众道德水平、提高企业道德水平。

尽管“国民所得倍增计划”制订者提出了上述对策，但实际上日本的公害问题得到较为彻底的解决还是该计划成功实施之后的 20 世纪 70 年代的事

情。也就是说，公害问题作为经济增长的副产品或该计划的预期处理对象，随着 GNP 的增加而增加，只是经过了一定的发展阶段、达到一定的富裕程度，特别是强化了相关法律法规之后，日本政府和国民才解决了公害问题，在认识问题与解决问题之间，有一个时间的滞后。

（二）关于缩短劳动时间和提高生活质量的问题

由于当时日本劳动力充裕，所以低工资是很多企业特别是在所谓“二元结构”中占很大比重的中小企业的经营方针。不过，当时日本工会力量也很强大，从 1956 年开始，工会每年都会组织要求提高工资的活动，如罢工、游行、集会、集体谈判等，这不仅有利于提高大企业工人的工资，对中小企业工人工资的提高也有示范作用。站在企业经营者的立场却是喜忧参半：喜的是，经济高速增长，可以增加利润和扩大生产规模；忧的是，这也带来工资提高和工时缩短，进而导致企业利润下降。针对企业家的这种担忧，“国民所得倍增计划”做了如下解释：“从长期来看，可以预料，依靠低工资的经营方式将变得难以为继……今后应当建立现代化的劳资关系、改善劳动条件、提高技术水平、增进工人福祉。为此，需要政府和民间企业一起推进。”关于个人收入提高的好处，“国民所得倍增计划”指出：“如果从劳动生产率提高、成果适当分配、余暇时间增加、健康维持等角度来看，劳动时间的缩短是值得鼓励的……为了实现健康和文化生活的提高，必须积极、有效利用余暇时间，并充实国民的教养、文化和医疗保健方面的生活。”

低工资固然可以降低生产成本，有利于开辟市场和提高市场占有率，但长时间的劳动和不良的工作环境对劳动者健康与家庭生活的影响是不可否认的，而这些不良结果最终也会影响到企业的扩大和发展。换句话说，“国民所得倍增计划”就是告诉企业家，高工资可以让职工身体更健康、生活更文明、更有教养，这不仅对其本人和家庭是值得鼓励的，对企业的长期利益也是有利的。

（三）进出口均衡与黑字（贸易盈余）问题

由于日本需要的各种资源主要依赖国际市场，如何扩大出口赚取外汇就成了“国民所得倍增计划”能否成功的关键之一。过去有些日本专家学者甚至非常形象地把外贸出口比喻成带动国民经济发展的“火车头”，中国国内学界的一个认识是，日本凭借战后初期的低成本劳动力和技术革新，大力发展出口，长期维持贸易黑字，得以进口大量的资源和原材料以及引入先进技术，而这也是日本战后经济高速发展的诀窍之一。这种观点因为有事实依据，所以我们不能说它不对。但是，仔细阅读“国民所得倍增计划”内容可以发现，该计划虽然强调了出口和黑字（贸易盈余）的重要性，却没有将其作为主要目标。例如，在计划完成年份，“出口目标为 93.2 亿美元，年增长率达到 10.5%……进口目标为 98.9 亿美元，年增长率达到 9.3%”。另外，针对当时日本各厂家竞相压价出口的问题，“国民所得倍增计划”提出：“必须改善贸易体制，强化商社的机能，纠正我国出口的过度竞争。为此，必须采取进出口交易法规定的法律措施，各有关省厅采取行政措施。”

这里有三点值得特别关注，第一，由于“国民所得倍增计划”将整体年均增长率设定为 10%，所以出口增长率设定为 10.5%，这是比较适当的。由此可知，所谓“出口导向型”经济的日本并没有把难以掌控和危机四伏的国外市场当作经济高速发展的“法宝”，而是把国内市场扩大和国民收入提高确定为经济发展的根本目标与评估该计划成败的关键。当然，实际上由于日本技术革新和产品质量提高，加上当时发达国家进出口贸易兴旺，日本的出口增长率远远超过了该计划最初设定的目标。第二，虽然日本重视出口和贸易黑字，但“国民所得倍增计划”对进口额和出口额设定的目标是进口额大于出口额。进口多并不表示经济发展水平不高，反之亦然。这两点对于我们正确地理解经济发展与外贸的关系以及外贸中进口和出口的关系，特别是出口的角色与作用，应当说还是很有启示的。出口多固然体现了一个国家的经济实力，但进口多同样也是国家实力——购买力或内需力的体现。在某些商品供大于求的市场中，进口国的地位甚至比出口国更有利，有时大量进口商品的国家甚至可以左右某些出口国的经贸政策。第三，对于日本国内厂家争相压价以提高出口竞争力的问题，“国民所得倍增计划”提出改善贸易体制和加强商社作为以及采取法律和行政两方面措施的建议。

结 语

重读日本“国民所得倍增计划”，可以发现，该计划虽然题为“所得倍增”，但其主要内容是对国民经济发展模式的重新探讨，以及对前一时期高速增长带来的诸多经济社会问题的批评和建议，其目的和范围超越了单纯的“所得倍增”。该计划的显著特点之一是在提出预定目标的同时，也提出了警示，即在实现目标的过程中，必然带来新的问题或者导致现有问题恶化。尽管该计划是60多年前日本经济发展过程中的产物，但是我们在重读的时候，就像重读某些古典或经典一样，依然可以有若干新的发现，并得到一些新的启示。

参考文献

章毅:《有关日本经济发展战略的几本新书》,《国际研究参考》1988年第1期。

康成文:《中日国民收入倍增计划及其意义的差异分析》,《哈尔滨商业大学学报》(社会科学版)2018年第1期。

崔岩:《二战后日本应对经济新常态的经验、教训及启示》,《河北经贸大学学报》2018年第1期。

刘绮霞、赵晋平:《日本“国民收入倍增计划”出台的历史背景及其决策要素》,《日本学刊》2016年第3期。

张准、罗峰:《论十八大国民收入倍增计划的难度与实现路径——以日本的国民收入倍增计划为鉴》,《北华大学学报》(社会科学版)2013年第3期。

孔凡静:《战后日本经济思想政策的大转变——兼论〈国民收入倍增计划〉》,《计划经济研究》1983年第6期。

刘纪鲁:《试论日本的〈国民收入倍增计划〉》,《河北大学学报》(哲学社会科学版)1980年第9期。

征帆:《日本〈国民收入倍增计划〉剖析》,《经济问题探索》1980年第6期。

魏斯华:《从〈国民收入倍增计划〉看日本经济高速发展时期的几个问题》,《世界经济》1980年第3期。

林明星:《日本提高国民收入水平的主要做法与启示》,《当代世界》2011年第11期。

杨姝琴:《中国实现居民收入倍增目标的路径选择——以日本“国民收入倍增计划”为借鉴》,《社科纵横》（新理论版）2013 年第 12 期。

邵文波、匡霞、刘健:《经济增长的国际经验及对中国的启示——以美国和日本为例》,《国际金融》2017 年第 8 期。

肖海晶:《中日收入倍增计划的差异与启示》,《黑龙江社会科学》2014 年第 9 期。

刘绮霞、李盼盼:《战后日本中小企业的转型与现代化发展研究》,《世界近现代史研究》2017 年第 12 期。

中村隆英「池田勇人：経済の時代を創った男」、渡邊昭夫編『戦後日本の宰相たち』、中公文庫、2001。

伊藤昌哉『池田勇人とその時代：生と死のドラマ』、朝日文庫、1985。

藤井信幸「高度成長期の経済政策構想：システム選択としての所得倍増計画」、『経済論集』2003 年第 3 号。

西香泰『高度成長の時代：現代日本経済史ノート』、日経ビジネス人文庫、2001。

升味準之輔『現代政治：一九五五年以後　上』、東京大学出版会、1985。

伊藤大一「第 2 次池田内閣」、林茂・辻清明編『日本内閣史録 6』、第一法規出版株式会社、1981。

大来佐武郎『先進国の条件：日本に求められるもの』、日経新書、1965。

日本金融科技发展及其监管机构改革

付丽颖　周　润*

【内容提要】金融科技给金融消费者带来个性化便利服务的同时也使新风险不断显露，迫使监管者思考如何在鼓励创新的同时加强监管。随着金融科技在日本快速发展，对于金融科技监管，日本的金融监管机构金融厅面临着金融风险加剧、传统监管落后的挑战。为此，日本金融厅进行机构改革，成立了专门的金融科技监管部门，将金融科技监管的整体系统拆分为网络安全相关、风险预警相关、虚拟货币相关，进行针对性监管，力求在激励创新的同时有效开展金融科技监管。

【关 键 词】日本金融厅　金融科技　金融监管

在人口少子化、老龄化背景下，日本借助数字经济及面向“社会5.0”的发展力求实现社会转型及经济改革。金融科技作为日本数字经济发展及“社会5.0”构建的重要领域，其健康有序发展对日本社会转型及经济改革的顺利实现具有重要意义。为此，日本积极探讨、努力构建与原有金融监管制度相容的金融科技监管体系，力求在管控风险的前提下支持金融科技发展。

* 付丽颖，东北师范大学日本研究所副教授，吉林省伪满历史文化研究基地副教授，主要研究方向为日本经济、国际金融、近代中日经济史；周润，太平人寿保险有限公司四川分公司，主要研究方向为金融科技、金融监管。

日本金融机构受到以稳定金融市场为目的的各种法规的约束，这种以稳定为目的的法规一方面提高了金融机构间的合作门槛，另一方面也成为扩大日本金融科技市场的障碍，因此亟须进行监管改革。① 由于日本金融机构倾向于严格地遵守不属于法律的各种指导方针，指导方针的内容也可能成为开展金融科技新业务的障碍。② 日本 FinTech 研究会对日本金融科技监管方向进行了探讨，认为日本金融科技监管方向应是对相近的金融科技服务建立横向规制，作为行政监管的补充手段，还需要业界制定自律规则。③ 为更好地促进金融科技发展以及实现良好的金融科技监管，消除金融科技从业者对相关法律法规的疑虑也是十分必要的。④ 可以看出，日本金融科技监管重视“行政与自律结合”的监管方式。

目前，日本的网络借贷未发生系统性风险，与其监管的统摄性、法律的稳定性、追偿的便捷性和严格的市场准入不无联系。⑤ 随着金融科技飞速发展，区块链技术日渐走向成熟，但对虚拟货币这一典型应用的监管仍是一个难题。日本是世界上首个对虚拟货币立法、设立全新监管框架的国家，其做法受到学界的关注。日本修法之初，金融厅就指出，金融科技的发展潮流不会是昙花一现，将持续不断地发展下去，虚拟货币亦是其中之一。⑥ 杨东等人认为，日本从公法角度对虚拟货币交易平台的立法已经较为完备，有利于虚拟货币交易市场的健康、有序发展，其立法经验与中国的实践存在一定互

---

① 日経産業新聞「FinTechの未来第5回」、Deloitteホームページ、2016年7月28日、https://www2.deloitte.com/jp/ja/pages/financial-services/articles/ins/nikkei-fintech5.html［2022-3-3］。

② 「産業・金融・IT融合に関する研究会（FinTech研究会）議事要旨第3回」、経済産業省ホームページ、2015年11月19日、https://www.meti.go.jp/committee/kenkyukai/sansei/fintech/003_giji.html［2022-3-1］。

③ 「産業・金融・IT融合に関する研究会（FinTech研究会）議事要旨第2回」、経済産業省ホームページ、2015年10月16日、https://www.meti.go.jp/committee/kenkyukai/sansei/fintech/002_giji.html［2022-3-3］。

④ 下田顕寛・森知士「FinTechサポートデスク実証実験ハブの活動実績報告」、『金融財政事情』2019年4月8日号、28-33頁。

⑤ 刘进一：《日本网络借贷监管制度及启示》，《现代日本经济》2019年第12期，第36~47页。

⑥ 金融庁金融審議会『決済業務等の高度化に関するワーキング・グループ報告—決済高度化に向けた戦略的取組み—』、金融庁ホームページ、2015年12月22日、https://www.fsa.go.jp/singi/singi_kinyu/tosin/20151222-2.html［2022-3-3］。

补性，值得借鉴；日本从鼓励金融科技发展和支付清算行业创新进步的角度出发，给予虚拟货币交易平台合法地位，其支持创新的前瞻性态度值得学习。[①] 鉴于日本在金融科技监管上的独特做法，有必要从宏观层面对日本金融科技监管整体情况进行全面研究。

一 日本金融科技发展的特征

日本是全球金融交易最活跃的国家之一，金融监管机构金融厅以“维护金融系统稳定、协调金融机能以及为用户提供保护”为主要使命，力求引导日本金融业健康发展。日本《银行法》放开对金融科技持股比例限制以后，日本金融科技得以迅速发展。科技在金融领域的应用呈现出无序扩张的特征，要同时实现促进创新和把控风险，日本金融厅面临着金融风险加剧、传统监管落后等监管方面的挑战。

从金融科技所依赖的技术角度，可将日本金融科技的发展大致区分为三个阶段。第一个阶段以“金融 IT”为主要特征，也称为“金融科技 1.0”时代，在此阶段金融机构利用信息技术来提高传统金融服务效率，标志性实践为商业银行清算、信贷及综合业务系统的 IT 升级改造；第二个阶段以“互联网金融”为主要特征，也称为“金融科技 2.0”时代，在此阶段金融机构以互联网、移动终端技术补充传统金融服务，标志性实践为 P2P 网络借贷、互联网基金、保险等；第三个阶段以“智能金融”为主要特征，也称为“金融科技 3.0”时代，在此阶段金融机构将人工智能、区块链、大数据、云计算等新技术应用于金融领域，标志性实践为智能投顾、大数据征信等（见表 1）。[②]

① 杨东、陈哲立：《虚拟货币立法：日本经验与对中国的启示》，《证券市场导报》2018 年第 2 期，第 69 ~ 78 页。

② 关于金融科技发展阶段的划分参见孙国锋《金融科技时代的地方金融监管》，中国金融出版社，2019，第 95 页；赍圣林《中国能否引领全球金融科技新时代？——城市比较视角下的金融科技策略选择》，《北大金融评论》2020 年第 2 期，第 15 ~ 18 页；李展、叶蜀君《中国金融科技发展现状及监管对策研究》，《江淮论坛》2019 年第 3 期，第 54 ~ 59 页；杨东：《监管科技：金融科技的监管挑战与维度建构》，《中国社会科学》2018 年第 5 期，第 69 ~ 91、205 ~ 206 页。

表 1　金融科技发展阶段

发展阶段	金融科技 1.0	金融科技 2.0	金融科技 3.0
主要特征	金融 IT	互联网金融	智能金融
技术驱动	计算机	互联网、移动终端	人工智能、区块链、大数据、云计算等
代表业态	ATM	P2P 网络借贷、移动支付	智能投顾、虚拟货币

资料来源：作者总结。

日本进入“金融科技 1.0”时代较早，具备先发优势，但日本进入“金融科技 2.0”时代和“金融科技 3.0”时代的时间则明显落后于中国、英国、美国等国家。在放宽金融科技投资限制之后，日本开始进入金融科技加速发展阶段。

随着 1951 年第一台商用电子计算机（UNIVAC）问世，金融部门在其业务领域开始使用计算机，信息技术与金融便开始有了联系。日本是最早在金融领域使用计算机的国家之一。1955 年 2 月，日本首次引进 120 台 UNIVAC 计算机，并由东京证券交易所和野村证券使用，以计算机技术取代部分人工操作。随后几年，银行内的收支系统也开始引入计算机，推出现金自动支付机（CD）和现金自动取款机（ATM）[①]，日本较早地进入了“金融科技 1.0”时代。

然而，日本进入“金融科技 2.0”乃至“金融科技 3.0”时代却较晚。全球金融科技投资自 2014 年开始高速增长，大量资金投向金融科技行业。2016 年，全球金融科技投资最多的 3 个国家为中国、美国、英国，投资额分别为 77 亿美元、62 亿美元和 7.83 亿美元，而日本对金融科技的投资与 3 个国家差距明显，仅为 0.87 亿美元。[②] 根据 H2 Ventures 与毕马威公司联合发布的《2016 全球金融科技企业百强》报告，美国、英国、中国上榜企业数分别为 25 家、12 家、8 家，而日本没有金融科技企业跻身全球百强。[③]

① 〔日〕柏木亮二：《Fintech：金融科技引领未来》，姚待艳译，人民邮电出版社，2019，第 34～35 页。

② “The Connecting Global FinTech：Interim Hub Review 2017”，Deloitte，https://www2.deloitte.com/tr/en/pages/finance/articles/a-tale-of-44-cities-global-fintech-hub-federation-gfhf-connecting-global-fintech-hub-report.html，accessed March 4，2022.

③ “2016 Fintech100：Leading Global Fintech Innovators”，KPMG，October 2016，https://assets.kpmg/content/dam/kpmg/xx/pdf/2016/10/fintech100－2016.pdf，accessed March 4，2022.

日本步入“金融科技2.0”时代及“金融科技3.0”时代较晚的原因主要是日本金融科技需求与供给不足。在需求方面，日本便利的金融设施和较低的利率水平是制约日本金融创新需求的主要因素。一方面，据国际货币基金组织2015年的统计，日本每1000平方千米就有104家金融机构、387台ATM机。[①] 鉴于消费者可较为便利地获得开设储蓄账户、汇款、存取款等金融服务，依赖互联网技术实现的金融服务反而没有被广泛接受。[②] 另一方面，在日本较低利率水平的背景下，居民更倾向于持有现金，现金支付是日本消费者主要采用的支付手段。据日本内阁府2015年的统计，在日本总消费支出中，现金结算比例高达81.7%。[③] 在供给方面，日本较严格的法律限制是抑制金融科技供给的主要因素。日本对金融科技企业投资的限制使金融科技产业吸引的风险投资水平一直较低，如金融集团受限于只能持有初创企业5%～15%股权的规定。[④] 如此一来，金融科技初创企业得不到足够的资金支持，日本金融科技自然陷入发展瓶颈。

为加强金融功能，应对信息技术发展给金融环境带来的变化，2016年5月25日，日本国会通过《银行法》修正案，放宽了银行及银行控股公司对金融科技企业的投资限制，允许银行持有5%以上的科技企业股份；在科技企业将信息技术应用于金融领域的前提下，银行甚至可收购该企业100%的股权。这一政策正式实施之后，三菱日联银行、瑞穗银行、三井住友银行等大型银行迅速与金融科技初创企业建立合作关系，开发智能投顾等服务和区块链技术。日本金融科技初创企业在银行提供资金支持的情况下快速发展，金融科技企业市场规模呈现出不断扩大的趋势（见图1）。日本金融科技进入快速发展阶段。

---

① “Financial Access Survey 2015”, IMF, https://data.imf.org/?sk=E5DCAB7E-A5CA-4892-A6EA-598B5463A34C, accessed March 4, 2022.

② 岩下直行「フィンテックによる金融革新とその影響について」、『監査役』第658号、2016、39-43頁。

③「平成27年度国民経済計算年次推計（支出側系列等）（平成23年基準改定値）の参考資料における『その他』に関する補足について」、内閣府ホームページ、https://www.esri.cao.go.jp/jp/sna/data/data_list/kakuhou/gaiyou/pdf/point20161208_2_add.pdf［2022-3-4］。

④ 孙国峰：《从FinTech到RegTech》，《清华金融评论》2017年第5期，第93～96页。

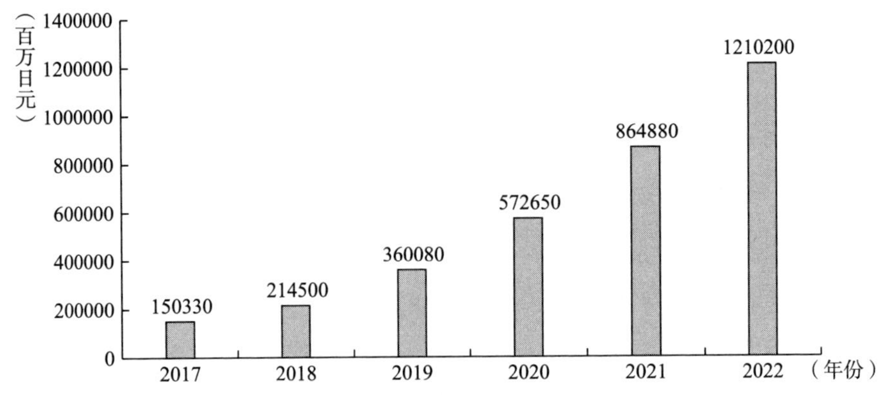

图 1　日本金融科技企业市场规模

注：2020 年、2021 年、2022 年数据为预测值。

资料来源：作者根据相关数据整理制作，参见「ニュース・トピックス」、矢野経済研究所ホームページ、https://www.yano.co.jp/press/index.php［2022-3-4］。

一方面，随着金融科技市场规模不断扩大，金融科技渗透的金融服务种类逐渐增多。根据日本金融科技领域的权威媒体 MAStand 公布的 2019 年日本金融科技企业情况，日本金融科技企业涉及的金融服务已涵盖汇款及结算、虚拟货币交易、众筹、个人资产投资、云会计、个人财务管理、保险、个人贷款融资等方面①（见表 2）。同时，加密公司 Quoine、机器人顾问公司 Folio、人工智能公司 Alpaca 以及应用程序运营公司 TORANOTEC 4 家日本金融科技初创企业跻身 2019 年全球金融科技企业百强排行榜。②

表 2　日本代表性金融科技企业

金融服务类别	金融科技企业
汇款及结算	LINE Pay、PayPay、乐天智能支付等
虚拟货币交易	Coincheck、GMO COIN、COINJINIA 等
众筹	CAMPFIRE、Ready for、JAPANGIVING 等

① 「日本の最先端 FinTech（フィンテック）企業 50 選」、MAStandホームページ、2019 年 3 月 30 日、https://mastand.com/money/work/best-fintech-japan［2020-5-15］。

② "2019 Fintech 100: Leading Global Fintech Innovators", KPMG, https://home.kpmg/xx/en/home/insights/2019/11/2019-fintech100-leading-global-fintech-innovators-fs.html, accessed March 4, 2022.

续表

金融服务类别	金融科技企业
个人资产投资	folio、WealthNavi、THEO 等
云会计	freee、Moneyforward、弥生会计在线等
个人财务管理	Moneytree、Money Forward ME、Dr. Wallet 等
保险	justInCase、LINE 保险等
个人贷款融资	MOGE CHECK、iYell 等

资料来源：作者根据日本媒体 MAStand 公布的资料整理制作，参见「日本の最先端 FinTech（フィンテック）企業 50 選」、MAStandホームページ、2019 年 3 月 30 日、https://mastand.com/money/work/best-fintech-japan［2020－5－15］。

另一方面，导入金融科技来提高业务效率受到越来越多企业的青睐。2019 年，毕马威公司联合庆应义塾大学 FinTEK 中心共同调查了日本企业引入金融科技的实际情况，被调查企业涉及业务领域涵盖银行、证券、保险等行业，最终收到 170 家日本企业的有效回答。调查结果显示，2016～2018 年，有 22.4% 的企业对金融科技的投资规模超过 1 亿日元（见图 2）；有意愿在 2019～2021 年向金融科技领域投资超过 1 亿日元的企业占 35.9%（见图 3）。①

二　日本金融厅面临的监管挑战

一方面，日本金融科技的发展使金融机构的业务效率得以提高，为消费者提供的金融服务日益多样化和个性化；另一方面，金融科技也使金融风险变得更加复杂，不仅传统风险不断深化，新风险也逐渐凸显，金融风险的负外部性显著增强。面对金融科技带来的冲击，传统金融监管却因落后的监管法规、监管手段等显得监管能力不足。金融风险的加剧与传统监管的落后是日本金融厅乃至世界各国金融监管机构在进行金融科技监管时不得不面对的挑战（见表 3）。

① KPMG・慶應義塾大学 FinTEKセンタ『FinTech Initiative 2030：日本企業のフィンテック導入に関する調査報告』、KPMG ホームページ、2019 年 11 月、https://assets.kpmg/content/dam/kpmg/jp/pdf/2019/jp-fintech-initiative-2030.pdf［2022－3－4］。

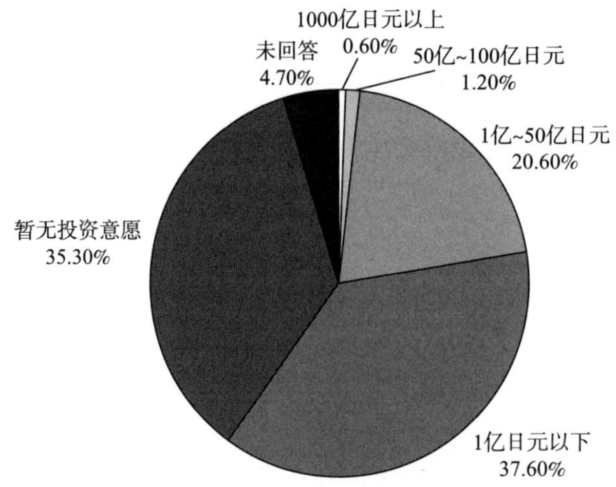

图 2　2016 ~ 2018 年日本企业投资金融科技规模

资料来源：作者根据毕马威公司公布的资料整理制图，参见 KPMG · 慶應義塾大学 FinTEKセンタ「Fintech Initiative 2030：日本企業のフィンテック導入に関する調査報告」、KPMG ホームページ、2019 年 11 月、https://assets.kpmg/content/dam/kpmg/jp/pdf/2019/jp-fintech-initiative-2030.pdf［2022 - 3 - 4］。

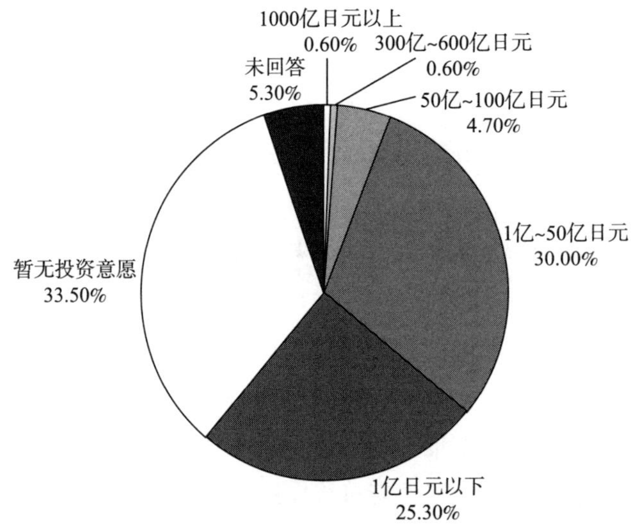

图 3　2019 ~ 2021 年日本企业有意愿投资金融科技规模

资料来源：作者根据毕马威公司公布资料整理制图，参见 KPMG · 慶應義塾大学 FinTEKセンタ「Fintech Initiative 2030：日本企業のフィンテック導入に関する調査報告」、KPMG ホームページ、2019 年 11 月、https://assets.kpmg/content/dam/kpmg/jp/pdf/2019/jp-fintech-initiative-2030.pdf［2022 - 3 - 4］。

表 3　日本金融厅面临的金融科技监管挑战

<table>
<tr><th>类别</th><th colspan="2">具体内容</th></tr>
<tr><td rowspan="6">金融风险加剧</td><td rowspan="4">传统风险加深</td><td>网络风险加深</td></tr>
<tr><td>信用风险加深</td></tr>
<tr><td>操作风险加深</td></tr>
<tr><td>系统性风险加深</td></tr>
<tr><td rowspan="2">新风险形式出现</td><td>技术风险出现</td></tr>
<tr><td>数据风险出现</td></tr>
<tr><td rowspan="4">传统监管落后</td><td colspan="2">监管强度与时机难以把握</td></tr>
<tr><td colspan="2">金融法规不完备</td></tr>
<tr><td colspan="2">信息不对称问题突出</td></tr>
<tr><td colspan="2">技术性监管手段缺乏</td></tr>
</table>

资料来源：作者总结。

（一）金融风险加剧

金融科技的本质在于科技与金融业的深度结合，应用科技是金融科技区别于传统金融的关键所在，通过将科技应用于金融业，金融科技提供了传统金融不可能实现的金融服务。然而，科技在变革传统金融业务的同时，也对金融风险进行了改造。信息技术与金融的深度结合不仅加深了网络风险、信用风险、操作风险、系统性风险等传统金融风险，也形成了技术风险、数据风险等新风险，导致金融市场的脆弱性增强。

1. 传统风险加深

传统风险加深表现在金融科技导致原本就存在的传统金融风险更加严重与频发。具体而言，金融科技不仅会引发传统金融所面临的网络风险、信用风险、操作风险、系统性风险，而且这些风险会因金融科技变得更具破坏性。

网络风险加深体现在系统遭受网络黑客攻击的可能性加大。金融科技活动的顺利开展有赖于不同机构间的数据传输与共享，相互关联的机构越多，网络黑客进行攻击的切入点就越多、攻击范围就越大。以电子钱包为例，随着无现金结算普及，不少服务提供商纷纷加入电子支付系统，系统中存在的服务提供商越多，系统遭受网络攻击的可能性就越大。第一，支付系统入口点数量增加的同时，网络攻击的潜在目标数也随之增加，黑客可通过任意入口对系统进行攻击；第二，支付系统内各服务提供商安全标准参差不齐，导致支付系统存在薄弱环节，网络攻击的成功概率相应提高；第三，各服务提供商对客户资金高频率的数字化访问也会增加遭受网络攻击的可能性。① 更值得一提的是，网络风险的加深还将带动信息安全风险加深，一旦黑客攻击成功，不仅系统面临瘫痪的风险，系统中存储的各类信息也将随之泄露，进而对客户隐私安全造成极大的威胁。

信用风险的加深体现于贷款人利用信息不对称进行套利的机会增加。传统金融在提供贷款服务时，无论是信用审批程序，还是交易流程均需严格按照相关标准执行，因而能够较公正地对贷款人的信用进行评级。运用金融科技的交易大多依靠虚拟平台完成，为提高金融服务的渗透力和普惠性，虚拟平台倾向于简化信用审批程序、缩短交易流程，从而更方便地为客户提供服务。如此一来，贷款人有可能通过虚构自身借款能力、提高自身信用等级来获得超过其真实还款能力的贷款金额。② 在金融科技提供的相对宽松的贷款环境下，从短期来看，如果大规模贷款出现逾期未还的情况，金融机构将遭受严重的不良影响；从长期来看，市场上的金融资源也可能向通过伪造信用等级取得竞争优势地位的贷款人倾斜，导致市场上出现“逆向选择”的现象。

操作风险的加深体现于金融机构内部风险管理系统本身存在缺陷或工作人员操作不当而造成损失的可能性加大。首先，金融机构本身并非尖端技术的研发机构，选择什么样的技术来提高金融服务效率仅能根据“二手”信息进行判断，而一旦技术选择不当，已设计好的风险管理系统将无法正常规避该技术所隐藏的风险，进而影响金融业务的日常运行，给金融机构带来相应损失。其次，金融机构工作人员从摸索到熟练操作新技术需要时间，在这个过程中极可能面临发生突发事件而无法迅速采取应急方案的情况，从而使金

① “Financial Stability Implications from Fintech”, FSB, July 27, 2017, http://www.fsb.org/wp-content/uploads/R270617.pdf, accessed March 4, 2022.

② 孙国锋：《金融科技时代的地方金融监管》，中国金融出版社，2019，第 136 页。

融机构遭到严重损失。最后，金融机构工作人员操作错误或同客户沟通不畅，还可能在提供金融服务的过程中出现信息传递滞后、网络金融账户故障等情况，降低金融服务效率，增加金融机构的机会成本。

系统性风险的加深体现于风险传染范围、风险传染速度以及风险概率提高三个方面。首先，在金融科技背景下，“金融大众化”趋势愈加明显，金融科技所能覆盖的客户群体相较传统金融而言明显增加。门槛降低使分布在长尾尾部的客户群体也能轻易进入金融科技市场，金融科技风险的覆盖面及影响范围随之扩大，一旦风险凸显，则容易引发群体事件。其次，金融科技业务的开展依托互联网平台，无论是金融科技公司通过互联网对金融机构进行技术指导，还是金融机构通过互联网为客户群体提供金融服务，都会带来互联网物理网络建设的扩张，而这种网络化的分布会使风险传染速度加快。最后，一些后起的小公司也可运用金融科技提供传统上只能由金融机构提供的金融服务。金融宏观审慎监管的主要对象为具有系统重要性的金融机构，监管主体在重点关注这些“大而不能倒”的机构的同时容易忽视那些小而分散的机构，从而存在小机构的小风险积聚成大风险的隐患，使发生系统性风险的概率提高。

2. 新风险形式出现

金融科技带来的新风险表现为对技术、数据的高度依赖而形成的技术风险和数据风险。

金融科技依赖的尖端技术既是金融科技发展的动力，也是金融科技的风险点。金融科技带来的技术风险指其依赖的诸如人工智能、区块链、大数据、云计算等技术从开发到应用的各阶段可能出现的技术错误导致的风险。一方面，由于某些技术在应用时还不够成熟，在应用平台层面可能存在安全漏洞，易受到外部攻击，造成损失。以区块链技术为例，2014 年，日本比特币交易所 Mt. Gox 因近 85 万个比特币（估值约 4.73 亿美元）被盗资不抵债申请破产保护；2018 年，日本大型比特币交易平台 Coincheck 系统遭到黑客攻击，时价 580 亿日元（约合 5.3 亿美元）的数字货币“新经币”被盗，造成约 26 万名用户受损。另一方面，技术在应用过程中存在失控的可能性，一旦技术失控，将给相关交易活动带来负面影响。以人工智能技术为例，一旦人工智能的应用环境和数据脱离用户的可控范围，以人工智能技术为基础的金融科技活动不仅无法开展，还会给金融市场带来巨大影响，对系统稳定性产生极大威胁。目前，尚无技术可以在提高收益的同时避免或减少人工智能失控带来的风险。

除技术以外，数据也是金融科技发展的核心要素。人工智能、区块链、大数据、云计算等一系列信息技术均需要通过数据存储及运算来达到相应目的，这些技术对数据的依赖会给金融行为带来新的数据风险。在金融科技时代，大量数据无法被监管者触达，可能会出现数据造假、数据伪报、数据泄漏等一系列安全问题。① 首先，金融科技交易的顺利开展对数据的真实性有较高要求，无论是数据提供者有意隐瞒真实数据，还是数据筛选者故意挑选“好”的数据，都将违背“数据都是事实”的原则，进而可能产生错估成本，影响分析和决策，带来巨大损失。其次，即使数据的真实性得到保证，在使用过程中若被非法泄露，还将引发信息安全风险，给用户隐私安全带来极大威胁。随着金融科技发展，数据服务商能够轻易获得大量用户的私人数据、拥有前所未有的信息特权，一旦其滥用用户数据，导致用户金融信息泄露，数据风险最终也将演化成信息安全风险。

（二）传统监管落后

面对金融科技时代金融风险加剧的情况，传统金融监管却因相对落后而应对乏力。传统金融监管落后具体表现为监管强度与时机难以把握、金融法规不完备、信息不对称问题突出以及技术性监管手段缺乏四个方面。因此，若日本金融厅还以传统监管手段应对金融科技时代的风险，不仅不能有效管控风险，还可能因监管不到位而使风险被进一步放大。

1. 监管强度与时机难以把握

传统金融监管通常依据监管规则对相关金融业务进行监管，因而监管政策大多根据已有的金融运行模式来制定，具备较强的针对性。面对金融科技，监管机构如果仍然严格依照传统金融监管所要求的“相同业务，相同规则”的原则实施监管，金融科技创新可能因为适用刻板规则而难以充分发展，从而使监管机构面临金融科技监管强度与时机难以把控的难题。

① 杨东：《防范金融科技带来的金融风险》，《红旗文稿》2017年第16期，第23~25页。

金融科技监管强度和时机难以把握与金融科技监管政策难以定位有关，如何协调行政手段、法律手段等各项监管手段的运用，以及判定各手段能够给予金融科技发展容错空间的大小，在监管政策的制定与选择上都是无法准确测度的，这不仅很容易造成监管资源浪费，还可能影响到金融科技创新的效率。金融科技的发展离不开金融创新，而金融创新过程又将带来一系列金融科技风险，特别是目前日本金融科技正处于快速发展阶段，如何在金融稳定与金融创新之间取得平衡是金融监管部门金融厅亟须解决的问题。监管强度过小或监管介入时机太晚会使金融科技风险肆意放大，加大金融脆弱性；监管强度过大或监管介入时机太早又会扼杀金融创新动力，抑制金融科技发展。

2. 金融法规不完备

金融法规通常是危机型立法和监管的产物①，制定金融法规的目的往往是对过去发生的金融危机进行事后总结以防范危机再次发生。在金融科技发展的过程中，金融法规“事后监管”特征会使二者之间出现“步调问题”，即金融法规滞后于金融科技发展，如此一来，现有法律框架将无法有效规制金融科技所创造的新型业态和交易行为，从而出现制度漏洞。

一方面，由于法规从制定到实施须严格按照立法程序进行，在这样一个冗长的周期中，金融科技领域极有可能不断出现新的业态和交易行为，因而将产生法规总是无法完全规制金融科技的问题。例如，日本的金融法规修订一般须经历由金融厅向国会提交修订案、国会讨论通过修订案、按照国会规定的具体时间开始实施修订案的过程，这往往需要耗费较长一段时间，而在此期间金融科技却不会按下“发展的暂停键”。另一方面，由于法规制定者的认知能力是有限的，面对金融科技的“破坏性创新”，法规制定者既无法通过提前修补原有规则来未雨绸缪，也无法面面俱到地对金融科技涉及的各个方面实施全方位监管，因此金融法规必然不具有完备性。在实际监管过程中，监管者很难根据不完备的法规主观判断金融科技活动是否处于法律框架限制之内，例如，智能合约是否受到《合同法》的规制、如何避免金融科技公司游离于金融监管之外等均是目前金融法规无法回答的问题。

① 周仲飞、李敬伟：《金融科技背景下金融监管范式的转变》，《法学研究》2018 年第 5 期，第 3 ~ 19 页。

3. 信息不对称问题突出

信息不对称问题是传统金融监管面临的固有困局[①]，鉴于监管机构与金融机构之间总是不可避免地面临信息不对称问题，逆向选择与道德风险始终存在。过去，日本金融厅通常以现场检查方式来掌握金融机构的经营状况，其评判依据来源于金融机构提供的报表数据。相较向监管部门提供真实数据的金融机构而言，那些为获得更大利益而提交伪造数据的金融机构可节约大量合规成本来实现迅速扩张，从而导致市场呈现“劣币驱除良币”的发展态势。

特别是在金融科技时代，金融机构往往能够利用新兴技术掌控监管者无法掌握的信息，监管者与被监管者双方信息不对称的问题进一步加剧。面对金融科技不断创新，一方面，处于信息劣势的监管者为跟上金融科技创新的步伐，不得不尽量快速地筛选出与之相关的数据进行监测，监管的紧迫性与信息不对称问题交织起来会加大监管部门对金融科技实施监管的难度，进而造成监管者未能及时筛选出与之相关的有效数据或以错误的数据进行监管的结果。另一方面，即使监管者在现阶段掌握了有效数据，但该数据仅能反映过去的情况，无法预知金融科技“破坏性创新”在未来将带来的风险点，这种监管数据本身存在的跨期信息不对称问题也将进一步加大监管机构对金融科技进行有效监管的难度。

4. 技术性监管手段缺乏

鉴于金融科技的典型特征在于“科技性”，传统金融监管缺乏技术性监管手段则很难对金融科技实现有效监管。传统金融监管三大监管手段是建立在监管规则之上的市场准入、现场检查和非现场监管。[②] 一方面，由于监管规则相较金融科技具有不可避免的滞后性，运用建立在监管规则之上的金融监管手段进行金融科技监管难免出现监管空白；另一方面，监管机构与金融机构无法同步掌握最新数据，进而产生信息不对称问题，其根源在于传统金融监管的三大监管手段均缺乏充分的技术性，无法实时进行数据触达。无论是市场准入、现场检查还是非现场监管，监管依据均主要来自金融机构的业务情况、报表数据

---

① 杨东：《监管科技：金融科技的监管挑战与维度建构》，《中国社会科学》2018 年第 5 期，第 69 ~ 91、205 ~ 206 页。

② 年志远、贾楠：《互联网金融监管与传统金融监管比较》，《学术交流》2017 年第 1 期，第 117 ~ 122 页。

等信息。因此，在金融机构信息的真实性得不到严格保证的情况下，传统监管这种“事后监管”特征极容易给金融机构提供规避监管的机会，从而出现监管套利的情况。同时，监管机构依靠人力对金融机构进行检查的方式相较金融科技发展而言不具有实时性，无法及时捕捉到金融科技活动中的违规行为，导致传统金融监管手段既无法做到风险预警，也难以实时进行风险监测。特别是当金融机构遇到突发状况时，缺乏技术性的传统监管手段根本不可能及时对金融机构所面临的风险采取有效监管措施，从而可能出现监管缺位。

三　功能性监管理念下日本金融厅的机构改革

在功能性监管的思路下，监管机构可依照金融科技产品和服务的实质实施监管，迎合金融科技跨行业、跨地域、跨机构的特点。传统金融监管框架产生监管空白，使金融监管环境发生变化。为应对这种变化，日本金融厅在 2018 年进行机构改革，设立专门部门对金融科技进行监管。日本的混业监管体制是在金融厅监督局下分设银行科、证券科、保险科，分别对银行业、证券业、保险业行使监管职责。对于金融科技监管，日本金融厅未将其简单划分到对银行业、证券业、保险业的监管当中，而是成立新的金融科技监管部门，将金融科技按内容区分为网络安全相关、风险预警相关、虚拟货币相关三个方面进行有针对性的监管。日本金融厅机构改革思路与功能性监管理念相吻合。为适应金融科技日新月异的变化，日本金融厅不断对金融科技监管的内容和科室进行局部调整。

（一）日本金融厅机构改革概况

日本金融厅在改革前由总务企划局、检查局、监督局组成，改革后的日本金融厅撤销了总务企划局和检查局，新增综合政策局和企划市场局。形成了由综合政策局、企划市场局和监督局构成的三局体制。①原总务企划局下设的企划科及检查局下设的审查科被撤销，其他原属于总务企划局和检查局的科室根据综合政策局与企划市场局的部门特点及监管重点进行转接，并在

① 「金融庁の1 年（2019 事務年度版）」、金融庁ホームページ、https://www.fsa.go.jp/common/paper/2019/zentai/index.html［2023 - 5 - 25］。

综合政策局下新增了秘书科和风险分析总结科（见图 4）。

综合政策局接管原总务企划局制定金融厅综合政策的职能以及原检查局对金融机构进行检查的职能。综合政策局下的秘书科、总务科及综合政策科共同分担原总务企划局下政策科的相关职能；综合政策局下的风险分析总结科在接管检查局对金融机构进行检查的职能基础上，还专门针对金融机构及金融系统的风险状况进行调查分析。原属于检查局的检查监理官转移至综合政策局，其实施重要检查的职能不变。除此之外，综合政策局增加了对信息技术等专门领域的监管职能。

企划市场局接管了原总务企划局起草金融制度的职能。原总务企划局企划科被撤销后，其职能转移至企划市场局的总务科。企划市场局承担强化市场机能以及根据信息技术的进展制定相应制度的职责。

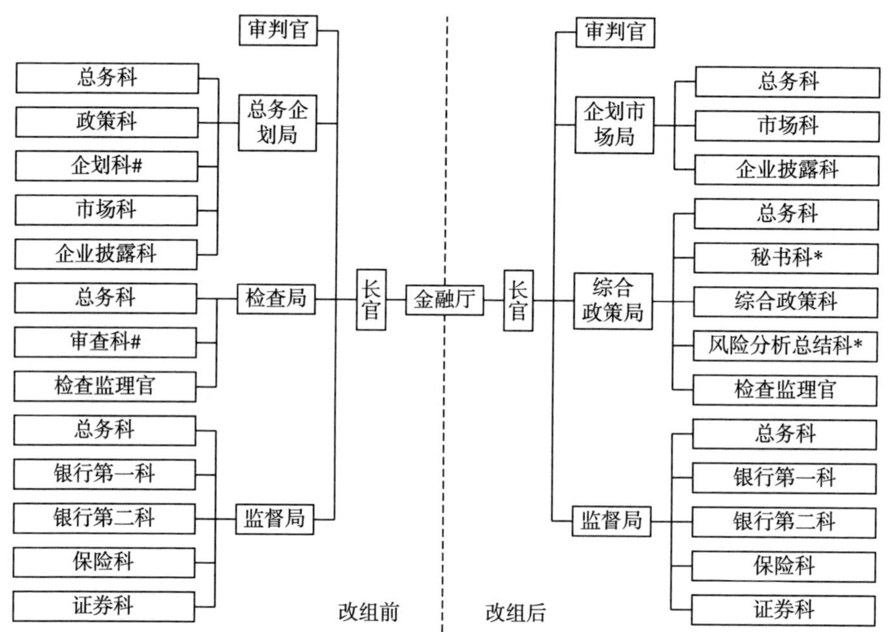

图 4　日本金融厅内部改革前后对比

注：#表示改组后已取消的科室，* 表示改组后新增的科室。

资料来源：作者根据相关资料整理制作，改组前内容参见「金融庁の1 年（平成 29 事務年度版）」、金融庁ホームページ、https://www.fsa.go.jp/common/paper/29/zentai/index.html；改组后内容参见「金融庁の1 年（2019 事務年度版）」、金融庁ホームページ、https://www.fsa.go.jp/common/paper/2019/zentai/index.html［2023 – 5 – 25］。

（二）日本金融厅对金融科技监管的职能分工

综合政策局为应对金融系统的风险和跨业态的挑战而设立，具有强化金融行政的战略制定和综合调整功能。企划市场局为提高与市场功能和技术发展相适应的制度规划能力而设立，具有金融制度的企划与立案功能。监督局负责监督金融机构运营状况。三局各自下设不同科室进行协调分工。综合政策局下的综合政策科和风险分析总结科、企划市场局下的总务科以及监管局下的总务科分别按照各部门所具功能特点及监管重点对金融科技实施监管。

1. 局级机构的职能分工

综合政策局负责制定涉及虚拟货币、洗钱、网络恐怖袭击等金融科技问题的战略。综合政策局下设五个部门，即秘书科、总务科、综合政策科、风险分析总结科、检查监理官（见图5）。综合政策局对金融科技的监管主要由综合政策科和风险分析总结科负责，两科室分工负责保障金融科技网络安全和发现与应对金融科技风险。

企划市场局负责根据金融科技特点与发展动向制定相关的金融科技制度。企划市场局下设总务科、市场科和企业公开科三个部门。企划市场局对金融科技的监管主要由总务科负责，承担制定金融科技相关制度的职能。

监督局的职能是以现场检查与非现场检查方式对金融机构进行监督。在检查过程中，监督局需不断收集金融机构的信息、把握金融机构的业务状况并对收集的各类信息进行有效分析，以督促金融机构实现健全经营。监督局下设五个部门，即总务科、银行第一科、银行第二科、保险科、证券科，各科根据金融机构的业态类别进行有针对性的监督。监督局对金融科技的监管主要由总务科负责，负责监督应用金融科技的金融机构，特别是虚拟货币交易机构。

2. 科级机构的职能分工

综合政策局下的综合政策科由资产形成支援室、金融服务用户咨询室及网络安全对策企划调整室组成。其中，网络安全对策企划调整室承担制定和推进确保网络安全基本政策的任务，并以发布《金融领域网络安全报告》的形式对外公布日本金融厅维护网络安全的具体策略。风险分析总结科负责对金融系统和金融机构风险状况与动向进行调查及分析，下设信息分析室和风险管理检查室，分别承担金融机构风险信息的收集和分析与风险管理状况的检查任务。综合政策科和风险分析总结科不区分应用金融科技的金融机构所属行业类别，均从宏观上关注金融科技风险及安全情况，寻找能够有效保障金融科技业务顺利实现功能的制度与策略。

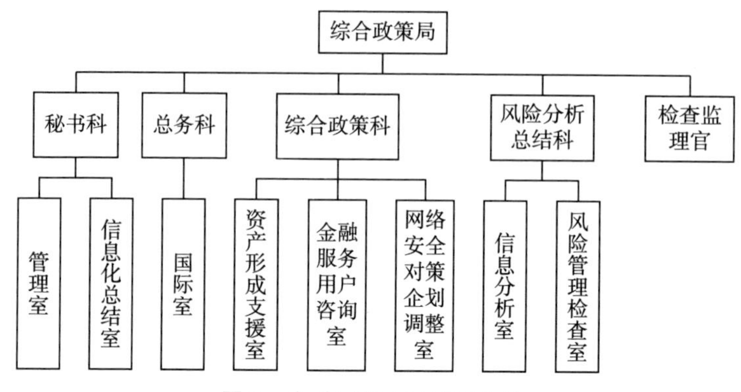

图5　金融厅综合政策局结构

资料来源：作者根据相关资料整理制作，参见「金融庁の1年（2019事務年度版）」、金融庁ホームページ、https://www.fsa.go.jp/common/paper/2019/zentai/index.html［2023-5-25］。

企划市场局下的总务科由金融科技室、信用机构企划室、保险企划室、调查室组成（见图6）。其中，金融科技室专门负责根据信息技术的发展情况制定相应的金融科技制度。例如，统筹“数字化手续法”① 的修改提议，允许利用信息通信技术来提高行政效率，并在此基础上，有针对性地修改内阁府所管理的金融相关法令中有关利用信息通信技术来提高行政效率的法律施行规则。② 企划市场局在掌握金融科技发展动向的同时，也收集金融机构及金融消费者关于金融科技的意见，在全面整合信息的基础上制定金融科技制度。

监督局下的总务科由监督调查室、国际监督室、金融公司室、虚拟货币监控室、信用机构对应室组成（见图7）。虚拟货币是金融科技在支付结算

① 原文为“关于为使行政运营简单化和效率化，与利用信息通信技术相关的法律”，简称“数字化手续法”。

② 「内閣府の所管する金融関連法令に係る情報通信技術を活用した行政の推進等に関する法律施行規則の一部を改正する内閣府令（案）の公表について」、金融庁ホームページ、2020年3月4日、https://www.fsa.go.jp/news/r1/sonota/20200304/20200304.html［2022-3-4］。

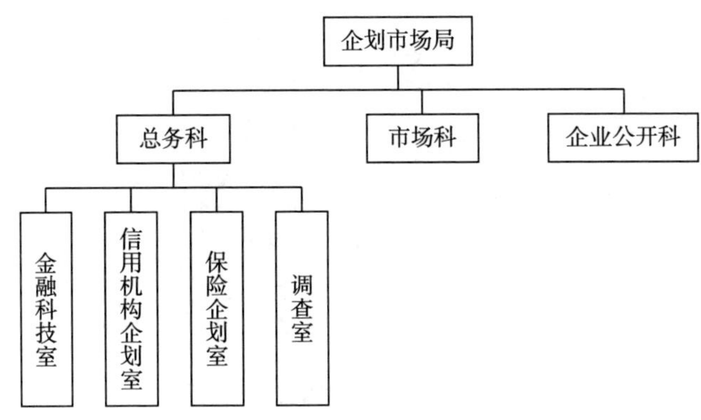

图 6　金融厅企划市场局结构

资料来源：作者根据相关资料整理制作，参见「金融庁の1 年（2019 事務年度版）」、金融庁ホームページ、https://www.fsa.go.jp/common/paper/2019/zentai/index.html［2023 - 5 - 25］。

业务模式中，依托区块链技术的主要应用。虚拟货币交易不受资本跨境流动的限制且难以进行征税，与传统金融产品差别较大，因而很难将其简单纳入银行业、证券业、保险业的日常监督。为加强对虚拟货币的监察力度，日本金融厅监督局特成立虚拟货币监控室，专门负责监督虚拟货币交换行业。虚拟货币监管室有权采取警告、责令整改、停业整顿等措施对不合规的虚拟货币交易平台进行惩罚。

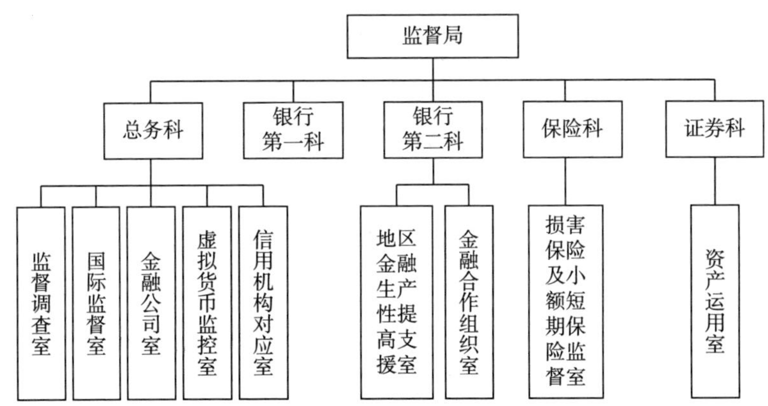

图 7　金融厅监督局内部结构

资料来源：作者根据相关资料整理制作，参见「金融庁の1 年（2019 事務年度版）」、金融庁ホームページ、https://www.fsa.go.jp/common/paper/2019/zentai/index.html［2023 - 5 - 25］。

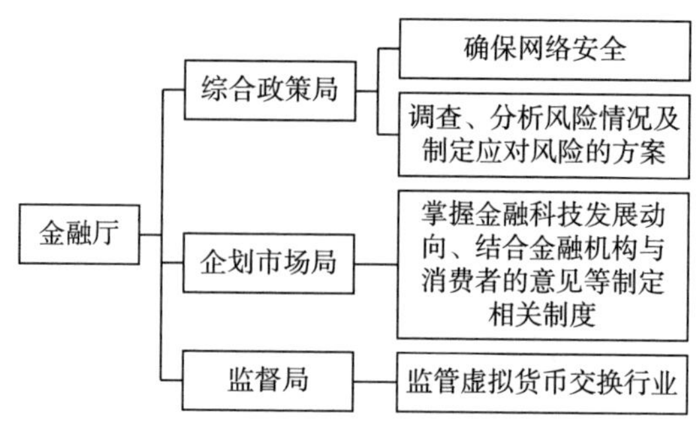

图8　日本金融厅的金融科技监管职能

资料来源：作者总结。

（三）日本金融厅对金融科技监管的局部调整

继2008年全面改革之后，日本金融厅不断对金融科技监管进行适当的调整。基于信息技术的发展，日本金融厅2019年度开始实施金融数字化战略，对探讨和推进横向结算问题进行立法，并鼓励地方整顿促进金融科技发展的体制。2020年日本金融厅将监督局总务科下设的虚拟货币监控室改为加密资产监控室，着重对加密资产经营者进行监督。

2021年日本金融厅扩大综合政策局的权限，在综合政策科设立社会环境金融室的同时，将原归企划市场局总务科管理的金融科技室转至综合政策科。在综合政策局的风险分析总结科下增设洗钱及恐怖主义资金供给对策企划室，并将原隶属综合政策科的资产形成支援室合并至网络安全对策企划调整室，并移至风险分析总结科进行管理。①

2022年日本金融厅进一步扩展综合政策局风险分析总结科的权限范围，在原有4个室的基础上转移、增设了4个室，即经济安全保障室、金融服务中介室、贷款室和金融科技监管室。其中除经济安全保障室是新成立的之外，其他室均自其他局、科调整而来。其中，金融服务中介室由市场企划局总务科转来，贷款室由监督局总务科金融公司室更名转移而来，金融科技监管室由监督局总务科下的加密资产监控室与综合政策局综合政策科的金融科

① 「金融庁の1年(2021事務年度版)」、金融庁ホームページ、https://www.fsa.go.jp/common/paper/2021/zentai/index.html［2023－5－25］。

技室合并而成。①

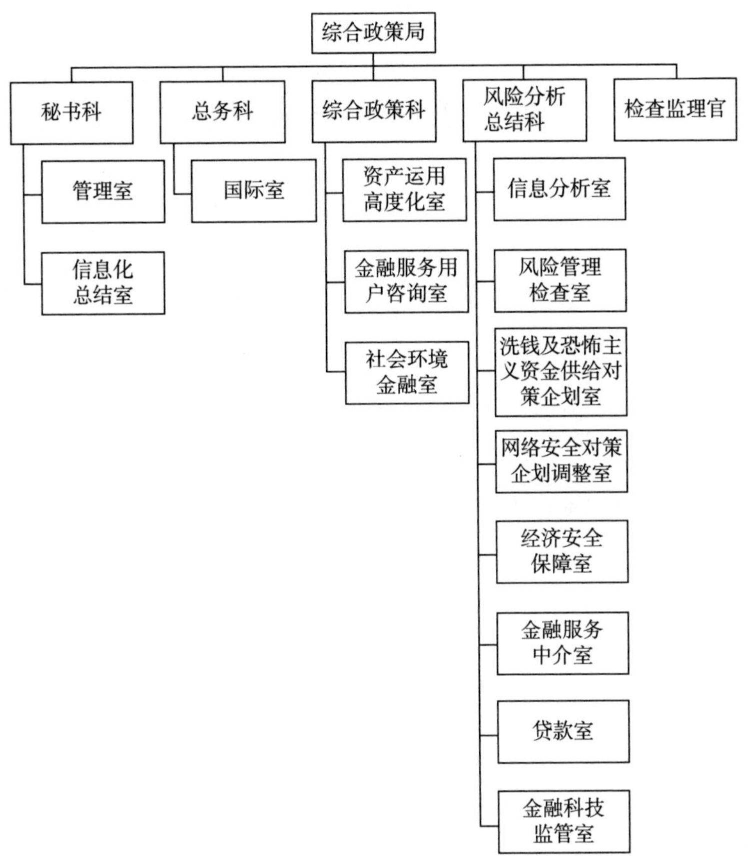

图 9　综合政策局监管职能扩充

资料来源：作者总结。

在日本金融厅全面机构改革后，又经过四年多的不断调整完善，形成了以日本金融厅综合政策局领导，风险分析总结课负责具体实施的金融科技监管体制。根据《日本金融厅组织令》，金融科技的监管对象涉及电子结算经营者及相关协会、加密资产交易从业者、电子记录债权的相关记录事项等。日本金融厅对金融科技的监管不是在对产品、机构、市场等进行区分后分别

① 「金融庁の各局等の所掌事務（令和 4 年 7 月）」、金融庁ホームページ、https://www.fsa.go.jp/common/about/organization/fsa_responsibility.pdf [2023-5-25]。

进行监管，而是关注金融科技业务活动本身及其功能，即在功能给定条件下不断探寻能够最有效实现既定监管功能的组织结构。

四 对日本金融厅机构改革的评价

日本金融厅内部改组体现出“功能性监管”的思想。不论金融科技业务由何种金融机构提供，日本金融厅均根据业务内容由内部专门的监管部门负责监管。实质上，日本金融厅通过机构改革，将金融科技监管这个复杂的整体系统拆分为网络安全相关、风险预警相关、虚拟货币相关进行有针对性的监管，也体现出其金融科技监管的适应性与灵活性，在一定程度上顺应了金融科技的多变发展。

日本金融厅内部进行机构改革以后，综合政策局、企划市场局、监督局分别针对金融科技监管做了较明确的分工，日本金融科技监管体系所具有的明确监管主体和统一制度安排与分工有利于其金融科技监管工作的顺利展开。第一，综合政策局网络安全对策企划调整室专门负责制定和推进确保网络安全的基本政策，能够对金融科技活动所依托的互联网平台起到规范作用，有利于维护平台安全性，进而为金融信息交换和金融交易提供可靠场所，确保金融科技活动的顺利开展。第二，综合政策局风险分析总结科专门针对金融系统和具体金融机构所面临的风险状况进行调查、分析以及制定相应的应对方案，有助于顺利识别金融科技风险，并在此基础上针对具体风险对症下药、精准施策，提高金融科技监管的有效性。第三，企划市场局金融科技室专门负责根据金融科技的进展制定制度，不仅有助于对金融科技实施有针对性的监管，提高监管效率，还能避免利用传统监管规则对金融科技进行“一刀切”，进而影响金融创新。第四，监督局成立虚拟货币监控室对虚拟货币交换行业展开全面检查，严格按照行业标准执行监管工作，通过一系列惩罚措施提高虚拟货币从业者的自律意识，主动规避利用虚拟货币进行洗钱、非法融资等犯罪活动，使日本虚拟货币监管进入有序、规范的监管状态，进而有助于维护金融市场持续稳定发展。

与实行金融科技功能性监管的代表美国相比，日本金融厅在功能性监管理念下进行的机构改革更能体现出支持创新与严控风险并行的态度。美国的金融科技监管完全依托现行的金融监管框架，只是按照业务属性对金融科技进行分类并进行归口管理，并未设置专门的金融科技监管部门。尽管美国抓住金融科技产品或服务实质功能未改变的特点，利用金融监管体系对金融科技进行统一监管，在宏观上也迎合了金融科技跨行业、跨地域、跨机构的特点，但对金融科技与传统金融的差异性重视不足。相反，日本金融厅针对金融科技特性成立了特定的金融科技监管部门来把握金融科技发展动向及风险状况。日本金融厅既未简单按银行业、证券业、保险业的行业标准对金融科技分类，也未将金融科技强行纳入原有金融监管框架，可以说，相较于美国的功能性监管，日本金融厅在功能性监管理念下进行机构改革更有利于促进金融科技行业健康、有序地发展。

从日本金融厅机构改革的现实效果来看，日本金融厅对金融科技有针对性的监管也向日本金融市场释放出了“日本金融科技监管态势升温”的信号，警示金融科技从业者加强合规意识。以日韩最大的社交平台 LINE 为例，2018 年 8 月 31 日，LINE 公司宣布准备应用区块链技术建立生态系统，但要向金融用户提供数字化服务必须向日本金融厅申请交易牌照并通过审核。因此，日本金融厅机构改革还有利于金融科技从业者在监管当局威慑力的影响下，主动进行合规行为，进而助力金融科技市场规范化发展。

Table of Contents & Abstracts

• Posthumous Manuscript •

Abstract In his book *Affirmation of the Greater East Asian War*, Hayashi Fusao affirms the fascist war waged by Japan in the Far East in a confusing or obscure manner. At the same time, this work explains the "Force out Theory" from a historical perspective and affirms the so-called "liberation" nature of the "Greater East Asia War". In this regard, this thesis criticizes Hayashi's view of war and emphasizes this view of war was the theoretical basis for Japanese militarism's re-prepare to launch aggression against Asian countries in line with the reactionary aggressive policies of the U. S. Imperialism.

Keywords Hayashi Fusao; "Force out Theory"; "Liberation Nature Theory"

• Special Study •

On Koizumi Yakumo's View of Japanese Culture

Liu Lishan / 11

Abstract The British literary scholar Lafcadio Hearn (later known as Koizumi Yakumo) received a religious upbringing since hischildhood, which made him dislike Christianity. After came to Japan, Hearn worked on to the study of Japanese culture. The author uses a positivist approach to investigate Hearn's views on Japanese culture, based mainly on his life and concrete works in the Japanese edition of the *Complete Works of Koizumi Yakumo*, as well as on Japanese research materials by Japanese scholars, and on the many cultural field trips the author have made to Sanin, Kumamoto, Nagasaki, Kobe and Tokyo in Japan. This paper concludes that Hearn disliked Western culture and loved traditional Japanese culture, believing that Japanese Shintoism and Buddhism were fascinating. He argued that Japan did not have to worship the West blindly, that the Meiji Restoration brought lowbrow utilitarianism to Japan, and that the main culprit in the destruction of traditional Japanese culture was Western culture, especially Christianity, which destroyed traditional Japanese culture. Hearn considered the old in Japan to be the new in the West, and the old in the West to be the new in Japan. But it need not be said that Hearn's view of Japanese culture is clearly inclined to the view about "esteem the past over the present" .

Keywords Koizumi Yakumo; Japanese Culture; Sanin Localities; Shintoism

• Historical Study •

The Modern Port of Dalian in the Perspective of Northeast Asian Seas

—Port, Island and Shipboard Society

Chen Xiuwu / 48

Abstract The nature and status of the port of Dalian, which was an ancient point of contact with the inner circulation of the Northeast Asian seas, gradually changed in modern times as Britain, France, Russia and others coveted and invaded it. After the Russo-Japanese War, Japan occupied "Kwantung Leased Territory", making the port, the related islands and the society on board (fishermen), all under Japanese control to participate in the seas interaction. In particular, after the Japanese government issued the "Order of Control about Maritime Transport" in 1940, the port of Dalian was naturally incorporated into the system of integrated maritime management by Japan and created the illusion of a "community of maritime" centered on the port of Dalian. The modern port of Dalian in the historical seas of East Asia under the concept of control about Maritime Transport was one of the core points of the "community of maritime", but it was one of the nodal ports of the sick "community of maritime" and an alienated existence under colonial plunder.

Keywords Northeast Asian Seas; Japan; The Port of Dalian; Fishermen's Community

The Competition between and Evolution of Centralization and Decentralization of Modern Japan

Guo Dongmei / 73

Abstract Centralization and decentralization are a pair of opposite concepts, but they're dependent on each other in the modernization of the countries, particularly in the modernization of late-developing countries. Centralization allows the central government to focus on modernization, while decentralization is the important institution guarantee of achieving automatic support of the citizens for policies of the country. In modern Japan through the brief competition between centralization and decentralization in the Meiji era, the law on local autonomy was established the same time as the enactment of the Constitution which to some degree achieved decentralization. The law was conservatively revised and became Japanese in the background of Japanese imperialism after the Russo-Japanese War. And at the climax of Taisho democracy, reforms of decentralization were introduced driven by Kensei Kai and Seiyou Kai. But ultimately as a result of the Great Depression, Japan became fascist. Centralization was strengthened again through implementation of local fiscal adjustment institution and reform of local institution. Decentralization and autonomy ended up failing. This paper works on the history of competition between and evolution of centralization and decentralization in modern Japan, claiming that the feature of mainly centralization, supplemented by decentralization ran through local institution of modern Japan. This is one of the important manifestations of modernization of Japan. It made great impact on the relationship between central and local post-war Japan.

Keywords Modern Japan; Centralization; Decentralization

The Internal Contradictions of Japanese Navy and the Evolution of Its "South China Policy" (1936 –1945)

Wu Peijun / 90

Abstract Since the mid-1930s, the fleet and aviation factions of Japanese Navy clashedon the so-called "South China Policy" of invading South China. The fleet faction thought that the policy was essentially a confrontation between Japan and European/American powers, so the key point was to seize the coastal islands of South China as a base to advance southward against Britain and the United States. However, the aviation faction argued that the policy should be limited within the scope of Sino-Japanese relations and the "Mainland Policy" to avoid conflicts with Britain and the U. S. The fleet fraction gradually gained the upper hand in the struggle and grasped the strategic decision-making power of the Navy. The "South China Policy" was eventually integrated into the "Southward Advance Strategy". The evolution of "South China Policy" of Japanese Navy is the result of struggle between fleet and aviation fractions. It also reflects the transformation of Japanese Navy's maritime expansion strategy and more related to the demand of Japanese Navy and Army to compete for the right to speak in national decision-making.

Keywords Japanese Navy; "South China Policy"; "Southward Advance Strategy"; Fleet Fraction; Aviation Fraction

An Examination of the History of Modern Japan-Thailand Diplomatic Cooperation (1887 –1941)

Wang Pengfei / 115

Abstract Since 1887, when Japan and Thailand concluded the Treaty of Friendship and Commerce, Thailand has regarded Japan as a model of modernization and reform, and deepened exchanges with Japan in the political, economic and cultural fields. Thailand adopted a pro-Japanese and anti-British and French foreign policy. After the outbreak of the Pacific War in 1941, the two countries concluded the "Japan-Thailand Offensive and Defensive Alliance" . Japan quickly swept through Southeast Asia with the support of Thailand, and Thailand also expanded into the region where the Thai people were located with the support of Japan, but eventually the "Thai Doctrine" went bankrupt due to the defeat of Japan.

Keywords Balanced Diplomacy; "Thaiism" ; Japan-Thailand Offensive and Defensive Alliance

• Social and Cultural Study •

A Comparative Analysis of the Semantic Meaning of the Japanese Neologism "Seckill" with the Source Language

—Discussion on the Internal Relations of Cultural Construction

Abstract This paper starts with the semantic analysis of word morphemes based on a large number of examples, compares the typical semantic construction of the Japanese neologism "seckill" and the original word "seckill". It is believed that the typical semantic characteristics of the new word "seckill" and the original word "seckill" are basically same. The difference is that the pragmatic usage of the new word "seckill" is richer, and a large number of new Chinese words composed of "second + V" are generalized. The semantic weakening of the primitive "seconds kill" and "kill" can only undertake the grammatical function of "body", show the syntactic semantic characteristics of the end of action behavior, and derive the adverbial buzzword "byoude". At the same time, it is also found that the new words of "second + V" and "~ kill" constructs generalized by "seconds to kill" reflect the cultural values construction of speed and efficiency in the new era, as well as the internal needs of young people for the construction of new emotional communication methods, which has gradually become an important part of cultural construction.

Keywords Seckill; Typical Semantics; Pragmatic Derivative Usage; Cultural Construction

Translated Word "Shizen" and Original Word "Nature" in the Yanabu Akira's "Cassette Effect"

Xu Qing / 158

Abstract Various translated words in modern Japan reflect the specific context and historical development trajectory of Japan's embrace of Western thought. Taking "shizen" as an example, this paper explores the meaning of the original word "nature" and the original Japanese word "shizen". The English original "nature" and the original Japanese "shizen" have overlapping meanings, but at the same time they differ in some aspects, such as the interpretation of "Non-human behavior". Although "nature" and "shizen" originally belonged to separate linguistic systems, the fact that they are two separate languages and their differences came to be ignored. The main difference between the two words is their parts of speech. While "shizen" can be used as an adverb, "nature" is a noun whose adjective is "natural" and its adverb is "naturally", whose meaning is incompatible with that of the Japanese word "shizen". In particular, the interpretation "objectworld and its various phenomena" affects the precise understanding of the meaning of "nature" . The "cassette effect" pointed out by Yanabu has given the translated word "shizen" three meanings.

Keywords Japan; Translation; Yanabu Akira; Cassette Rffect; Shizen

Multiple Contradictions and Influences of Social Transformation in Japan in the Early Postwar Period (1945 –1952)

Abstract In the early postwar period, there were four aspects of social disorder in Japan. In terms of social psychology, the "kyodatsu" condition among the general public was a common phenomenon. In terms of material supply, food shortages coexisted with the black market boom. In terms of social life, the emergence of "panpan" caused a great shock to all sectors of society. As for cultural trends, the new "kasutori culture" constituted a special subculture. Meanwhile, with the occupation of the American forces and the implementation of various reforms, Japan gradually get rid of its social disorder and sought to transform itself. Political reforms led to a shift from a wartime militarism system to a political democracy. Economic reforms led to a shift away from the wartime munitions-based economic system. Religious and cultural reforms laid the foundation for the development of culture and education in postwar Japan. Judicial reforms were aimed at urging Japan to strengthen its laws and regulations. Many of the U. S. reforms in Japan contributed to a certain extent to the demilitarization and democratization of Japan, but the rapid shift in policy in the later years hindered that process.

Keywords Japan; Social Disorder; Social Transformation; Democratization Process; Demilitarization

• Literary Study •

“The Other's” War and “My” War

—A Study of Ken Kaikō's *Into a Black Sun*

Hu Jianjun / 186

Abstract As a witness of WWII and Vietnam War, Takeshi Kaikō has an unique and profound insight on war. *Into a Black Sun* is one of his representative war narrative novels, in which he describes the war in normal people's eyes and the panorama of their life from the perspective of American soldier, Vietnamese and “me” . This paper starts from the perspective of “the other” and turns into “my” perspective, further deepening the cognition of war with a kind of unique narration on war.

Keywords Ken Kaikō; “The Other”; Vietnam War; War Narrative

The Growth and Decline towards War Consciousness in Koda Rohan's Maritime Ideologies

Shang Yiou Zeng Zhi / 204

Abstract After witnessing the failure of his elder brother Gunji Shigetada's first Kuril Islands expedition, Koda Rohan was deeply saddened by the Japanese government's indifference and the people's shortsightedness. In order to make the Japanese people have a better view of his brother's ocean exploration activities, Koda Rohan chose to help his brother on the road of literature. Koda Rohan's earlymaritime ideologies synchronized with that of Gunji Shigetada, and began to have a tendency to advocate overseas expansion. During this period, Koda Rohan promoted the urgency of developing maritime affairs by translating the British marine novel *The Great Frozen Sea*, but this translation also promoted the retionality colonial expansion to a certain extent. Such war consciousness then reached its peak in the advocacy of marine ideologies by his children's literature. After the First Sino-Japanese War, Koda Rohan gradually corrected the early extreme marine ideologies through extensive research on marine literature and frequent marine activities, and began to take the development of marine literature as an important part of the revitalization of the ocean country in his creations such as *The Billows Dashing to the Skies*, and regarded this as a starting point to advocate a diversified path to revitalize the ocean country.

Keywords Koda Rohan; Maritime Ideologies; War Consciousness; Marine Literature

• Economic Study •

The Experience and Enlightenment of Japan's "National Income Doubling Plan"

Abstract After Japan implemented the "National Income Doubling Plan" in 1960, it accelerated the economic takeoff and promoted profound social changes. The Chinese and Japanese academic circles have conducted in-depth research on the social and economic contradictions, related countermeasures, and consequences brought about by the implementation of the plan. This article takes the main "Economic White Paper" from the post-war Japanese economic recovery and rapid growth, as well as the transitional period (1946 - 1979), as the starting point to explore the internal relationship between laws, policies, and plans, and analyzes the key points of implementing Japan's "National Income Doubling Plan". Furthermore, it is believed that the "double increase in income" is linked to the national economic development model. This plan recognizes that economic takeoff will also bring new social problems or even worsen existing social problems. It pays attention to the negative impact of the implementation of the plan and proposes corresponding solutions.

Keywords Japan; ' National Income Doubling Plan"; Economic Growth; Foreign Trade

Fintech Development and Regulatory Reform in Japan

Fu Liying Zhou Run / 237

Abstract While Fintech brings personalized convenience services to financial consumers, it also exposes new risks constantly, forcing regulators to think about how to strengthen supervision and encouraging innovation. With the rapid development of fintech, Japan's financial regulator, the Financial Services Agency (FSA), faces the challenges of Fintech regulation as financial risks intensify and traditional regulation lags behind. So, the FAS has carried out institutional reform and set up a special Fintech supervision department. In order to achieve targeted supervision, the system of Fintech supervision has been divided into departments related to network security, risk warning and virtual currency, in order to promote innovation while effectively implementing Fintech regulation.

Keywords FSA; Fintech; Financial Regulation

征稿启事

为强化东北师范大学外国语学院“国别与区域研究”二级学科建设，东北师范大学日本研究所在国别研究传统优势的基础上，开辟新的学术领域，创办面向国内外公开发行的学术集刊《日本研究论丛》，计划每年出版两期。

《日本研究论丛》面向国内高校教师、科研机构研究人员以及博士研究生，致力于打造中国东北史研究、日本研究和海洋研究的原创性科研成果展示平台，设置日本与东亚海域，近代中国东北与日本，日本政治、外交与安全，日本历史、哲学与文化，日本社会、经济与管理，日语语言与日本文学等栏目。集刊以日本问题为中心，以海洋问题为重点，涵盖学术领域广阔，可读性强。

本集刊采用双向匿名评审制度，对学术论文的刊用把握质量第一的原则，同时将努力做到五个兼顾，即兼顾应用性命题与理论性命题、兼顾传统课题与前沿课题、兼顾专家学者与青年学者、兼顾传统研究方法与新方法、兼顾深度与广度。

本集刊真诚欢迎致力于日本研究、海洋研究和中国东北研究的国内外专家学者投稿。来稿应为原创性论文，具有较新的理论观点或者采用新的研究角度、研究方法。来稿字数一般要求15000～20000字。请附300字左右中文和英文摘要，中文和英文关键词3～5个。作者信息应包括姓名、工作单位、职称职位、学位、研究方向，以及通信地址、邮政编码、电话、电子邮件等。

来稿须为作者本人的研究成果、遵守学术规范。

来稿切勿一稿多投，作者自发出稿件之日起 3 个月内未接到采用通知，可自行处理。

投稿邮箱：rbyjlc@ nenu. edu. cn

图书在版编目(CIP)数据

日本研究论丛. 第4辑 / 陈秀武主编 ; 付丽颖, 冯雅副主编. -- 北京 : 社会科学文献出版社, 2023.6

ISBN 978-7-5228-1635-7

Ⅰ. ①日… Ⅱ. ①陈… ②付… ③冯… Ⅲ. ①日本-文集 Ⅳ. ①D731.3-53

中国国家版本馆 CIP 数据核字(2023)第 068929 号

日本研究论丛(第4辑)

主　　编 / 陈秀武
副 主 编 / 付丽颖　冯　雅

出 版 人 / 王利民
组稿编辑 / 王晓卿
责任编辑 / 郭红婷
责任印制 / 王京美

出　　版 / 社会科学文献出版社 · 当代世界出版分社 (010) 59367004
　　　　　地址: 北京市北三环中路甲29号院华龙大厦　邮编: 100029
　　　　　网址: www.ssap.com.cn
发　　行 / 社会科学文献出版社 (010) 59367028
印　　装 / 三河市东方印刷有限公司

规　　格 / 开　本: 787mm × 1092mm　1/16
　　　　　印　张: 17.25　字　数: 283千字
版　　次 / 2023年6月第1版　2023年6月第1次印刷
书　　号 / ISBN 978-7-5228-1635-7
定　　价 / 88.00元

读者服务电话: 4008918866